CHRISTIAN SEIDEL

GEWINNEN
OHNE ZU KÄMPFEN

CHRISTIAN SEIDEL

TAEKWONDO ODER
DIE ENTDECKUNG DER WERTE

GEWINNEN OHNE ZU KÄMPFEN

LUDWIG

Verlagsgruppe Random House FSC-DEU-0100
Das für dieses Buch verwendete
FSC®-zertifizierte Papier *EOS*
liefert Salzer Papier, St. Pölten, Austria.

Lektorat: Anja Freckmann

Copyright © 2011 by Ludwig Verlag, München,
in der Verlagsgruppe Random House GmbH
Umschlaggestaltung: Eisele Grafik-Design, München
Umschlagillustration: Engin Hakki Bilgin/Shutterstock
Innenfotos: www.karlkramer.com
Satz: Leingärtner, Nabburg
Druck und Bindung: Pustet, Regensburg
Printed in Germany 2011
ISBN 978-3-453-28026-7

www.ludwig-verlag.de

Für Pupsik

Inhalt

Vorwort

Do – der Weg

Der Körper ist zum Leben da. Der Geist für die Intelligenz. Körper und Geist für intelligentes Leben. Sie sind nicht für das Kämpfen gemacht, sondern für die Weiterentwicklung der besonderen Fähigkeiten des Menschen. Im Taekwondo geht es um Zufriedenheit, Glück und Frieden im Leben. Deswegen trainieren auch viele Frauen, alte und junge Menschen Taekwondo, nicht nur Männer. Jeder kann anfangen, egal, wie alt er ist. Viele Leute denken, dass Taekwondo nur eine Selbstverteidigungstechnik ist. Das ist falsch. Es geht nur in zweiter Linie darum. Wer denkt, er kann ohne Kämpfen nicht weiterkommen, der versteht das Leben nicht. Er muss das Leben kennenlernen, und das kann er im Taekwondo. Es ist eine ganzheitliche Übung für die Weiterbildung der Fähigkeiten von Körper und Geist. Gleichzeitig ist es eine der gesündesten Sportarten, denn es kommt dabei nie zu einseitiger Überbelastung.

Viele Menschen haben vom Kämpfen eine falsche Vorstellung. Das Kämpfen ist jahrtausendealt, ebenso, wie die Vorläufer des modernen Taekwondo. Wer heute noch kämpft, lebt in der Steinzeit. Damals mussten sich die Menschen in der Natur gegen Feinde behaupten. Gegen Räuber oder gefährliche Tiere. In einem Kampf ging es oft um Leben oder Tod. Die Erfahrung, wie gefährlich das Kämpfen ist, ist so alt wie der Mensch selbst. Trotzdem kämpfen auch heute noch die meisten Menschen. Dabei besteht fast nie eine ernstzunehmende Gefahr. Wir leben in einer friedlichen Zivilisation. Heute berühren die Menschen einander nicht einmal mehr. Wozu sollten sie kämpfen?

Als ich vor fünfzehn Jahren von Korea nach Europa kam, war ich überrascht, wie viele Menschen hier alleine leben. Ihre Beziehungen dauern oft nur kurze Zeit. Viele leben als Singles alleine in kleinen Wohnungen. Sie fahren alleine in den Urlaub und legen sich alleine an den Strand. Sie leben alleine oder in immer wieder neuen Partnerschaften, bis sie alleine sterben. Ständig verlassen sie sich, kämpfen aus Frustration oder falscher Konkurrenz gegeneinander und verlieren letztlich. Wofür? Es gibt heute leider immer weniger Menschen, die in Gruppen leben, wie Familien, größere Freundschaftskreise oder andere Lebensgemeinschaften. Das Zusammenleben wird immer mehr von Business-Teams ersetzt, die nach außen hin kämpfen und sogar innerhalb ihrer Gruppe bis aufs Schärfste miteinander konkurrieren. Manchmal sitzen unbekannte Menschen zusammen in Bussen und fahren während eines Ausfluges in die Berge. Die vielen einsamen Menschen wissen nicht mehr, wer sie selbst sind. Sie sind unzufrieden und haben angefangen, gegen sich selbst zu kämpfen. Respektlosigkeit und Leben ohne Herz. Sie berühren sich nicht mehr. Stattdessen wollen sie immer mehr Geld anhäufen, mehr konsumieren, mehr kaufen. Keine Grenzen, nie zufrieden, keine Ziele. Wir brauchen wieder mehr Harmonie. Wann kommt es hier vor, dass die Menschen sich zusammentun und jemandem helfen, wenn es ihm schlecht geht. Bei uns in Korea ist dies eine große Tradition. Den europäischen Ländern ist der innere Zusammenhalt verlorengegangen. Ohne ihn wird es nicht mehr nach oben gehen.

Taekwondo ist eine Übung für das Leben und seinen Frieden. Und für die Harmonie von Körper und Geist. Zu mir kommen ganze Familien und wollen trainieren. Sie wollen lernen, was man tun muss, um nicht mehr kämpfen zu müssen. »Tae – Kwon« heißt »Fuß – Hand«, und »Do« bedeutet im Koreanischen »Geist« und »Weg« gleichzeitig. Um zu Frieden und

Glück in ihrem Leben zurückzufinden, müssen sich die Menschen wieder mehr miteinander beschäftigen. Sie müssen ihr »Do« wieder mehr leben, ihren Weg finden. Sie müssen ihre Harmonie, ihre Bescheidenheit und ihre Disziplin zurückerobern. Es geht immer, bei Frauen und Männern, Kindern und Alten. Es ist nie zu spät. Man muss nur wollen und glauben. Es braucht Vorbilder. Wir haben eine große Chance. Sie braucht eine tiefe Beschäftigung und eine unablässige Übung. Dieses Buch ist eine solche Übung. Ein Versuch, etwas zurückzugewinnen, was verlorengegangen ist. Der Autor schildert dies anhand seiner eigenen Lebenserfahrungen. Dieses Buch ist eine Anregung zu einer unablässigen Übung des »Do«, des Begehens des Lebensweges. Ich wünsche allen Menschen ein glückliches Leben in Harmonie mit ihrem Geist und ihrem Körper, möglichst lange und möglichst gesund.

Seoul – München Dezember 2010
Ko Eui-Min

TEIL I

Die Entdeckung
der Einfachheit

»Jeder von uns ist ein Gott.
Jeder von uns ist allwissend.
Wir müssen lediglich unser Bewusstsein öffnen,
um unserer eigenen Weisheit zu lauschen.«

BUDDHA

Die Wellenbewegung des Steins

Der hölzerne Boden, auf den ich donnerte, glänzte glitschig. Ich musste mir wieder etwas beweisen. Stürmisch war ich in einem Anfall von Selbstüberschätzung im Zweikampf mit der Koreanerin Chy-Eun in die Höhe gesprungen und rutschte nun in meinem eigenen Schweiß aus. »Du kannst alles. Aber mach nie mehr, als du kannst«, sagte die neue Stimme zu mir. »Orientiere dich an dem, was du weißt. Denn du weißt viel in deinem Herzen!« Ich ließ mir meine Schmerzen nicht anmerken, biss die Zähne zusammen und legte wieder los.

Ich habe schon als Kind gelernt, meine Gefühle zu verbergen. Irgendwann ist mir klargeworden, dass ich mir das Leben dadurch nur schwermachte! Trotzdem war es mir bei diesem Übungskampf mit der jungen Koreanerin unmöglich, meinen Kopf auszuschalten. Der wollte unbedingt gewinnen. Dabei wusste ich genau: Wenn *das* mein Ziel war, würde ich verlieren …

Chy-Eun war viel jünger als ich. Sie gefiel mir als Frau mehr, als mir lieb war. Jetzt standen wir uns im Abstand von ein bis zwei Metern gegenüber. Zu weit für einen Abstand zwischen Mann und Frau, dachte ich. Bekleidet mit Kampfweste und Kopfschutz (eine Art gepolsterter Helm), sahen wir vermutlich mehr wie zwei Astronauten aus als wie zwei Menschen, die den freien Kampf des Taekwondo miteinander austragen wollten. Fast hätte ich den blitzschnellen Gedanken übersehen, der mit einer beruhigenden Wirkung durch mich huschte: Die anderen werden dank der Schutzkleidung nicht unbedingt erkennen können, wer von uns beiden wer ist. So fallen meine Fehler weniger auf. Vielleicht verwechseln sie uns und schreiben mir einen von Chy-Euns tollen Kicks zu! Am Vorabend hatte ich sie durch die Luft wirbeln sehen, wirklich unglaublich!

Da war sie wieder, meine Unzulänglichkeit: Mein Wunsch, ein astrein guter Mensch zu sein, auch wenn ich rational begriffen hatte, dass das unmöglich war. Ich genierte mich vor mir selbst. Als ich mich bei diesem Gedanken ertappte, fühlte ich mich so, als wäre ich einem alten Laster auf dem Leim gegangen. Eigentlich müsste ich doch viel reifer sein, nach fast fünf Jahrzehnten Leben. Und erst recht mit meinem schwarzen Gürtel, auf den ich jahrelang hingearbeitet hatte, ich mit meinem unglaublichen 2. Dan.

Wir verbeugten uns voreinander, die junge Chy-Eun und ich. In dem Innehalten dieser Bewegung hatte ich ein letztes Mal Zeit, den Moment und seine Atmosphäre wahrzunehmen: Ich war sehr nervös. Ich wollte unbedingt auftrumpfen und Chy-Eun zeigen, wie gut ich war. Wie lade ich sie nachher zum Dinner ein, schoss mir durch den Kopf. Dabei hätte ich mich besser konzentrieren sollen.

Ich war gut aufgewärmt. Chy-Eun und ich hatten uns beim Stretching gegenseitig geholfen. Dabei hatte ich ihren weichen Körper und ihre zarten Hände gespürt. Ein wenig mulmig war mir schon, musste ich mir eingestehen, während ich mich wieder aufrichtete. Gegen diese zierliche junge Frau zu kämpfen, die mir so sympathisch war, hemmte mich irgendwie. Gleichzeitig beherrschte mich der heftige Wunsch, gegen diese Kämpferin gewinnen zu können. Auch wenn sie viel erfahrener war als ich. Wegen meiner Größe, weil ich ein Mann bin und sie eine Frau. Dabei trug sie den fünften Dan, was meiner Einbildung in diesem Moment völlig egal war.

Ich hätte mich besser auf die Situation konzentrieren sollen, statt auf das Rasseln im Kopf. Nach dem Startkommando des Meisters tänzelten wir zunächst ein paar Sekunden umeinander herum. Chy-Eun kämpfte mit äußerster Konzentration, offensiv, unnachgiebig, kontrolliert. Wir teilten Kicks und Schläge aus und beobachteten uns dabei genau. Hier und da glückte mir eine ganz nette Bewegung. Doch ich war unzufrieden mit meiner Leistung, wie immer. Deswegen schoss mein Geltungsbedürfnis mit mir los wie ein Pfeil aus einem heillos überspannten Bogen. Zu gewinnen war mein Ziel. Aber ich verließ den Weg zum Ziel, verlor die Disziplin, wie so oft in meinem Leben – und verfehlte das Ziel um Längen.

Als ich hochsprang, entschied ich mich ausgerechnet für den schwierigsten und auch spektakulärsten aller Kicks. Eitel wie ich war, wollte ich unsere Übung nicht mit der sinnvollsten, sondern der schönsten Bewegung für mich entscheiden. Es drehte sich nur darum, zu zeigen, was ich konnte. Während ich durch die Luft flog, war Chy-Eun plötzlich weg. Verschwunden aus meinem Blickfeld, wie so vieles in meinem Leben plötzlich einfach unsichtbar wurde, ehe es dann unvermutet wieder zurückkehrte. Chy-Eun war mir blitzschnell ausgewichen, und ich segelte ins Leere. Gleichzeitig knallte ihr Kick hart in meine Seite. Ich verlor mein Gleichgewicht. Mit einem lauten Knall stürzte ich in die glitschige Pfütze meines eigenen Schweißes. Peinlicher ging es nicht. Der Bretterboden des Trainingssaales in der Kyung Hee-Universität in Seoul hallte wie der misshandelte Resonanzboden eines riesigen Musikinstruments. Chy-Eun verfügte einfach über die besseren Reflexe.

Mir einzugestehen, dass mich eine junge Frau auf die Bretter beförderte, fiel meinem aufgeblähten Ego unglaublich schwer.

In abgerundet 45 Jahren Männerleben hatte sich dieser Teil von mir zu einem hydraartigen Krake ausgewachsen, den ich kaum mehr unter Kontrolle hatte. Deswegen war mir der klar durchorganisierte Rahmen des Taekwondo-Trainings ein so willkommenes Lehrstück geworden.

Mit Schmerzen in der Seite stemmte ich mich hoch.

In der dritten Runde, als ich schon fast nicht mehr konnte und bereits schwer keuchte, hörte ich die Stimme meines Meisters: »Christian, komm mal her!«

Mist, gab es jetzt Kritik? Ich hatte doch alles so gut wie möglich machen wollen! Ich wollte doch nur zeigen, was ich draufhatte. Chy-Eun, diese drahtige Kämpferin, mit der ich bereits seit mehreren Tagen trainierte, half mir hoch. Ich fühlte mich zum ersten Mal wie ein alter Mann, als ich ihren warmen Atem in meinem Gesicht spürte, sie mir auf die Schulter schlug wie ein alter Kumpel und mir hintergründig lächelnd und mit hinreißendem koreanischen Akzent auf Englisch zuflüsterte: »Es ist schön mit dir zu kämpfen, so diszipliniert …!«

Als ich wenige Momente später neben Meister Ko Eui-Min saß, zielten seine Augen direkt in meine Pupillen: »Sind in deiner Welt alle so größenwahnsinnig wie du?«

Dann bedeutete er mir, dass er mit mir nach draußen gehen wolle.

»Ich habe selten einen so ungeduldigen Menschen wie dich kennengelernt«, sagte er mit leiser Stimme. »Was willst du dir eigentlich beweisen? Das hier ist keine Show. Es gibt keine Kameras, kaum Zuschauer! Was ist los mit dir?!«

Meister Ko knuffte mich in den Arm. Dann nahm er mich bei der Hand wie ein Vater und führte mich zu einem kleinen Teich. Eine Mischung aus Humor und warmherziger Provokation schwang in seinem Ton mit, als er mich fragte: »Wie oft willst du dieses Spiel noch treiben? Hast du wirklich gedacht, gewinnen zu können? Warum hast du nicht einfach einen guten Kampf hingelegt? Diszipliniert, bewusst, integer, verantwortungsbewusst dir gegenüber und deiner Kampfgefährtin? Geht es dir nur darum, ihr zu imponieren? Was brauchst du noch, um herauszufinden, was du wirklich willst?«

Ich traute mich nicht zu antworten.

»Deine Prellung heilt von alleine, du brauchst nur Geduld und Zeit. Leider tust dich mit beidem schwer. Aber was du in die Welt setzt mit der Verletzung deiner Seele und anderer Menschen Herzen – das heilt nie. Das setzt sich fort, in einer endlosen Kettenreaktion. Wie die Wellenbewegung eines Steines, den du ins Wasser wirfst.«

Als wir am Teich standen, warf der Meister mit leichter Bewegung einen Stein in den Teich. Als der Stein die spiegelglatte Oberfläche traf, erklang ein angenehm helles Ploppen, und sofort schwammen einige Goldfische neugierig näher. Kleine Wellen kräuselten sich, als wüssten sie nicht so recht, wohin sie sich bewegen sollten.

Dann rief der Meister laut: »Oder so!« Er holte aus und feuerte mit aller Wucht einen weiteren Stein ins Wasser. Das Geräusch war unangenehm, und die Fische schossen ängstlich davon. Es spritzte, und Wellen breiteten sich kreisförmig aus. Plötzlich sah ich einen hellblauen Schmetterling vom Teich aufsteigen. Für einen winzigkleinen Moment lief mir ein Schauer über den Rücken. Der Falter flog in meine Richtung und setzte sich auf meine Hand. Seine Flügel glänzten und bewegten sich langsam im Sonnenlicht, als wollten sie mir mitteilen: Wie lange musst du die gleiche Erfahrung immer wieder machen? Die langen Fühler dieses feingliedrigen Wundertieres betasteten vorsichtig meine Haut, und die neue Stimme in mir sagte: »Alles, was du tust, hat eine Wirkung und findet eine Fortsetzung. In dir und in anderen. Nur wenn du bereit bist, das zu lernen, kannst du glücklich werden.«

Der Weg des Lebens

Gestern bin ich also wieder einmal über mich selbst gestolpert. Seit Stunden sitze ich nun an diesem frühen Morgen in den Gärten des buddhistischen Sang-Gaesa Klosters in den Hügeln zwischen Seoul und Busan auf einer alten Holzbank. Ich sinniere über den gestrigen Kampf mit Chy und die Worte des Meisters. Es fiel mir schwer, auf dem geheizten Boden meiner Kammer zu schlafen. Die Gedanken kreisten in meinem Kopf wie kantige Meteore, die wehtun und lärmen, wenn sie kollidieren. Daher stand ich schließlich auf. Ich war aufgeregt, hatte das Gefühl, als würde ich einen alten Schatz wiederentdecken, der absurderweise mitten in mir selbst vergraben liegt.

Ich finde das überraschend, sucht man Schätze doch normalerweise anderswo, als bei sich selbst. Obendrein ist es ein Schatz, über den zu sprechen mir nicht leichtfällt, denn jeder kennt diesen Schatz. Er wird daher manchmal als etwas Banales, etwas leicht Nerviges, ja fast Abgedroschenes wahrgenommen. Aber er birgt vielleicht die Lösung in sich. Wir müssen nur anwenden, was wir wissen. Jeder von uns. Vielleicht ist in Wirklichkeit tatsächlich alles ganz einfach, und ganz und gar nicht aussichtslos und schwer? Während ich hier auf der Holzbank über mein Leben nachsinne, wandelt sich die Nacht langsam zum Tag. Ich spüre meinen Atem, und ich fühle mich am Leben. Das kommt mir außergewöhnlich vor.

Vor einigen Jahren führte meine Lebensweise zu einer Art Kollaps. Lange Zeit bereits war mir klar gewesen: Ein Leben auf der Überholspur führt auch nicht schneller zum Ziel. Auch die Einsicht, dass mein Lebenstempo mich daran hinderte, mich selbst und meine Umwelt richtig wahrzunehmen, bewirkte nicht rechtzeitig eine Veränderung. Ich war süchtig nach dem Rausch von Geschwindigkeit und Erfolg. Mit Duftlampe auf dem

Schreibtisch, Zen-Buch im Aktenkoffer und einem Berg an – sicherlich bemerkenswerten, aber völlig unsortierten – Erfahrungen aus Selbsterfahrungskursen, Meditations- und Therapie-Abenteuern war ich dabei einer abstrusen Einbildung von seelischer Unverwundbarkeit aufgesessen.

Ich hatte mit meinen Projekten zwischen den Metropolen dieser Welt in einem Tempo und einer Lust gelebt, als könnte mir niemals irgendetwas passieren. Als dauere mein Leben unendlich lange. Ich hatte mich erfahrener als alle anderen gefühlt. Wissender, besser einfach, wähnte ich mich doch bestärkt von meinen selbstkreierten Maximen auf dem Gipfel der Lebensweisheit. Ich hatte aufgehört dazuzulernen, und dies nicht einmal bemerkt.

Dass diese scheinbar ewig andauernde Phase eines Tages zu Ende ging, zeichnete sich bei einem Landeanflug auf den Münchner Flughafen ab. Draußen hinter dem Fenster jagten die Wolken der Einflugschneise wie Fabelwesen vorbei, und ich ertappte mich dabei, wie ich klammheimlich die Sehnsucht hegte, dass der Flieger jetzt abstürzte. Das wäre mal was Neues. Ich hatte gerade eines meiner größten Business-Abenteuer zum Abschluss gebracht. Seit Wochen freute ich mich auf den vertrauten, inneren Kick, diese zuverlässige Euphorie über die erfolgreiche Beendigung eines großartigen Projektes. Stattdessen machte sich in mir ein völlig neuer Eindruck von Erfolglosigkeit breit. Alles, was ich bisher gemacht hatte, war in meinem Selbstbild zu einem unbedeutenden Haufen von Nebensächlichkeiten zusammengeschmolzen. Ich kam mir vor, als hätte ich mich auf dem Höhepunkt einer Jagd nach einem Dinosaurier selbst erlegt.

Nächtelang saß ich danach in meiner Bar. Bei meinem Lieblingsrotwein und zusammen mit einem guten Freund quetschten wir philosophische Kalauer über das Leben aus uns heraus. Wir klammerten uns ans Sprücheklopfen und kommentierten bissig ein- und ausgehende Gäste. Dabei wurden unsere Gesprächs-pausen immer länger, und der Klang meiner öden Geschichten über meine Projekte, an denen ich mich vorher aufgerichtet hatte, verhallte in mir schneller, als ich mich daran freuen konnte. Schließlich wollte ich gar nicht mehr darüber reden, geschweige denn daran denken. Die schlimmsten Fragen, die man mir damals stellen konnte, lauteten: »Hallo, wie geht's? Was machst du gerade?« Mein Zustand fühlte sich an wie Wiederkäuen. Ich hatte nicht das geringste Interesse mehr an Projekten oder an einer dieser »unglaublich geilen Ideen«, die mich sonst getragen hatten, auf denen ich gesurft war wie auf einem Sinker – diesen kurzen, extrem leichten und schnellen Windsurfbrettern, die im selben Moment untergehen, in dem kein Wind mehr im Segel steht. Bei mir war der Wind weg, Dauerflaute.

»Klassischer Burnout«, warnte mich ein Freund, der Psychologe war. Ich solle dringend etwas unternehmen. So beschloss ich eines Tages zu einer sehr späten Nachtstunde in unserer Bar, gemeinsam mit meinem schwer an Liebeskummer erkrankten Freund zum Relaxen nach Italien zu fahren. Gleich in der Früh sollte es losgehen, und das mit Bleifuß.

Eine neue Stimme in mir

Wir waren völlig übernächtigt und fertig, als irgendwo am Gardasee bei 220 km/h der Sekundenschlaf nach unserem Wagen griff. Unser Fahrzeug überschlug sich, und wir stürzten in einen Abgrund, in einen Hügel voller Weinstöcke. Nachdem ich aus dem Wagen geschleudert worden war, hockte ich da und blickte mich um, und zum ersten Mal in meinem wundersamen Leben sah ich einen blauen Schmetterling. Er zog meine ganze Aufmerksamkeit auf sich.

Mein Gefühl für Zeit und Raum schien sich aufgelöst zu haben. Verständnislos und fasziniert überlegte ich mit einer mir völlig neuen Seelenruhe, warum dieses Tier so unbekümmert herumflog, hier im Sonnenlicht, ähnlich ziellos, wie eben noch die Glassplitter, nur viel langsamer und anmutiger, während drüben in diesem rauchenden Blechhaufen mein Freund lag und ich auf einem zerquetschen Weinstock saß, wie eine aus ihrem Topf herausgerissene Pflanze, jedoch völlig unversehrt und ohne Kratzer, zwischen Ästen, Splittern, Blech, unserer Wäsche und 580 aus Kuba geschmuggelten Havanna-Zigarren, die aus unserem Kofferraum herausgeflogen waren.

Die Zeit schien stillzustehen, und mein Bewusstsein blieb einfach in der Reglosigkeit hängen. Ich beobachtete meine Gedanken, wie sie über den Reifezustand der Weintrauben sinnierten, statt mir das Kommando zu geben aufzuspringen, um etwas zu tun, irgendetwas, einfach etwas tun. Ich war wie gelähmt, gefangen in einer Überfülle von Wahrnehmungen. In diesem Moment nahm ich die neue Stimme in mir wahr. Obwohl ich sie nicht kannte, hatte ich tiefes Vertrauen zu ihr. Sie zu hören, war, als würde ich nach Hause kommen: »Jetzt rauchst du erst mal eine Zigarre!«

Ich blickte hinüber zu dem zerfetzten Auto. Dieses Ungetüm, wie es dampfte und vielleicht demnächst explodieren würde, kam mir wie ein grausames Gespenst vor. Ich wollte nicht dort hin. Mein Freund ist tot, dachte ich. Nein, dorthin gehe ich nicht zurück. Oder muss ich das?

Augenblicklich meldete sich eine der altbekannten Stimmen. »Bist du verrückt geworden! Woher willst du das wissen. Du musst hin!«

Stimmen wie diese hatten mich durchs Leben getrieben wie einen willenlosen Galeerensklaven. Immerzu hatte ich sie in mir vernommen: »Sei besser als die anderen! Das Projekt ist fantastisch! Du musst mehr machen! Streng dich an!«

Es war, als würden zwei Persönlichkeiten in mir zerren.

Die neue Stimme in mir blieb ganz ruhig. Sie ließ sich nicht beirren: »Lasse dich nicht unter Druck setzen. Nie mehr. Folge dem, was du weißt.«

Ich begriff, dass ich zu dem Wrack musste, es war meine Pflicht. Wie in einem diffusen Alptraum bewegte ich mich auf das dampfende Auto zu, fing an zu laufen, immer schneller, hin zu meinem Freund, der sich nicht mehr regte. Ich tat mein Möglichstes, was mir, wie alles in meinem bisherigen Leben, unzulänglich vorkommen sollte. Ich zog ihn heraus, bevor das Feuer ausbrach. Ein paar Helfer eilten den Hang herunter. Jetzt sah ich, dass mein Freund noch lebte. Er öffnete kurz die Augen, während er dalag, vor mir ihm Gras, und sagte: »Scheiß Leben!« Dann verlor er wieder das Bewusstsein.

Ich ließ mich neben ihm nieder. Es gab nichts mehr zu tun. Warten, warten. Die hektischen Stimmen um uns herum änderten nichts an der Situation. Die Zeit war tatsächlich stehengeblieben. Es war, als würde sie uns einen Stempel aufdrücken.

Ich steckte mir die Zigarre an und freute mich über mein Leben wie noch nie. Bis ich meine zitternde Hand sah und sich der Schrecken in meiner Brust breitmachte wie ein Schwelbrand, den kein Wasser dieser Welt mehr zu löschen vermag.

Es war der Moment, als ich beschloss, mein Leben zu verändern. Seit diesem Tag versuche ich nur noch meiner neuen Stimme zu folgen. Sie sagte, ich wisse alles. Ihr Auftrag lautet, mich nie mehr unter Druck setzen zu lassen.

Mit dieser Erinnerung in meinem Herzen nehme ich im Sang-Gaesa Kloster an diesem Morgen den zarten Duft von Blumen wahr. Es ist die älteste Tempelanlage der Buddhisten auf der fernostasiatischen Halbinsel. Die umliegende Natur strahlt eine konzentrierte Ruhe aus, als würde sie mitmeditieren. Das Aroma der wilden Pflanzen erinnert mich an den Weinberg, in welchem ich nach zwanzig Jahren Leben auf der Überholspur gelandet war. Das vage Schimmern von Licht in den Blütenblättern signalisiert jetzt das Aufsteigen der Morgensonne. Endlich fühle ich mich ein klein wenig erleichtert. Nach dem Taekwondo-Training mit Chy-Eun in den letzten Tagen spüre ich meine Muskeln und Knochen auf eine wohlige Weise, und meine neue Stimme sagt mir, dass mein Weg nie ein Ende haben wird.

In einer Pagode schlägt ein Mönch einen überdimensional großen Gong. Die dunklen Schatten um mich herum verwandeln sich in Pflanzen, in Landschaften, so wunderschön, wie ich sie noch nie gesehen habe. Langsam beginnen auch die Bäume der Laubwälder in ihren rotgoldenen Herbstfarben zu schimmern. Sie erinnern mich an meine europäische Heimat. Unsere Wälder. Und wie in einem Déjà-vu wähne ich mich plötzlich zu Hause.

In der Ferne, auf der anderen Seite des Tales, erkenne ich einen Weg, der sich wie ein knorriger Ast in Richtung Himmel windet. Immer wieder höre ich die Worte des Meisters in mir. Ich erinnere mich auch, wie mir die junge koreanische Kampfgefährtin im Dojang – dem Taekwondo-Trainingssaal – auf die Beine half. Ein Gefühl von Verbundenheit und Gleichheit ergriff mein Herz, als ihre Hand die meine umschloss und sie mich hochzog. Chy-Eun ist bereits seit ihrem zwanzigsten Lebensjahr eine Meisterin des Kampfes. Und ich habe gerade erst vor ein paar Jahren angefangen, Taekwondo zu üben. In einem Anflug von Ignoranz und Hybris hatte ich alter Mann mir eingebildet, gegen die hübsche koreanische Meisterin gewinnen zu können. Immer noch klingen die Worte des Meisters in mir, als er mit unendlicher Wärme zu mir sagte: »Es gibt eine Möglichkeit, auf einem Weg zu gehen, ohne zu stolpern. Es dreht sich um Genauigkeit! Du hast Erfahrungen, du weißt, wie es geht. Du weißt alles, du musst die Welt nicht neu erfinden, wozu? Wende einfach an, was du selbst weißt!«

Ein Schritt in eine neue Richtung

Dieser Satz des Meisters: »Du weißt, wie es geht« und die Worte »Weg«, »Erfahrungen« und »Genauigkeit« hallen in diesen Morgenstunden auf der Holzbank in mir nach, wie der Klang einer schwingenden Stimmgabel. Wie einfach, wie banal, wie normal. Ja! Es ist eigentlich alles ganz einfach. Oder doch nicht?

Als Ko Eui-Min mir seinen schlichten Rat mitteilte, musste ich mein aufsteigendes Lachen unterdrücken. Es war die gleiche Situation, wie ich sie auch im Training schon oft erlebt hatte, wenn er uns beim Üben eines Fauststoßes oder des berühmten Schritts nach vorne unterbrach. Er stellte sich dann vor seinen hilflosen Schüler und forderte ihn mit strenger Stimme auf: »Gib mir die Hand!«

Häufig stand der Übende, der nicht selten ich selbst war, wie vom Donner gerührt da und fragte kleinlaut: »Wie bitte, ich verstehe nicht!? Hand? Welche Hand?«

»Wie machst du es, wenn du jemandem die Hand schüttelst, hm!? So?« Und mit diesen Worten imitierte der Meister die umständlich-kurvige Armbewegung seines Schülers.

Auch wenn es oft absichtlich komisch aussah, was der Meister uns vorführte, lachten wir Schüler nur, wenn wir uns dabei nicht über den Betroffenen lustig machten. Denn zu den obersten Gesetzen des Taekwondo zählen Achtsamkeit und Respekt, die nicht mit jener Schadenfreude vereinbar sind, mit der man sich als Beobachtender so leicht auf Kosten anderer über die eigene Unsicherheit hinwegrettet.

»Na, komm, mach schon, reiche mir die Hand, so, als würdest du mich begrüßen!«, wiederholte der weise Mann dann seine Aufforderung.

Der Schüler gehorchte. Er machte automatisch einen Schritt, während er die Hand reichte, weil er etwas zu weit entfernt stand. Der Meister erläuterte uns daraufhin, dass die Bewegung eines Fauststoßes und eines dabei möglicherweise vorzunehmenden Schrittes nicht viel anders funktioniert: »Nichts im Taekwondo ist anders, als im Leben. Aber dein Leben ist wahrscheinlich zu kompliziert. Sonst würdest du nicht so komplizierte Bewegungen machen. Wähle immer die natürlichste und die einfachste Bewegungsform. Diese Regel sollst du auch in deinem Leben beherzigen. Du musst alles einfacher machen! Kümmere dich endlich um dich selbst!«

Mit dem Klang dieser Worte in meiner Erinnerung erhebe ich mich von meiner Bank. Es drängt mich, nun diesen Schritt nach vorne zu tun, einen möglichst einfachen. Die Sonne schickt mächtige Strahlen über den Hügel. Die Welt um mich herum ist jetzt bereits lichterfüllt und wird jeden Augenblick heller und heller. Weiter unten sehe ich meinen Freund Karl, wie er aus einem mit Drachengebilden verzierten Rundbogen heraustritt. Das Gongschlagen des Mönches hat aufgehört, ohne dass ich bemerkt hätte, wann. Langsam spaziert Karl den Weg nach oben, in meine Richtung. Ich beobachte seine Bewegungen und wiederhole vorsichtig noch einmal meinen Schritt.

Unzählige Male habe ich ihn geübt, diesen Schritt. Ursprünglich hatte ich mir vorgestellt, dass eine Kampfkunst aus akrobatischen, hochkomplizierten Bewegungen besteht. Genauso, wie mir das Leben von frühester Kindheit an wie ein fast unbezwingbarer Berg erschienen war, musste dieser Kampfsport extrem schwierig sein. Das war der Grund, warum ich mein Leben lang einen riesigen Bogen um die Verwirklichung meines Kindheitswunsches gemacht hatte, den Wunsch, mich so bewegen zu können wie ein Taekwondo-Kämpfer, wie Bruce Lee zum Beispiel.

Praktisch von Geburt an hatte jeder versucht, mir die Welt zu erklären, immer mit dem Hinweis, dass ich zu klein, zu jung, zu unerfahren sei, um sie allein zu begreifen. Immerzu hörte ich:

»Lass es dir sagen«, »Hör mir gut zu« und »Das verstehst du noch nicht in diesem Alter«. Damals muss sich bei mir die abstruse Selbsteinschätzung von geballter Unwissenheit verfestigt haben, mit der ich meiner Existenz über so viele Jahre gegenüberstand und die ich fortan mit nachgeäfften Phrasen und Ideen oder einem weisen Buch in der Hand zu kaschieren versuchte. Dass es etwas geben könnte, was ich sowieso schon wusste und gar nicht erlernen musste, konnte ich lange Zeit nicht einmal als vage Möglichkeit zulassen. Denn, über das wahre Wissen verfügten nur die Großen, die Eltern, die Chefs, die Philosophen. Ihnen haftete das Image des Wissens an. So erschien mir das Leben kompliziert und bedrohlich, und ich beeilte mich, Kulissen um mich herum aufzubauen. Ich wagte es nicht, mich so einfach und verletzlich zu zeigen, wie ich wirklich war. Wie sollte ich mich in so einer feindlichen Atmosphäre mit so etwas Normalem auseinandersetzen wie dieser Aufforderung »Kümmere dich um dich selbst!« und mit den Werten, die aus ihr resultierten?

Die Kernidee des Taekwondo geht von der Einfachheit und der Natürlichkeit der Dinge aus. Dieser Gedanke faszinierte mich schon bald nach meiner ersten Begegnung mit diesem Sport derartig, dass ich – wie übrigens viele, die ich dabei beobachtet habe – von einer neuen Leichtigkeit beflügelt wurde und schnell über den sportlichen Aspekt hinaus zu denken begann. Weisheit oder Wissen ist also nicht nur etwas, was man durch jahrelange Meditationsmarathons, den exzessiven Verbrauch von Räucherstäbchen oder durch ein lebenslanges Philosophiestudium erlangt. Vielmehr schlummert ein universales Wissen in jedem von uns, wirklich in jedem, auch im Dümmsten, im größten Pechvogel und im Allerunglücklichsten. Dieses Wissen ist wie eine Märchenprinzessin, die man mit dem richtigen Losungswort wachrufen kann. Unser Erfahrungsschatz lehrt uns, dass jedes Problem lösbar ist, und dass man als Mensch tief im Inneren praktisch alles weiß.

Du verfügst über alle Talente für ein glückliches Leben. Es sind die Werte des Lebens, die unser Leben lebenswert machen – eine Weisheit, dachte ich selbst lange Zeit, so alt wie banal, so oft gehört, dass sie nur noch als Binsenweisheit gelten konnte. Doch wer sie umsetzt, gewinnt seine Freiheit zurück und wird sein Leben selbst in die Hand nehmen.

Aus Erfahrungen lernen – ein eigenartiges Phänomen

Der Schritt, den ich auf dem Hügelweg beim Sang-Gaesa Kloster tue, stellt nicht nur die Basisbewegung für einen Angriff oder das Ausweichen im Kampf dar. Er ist nicht nur eines der wichtigsten Bewegungselemente in der koreanischen Kampfkunst und fast in allen Kampftechniken schlechthin. Er verkörpert viel mehr. Er ist das Erste, was wir als Kinder lernen, wenn wir uns aus der Vierfüßlerposition in die Vertikale aufgerichtet haben und sicher auf zwei Beinen stehen zu können. Der Schritt nach vorne, auf die Seite oder zurück bleibt während des gesamten Lebens die bedeutendste, körperliche Bewegung. Er ist die essenzielle Bewegung, um auf einem Weg zu gehen, um vom Fleck zu kommen. Darüber hinaus ist er eines der bedeutendsten Symbole für das menschliche Leben und Streben schlechthin. Und noch mehr: Der Schritt ist ein Sinnbild für die Einfachheit und den Weg des Lebens, auf dem man nur vorwärtsgeht, indem man Schritte tut. Allerdings geschieht ein Schritt nicht automatisch und eine Aneinanderreihung von Schritten erst recht nicht. Bereits in meinen ersten Taekwondo-Stunden lernte ich – nachdem ich mir einmal selbst auf den Fuß gestiegen war –, mir immer zu vergegenwärtigen, dass mein Gehirn nicht in den Beinen sitzt, sondern im Kopf.

»Weißt du noch im Mutterbauch?!«, fragte mich der Meister eines Tages lächelnd, als mir beim Training wieder einmal gar nichts gelang. »Dort hast du auch schon versucht, einen Schritt zu machen und gekickt und geboxt. Es waren deine ersten Bewegungen. Du weißt also, wie es geht. Tu es einfach!« Ich habe den Meister wohl etwas perplex angeschaut. Denn er fuhr fort: »Du musst dich selbst steuern, du bist der Kranfahrer, nicht dein Fuß und niemand sonst!«

Deine Erfahrungen liegen in dir, wende sie an! Mit ihnen löst sich das Rätsel der Schritte sofort: Bereits nach mehreren Schritten kannst du von deinem Weg abkommen, wenn du dich nicht für eine Richtung entschieden hast und nicht achtsam bist. Du musst mutig sein und handeln, du musst dich dem Weg aufschließen, der vor dir liegt, und du musst gleichzeitig die Richtung bestimmen, in die du gehst. Das Leben ist ein Weg, also gehe ihn. Im selben Moment, in dem du deine Wanderung aufnimmst, wirst du neue Erfahrungen machen. Sei daher offen und wach.

Es wird dir nicht erspart bleiben, dass du manchmal nicht weißt, was dich hinter einer Kurve erwartet. Du wirst vielleicht zaudern. Das ist der Moment, eine Entscheidung zu treffen: Soll ich weitergehen, oder soll ich stehen bleiben? Es gibt Menschen, die in so einem Moment in ihrem Leben für immer oder für lange Zeit stehen bleiben und sich nicht mehr vor und zurück bewegen. Sie verharren im Stillstand. In ihrer Angst vor der eigenen Entscheidung, der eigenen Selbstständigkeit und der Möglichkeit zu handeln, geben sie ihre Freiheit auf.

Traue dich, Fragen zu stellen. Es ist eine Illusion, dass das Lernen vorbei ist, wenn du die Schule oder die Universität verlässt. Oder wenn du volljährig bist. Doch scheint es so, dass genau dies die meisten denken. Woher kommt es sonst, dass die Menschen bis heute nicht gelernt haben, nach ihrer Erfahrung zu handeln: dass Kriege nichts bringen, dass Abgase das Klima kaputtmachen, Ölfirmen ohne Vorsichtsmaßnahmen kilometerweit ins Innere der Erde bohren (dürfen!). Wie ist es möglich, dass wir uns in endlosen Fernsehdebatten wie in einer Scheinaktivität verstricken, anstatt die Probleme auf der Basis unserer Erfahrungen vorurteilsfrei anzupacken. Diejenigen, die für diese Situation verantwortlich sind, verstoßen gegen sämtliche Werte, die es gibt, allen voran den der Achtsamkeit, und sie schaden mit ihrer Ignoranz und ihrem Egoismus unserer Welt und sich selbst. Nicht nur Menschen verharren ängstlich vor einer Kurve auf ihrem Weg, hinter die sie nicht blicken können. Ganze Gesellschaften schädigen sich selbst in ihrem zögerlichen Innehalten und setzen sich damit der allergrößten Gefahr aus: der Selbstzerstörung.

Karl ist nun bei mir angekommen. Er hat gesehen, wie ich den Schritt übte. Er lacht und legt seinen Arm auf meine Schulter: »Komm, schau mal, diese Blume hier. Lass uns einen Schritt auf sie zu tun!«

Am Wegrand, nicht weit von mir entfernt, erblicke ich hohes Gestrüpp, das auf den ersten Blick wie Unkraut aussieht. Deswegen habe ich wohl daran vorbeigeschaut. Irgendein Schalter in meinem Kopf muss automatisch auf »Unkraut« gesprungen sein, und meine Aufmerksamkeit hat sich sogleich wieder der perfekten Schönheit des buddhistischen Klosters, seiner Gärten, der Symbolik dieses Weges am anderen Ende des Tals und den Worten des Meisters während der aufregenden Tage dieser Koreareise zugewandt. Ich komme Karls Aufforderung nach und tue einen Schritt auf das Unkrautbüschel zu. Plötzlich sehe ich die violette Blüte, die fast unmerklich im Windhauch erzittert und soeben ihre Blätter reckt. Karl und ich sehen uns an.

Ich glaube, unsere Herzen fühlen in diesem Moment etwas Ähnliches. Karl und ich, wir sind alte Freunde. Wir begannen gleichzeitig, die Kunst des Taekwondo zu trainieren, und das in nicht allzu jungem Alter. Seither werden wir immer wieder von den unendlichen Möglichkeiten überrascht, die sich uns eröffnen, wenn wir den Mut aufbringen, um in die Biegung des Weges zu gehen. Ich zeige auf den eigenartig gewundenen, sonderbar romantisch anmutenden Weg, der sich dort drüben auf dem Berg in Richtung Himmel windet.

»Man sieht nicht, wo er aufhört!«, murmelt Karl.

Der Mensch hat vermutlich das am höchsten entwickelte Gehirn aller Lebewesen. Man weiß es nicht sicher, aber es gibt keinen gegenteiligen Beweis. Dieses Gehirn verschafft ihm ein unvergleichliches Bewusstsein, mit dem er sogar seine eigenen Gedanken und Gefühle, ja sein gesamtes Leben beobachten kann. Er kann nach einer durchlebten Erfahrung entscheiden, was er daraus macht. Aber er weiß nicht, wie lange er lebt, was die Zukunft bringt und wann das Ende kommt – fast immer ganz plötzlich und unvorhergesehen. Mit diesem Rätsel, dieser ungewissen Komponente müssen wir leben. Sie ist die essenzielle und geradezu dramatisch offenstehende Frage. Dennoch hat der Mensch eine Gesellschaft gestaltet, als wäre er befähigt, unendlich zu leben und als stünden ihm grenzenlose Ressourcen zur Verfügung.

Wir wissen von der Unumstößlichkeit dieser Tatsache, dass unser Leben irgendwann aus ist. Doch wir leugnen sie, wie kleine Kinder, die etwas, was ihnen nicht passt, nicht wahrhaben wollen. Wir scheinen unfähig zu sein, unsere Erfahrungen, die wir nur durch unser Bewusstsein erkennen können, wirksam anzuwenden, und zwar konsequent und im Hinblick auf die schwerwiegendste und unabänderlichste Tatsache überhaupt, mit der wir konfrontiert sind: die Endlichkeit unseres Daseins.

Der Mensch hat alle Instrumente, um sich gezielt weiterentwickeln zu können. Sie basieren auf seinen Erfahrungen und seinem Wissen. Aber er nutzt sie für sich selbst, im Privaten wie im Gesellschaftlichen, kaum. In den Naturwissenschaften beispielsweise wird die Fähigkeit systematischer Erforschung konsequent eingesetzt, um bestimmte Ziele zu erreichen und weiterzukommen. Hier werden Wege begangen, nachdem Ziele gesteckt worden sind. Doch welches Ziel verfolgen wir für uns, unsere menschliche Gesellschaft?

Nur, wer ein Ziel hat, tut auch einen ersten Schritt in seine Richtung. Sonst eiert er sprichwörtlich vor sich hin. Ein Kind macht seinen Schritt nur wegen seines Zieles, weil es nach etwas greifen will, vielleicht nach der Hand der Mutter oder einem Spielzeug. Auch Erwachsene haben ihre Ziele. Doch im Vergleich zu dem Griff nach der Welt eines sich aufrichtenden Kindes sind die Ziele eines Erwachsenen oft geradezu kümmerlich. Er geht ins Büro oder will jemanden besuchen. Er möchte ein Projekt verwirklichen und danach das nächste. Oft genug ist das Ziel seiner Träume der Feierabend, das Wochenende, der Urlaub, die Rente. Der Erwachsene erlernt einen bestimmten Beruf und ärgert sich später über ihn, allerdings ohne etwas zu verändern. Er versucht, eine freie Gesellschaft zu erhalten, und wählt deswegen eine demokratische Partei. Doch genau in diesen Handlungen erschöpft sich seine gesamte Freiheit. Er ist erstarrt im Kollektivschrecken über die Zeit der Diktatur, der Armut und voller Angst, mit so etwas Verstaubtem wie Werten oder so etwas Riskantem wie einer neuen Erfahrung die errungene Freiheit und den Wohlstand zu gefährden. Irgendwo in diesem Breitengrad scheint unsere Entwicklungsbereitschaft aufzuhören. Die Komplexität des Lebens und seiner Endlichkeit bleiben unberücksichtigt. Vor uns liegt eine Kurve auf dem Weg. Stillstand. Was verbirgt sich dahinter? Jetzt ist der Moment, der dringend nach einer Entscheidung über unsere Ziele und nach konsequentem Handeln verlangt. Das Leben funktioniert nicht automatisch, es gibt kein Laufband, das uns um die Ecke führt.

Ich selbst empfand den Zustand von Passivität und Sattheit in meinem Leben irgendwann als unerträglich. Das kann doch nicht wahr sein, ist das alles?! – so sah meine Grundstimmung aus. Daher zog ich nach zwei verflogenen Jahrzehnten Karriere mit Hochs und Tiefs die Reißleine. Mein gesamtes Leben sollte sich verändern. Ich bin beim Taekwondo gelandet, einer Kampfsportart, in der Werte praktiziert werden. Das Taekwondo wurde für mich zu einer lebendigen Metapher für mein eigenes Leben und die Probleme, mit denen ich konfrontiert werde.

Obwohl mein Alter nicht gerade dafür sprach, mich mit anderen zu prügeln, meine Knochen bereits verrostet waren und der sogenannte gesunde Menschenverstand davon abriet, entschloss ich mich zu einer ersten Trainingsstunde, einer Art Probestunde. Begleitet von meinem alten Freund Karl, der das gleiche Wagnis bereits ein paar Wochen früher eingegangen war, begab ich mich in den Dojang, die Trainingsstätte des koreanischen Großmeisters Ko Eui-Min.

Vor dem Besuch meines ersten Trainings befand ich mich zunächst in einem Zustand heftiger Aufregung, als würde ich schwer verliebt dem ersten Rendezvous mit einer Angebeteten entgegenfiebern. Es kribbelte in meinem Magen, und meine Sinne waren gespitzt wie Bleistifte, denn ich hatte beschlossen, um die Kurve des Weges zu gehen und neue Erfahrungen zu machen. Ich brach ins Unbekannte auf.

Kämpfen lernen, um nicht kämpfen zu müssen

Ein sagenhafter Ruf eilte dem koreanischen Großmeister voraus, dem ich nun erstmals begegnen sollte. Vor über fünfzig Jahren hatte Ko Eui-Min als junger Idealist die Impulse verschiedener sich nach Frieden sehnender koreanischer Generäle aufgegriffen. Nach all den Jahrhunderten, in denen ihr Land pausenlos von verheerenden Kriegen überzogen worden war, machten sich koreanische Kämpfer erstmals daran, die Philosophie der Perfektionierung der Kampftechnik Taekwondo mit dem Ziel einer friedlichen Welt zu verbinden.

Der waffenlose Kampf stellt die letzte Chance eines Menschen in einem Krieg dar. Der waffenlose Kampf ist der Inbegriff des Kampfes schlechthin. Er verkörpert gleichermaßen als lebendige Metapher und leuchtendes Symbol einen zurückgelegten Lebensweg. In ihm erweist sich in schicksalhafter Weise die wirkliche Perfektion gelernter Fähigkeiten, der Grad der Harmonie zwischen Körper und Geist, die Früchte einer vollen Ausschöpfung der Möglichkeiten, die das Leben anbietet. In ihm wurzelt der Kernsatz der Taekwondo-Philosophie, die Kampftechnik zu perfektionieren, um nicht mehr kämpfen zu müssen. Kämpfen tut nur, wer es nötig hat.

Je mehr sich Körper und Geist in Harmonie und in maximaler Beherrschung ihrer Fähigkeiten befinden, desto unbezwingbarer wird ein Mensch. Unter Unbezwingbarkeit versteht man in der koreanischen Taekwondo-Philosophie und zahlreichen fernöstlichen Denkungsweisen die Abwesenheit der Notwendigkeit, zu kämpfen. Das erreicht man aber nicht, indem man sich nicht ums Kämpfen kümmert.

In zahlreichen Trainingserfahrungen sollte ich im Laufe der Zeit lernen, was es tatsächlich heißt, zu kämpfen. Dabei hatte ich jahrelang in meinem beruflichen und privaten Leben gedacht, längst alles darüber zu wissen. Zwar hatte ich mich im Beruf schwer verschanzt. Mit E-mails, Blindcopys und geliehenen Images als Waffen kämpfte ich um Erfolg. Scharfe Worte waren meine Lanzen gewesen und meine Hintergedanken das Gift auf ihrer Spitze. Sie hatten mich, wann immer ich mich ihrer bediente, in düsteres Fahrwasser geführt. Und obwohl mir das mehr als klar gewesen war, gab ich mich über viele Jahre hinweg diesen Grabenkämpfen in meinem Leben immer wieder hin. Ich war virtuos darin, Begründungen zu erfinden, warum andere die Arschlöcher waren und nicht ich. Am sichersten war mir dieses Spiel immer beim Autofahren von der Hand gegangen. Da waren nur noch Idioten und Dreckskerle unterwegs, und ich konnte mich über Gaspedal, Bremse und Stimme ungestraft entladen, wie ich wollte. Damit besiegte ich mich in Wirklichkeit jedes Mal selbst. Ich hatte mich bezwungen.

Großmeister Ko Eui-Min begann vor fünfzig Jahren in dem von Hungersnöten und Armut geschüttelten Nachkriegskorea, die ehemals unter Banden und in Dörfern praktizierten Kampftechniken mit einem sportwissenschaftlichen Studium zu verbinden und zu systematisieren. In seinem ersten Trainingsstudio in Seoul formte er aus den verschiedenen technischen Strömungen, die sich in Jahrhunderten ausgebildet hatten, ein neues Konzept.

Der erste Dojang (Trainingstätte) von Ko Eui-Min war sehr klein, und der Zulauf zu dem Meister enorm groß. Der Koreaner zog mit seinen modernen Taekwondo-Ideen viele Menschen an. Den maximal 40 Übenden blieb auf den knapp 60 Quadratmetern während ihres Trainings fast kein Platz zum Ausweichen. Das Studio war nahezu rund um die Uhr ausgebucht. Die räumliche Situation im Dojang Nr. 1 des modernen Taekwondos spiegelte wie ein Sinnbild zwei der bedeutendsten Aspekte zwischenmenschlicher Beziehungen im Leben wie auch im

Kampf wider: Nähe und Distanz. Je näher man sich in einem körperlichen – aber auch in einem geistigen Kampf – kommt, desto schwerer beherrschbar wird die Situation. Wie soll man sich verhalten, wenn der Bewegungsradius fast auf null reduziert ist? In Reaktion auf die scheinbar unlösbare Frage übernehmen oft die Gefühle das Zepter. Plötzlich haut man einfach irgendwie drauf. Im täglichen Leben wird man böse oder gemein. Verletzende Handlungen resultieren aus verzweifelten Befreiungsschlägen in beengenden Situationen. Das gilt auch für einzelne Menschen, die sich innerlich derartig gefangen fühlen, dass sie mit Gewalt ausbrechen. Amok ist eines der möglichen Resultate. Zu eng geführte Liebesbeziehungen enden nicht selten abrupt, als wäre ein innerer Sprengkörper gezündet worden. Manche Menschen versuchen mit Alkohol oder anderen Drogen aus der Enge, aus der zu großen Nähe auszubrechen.

In meinem Freikampf mit Chy-Eun in der Kyung Hee-Universität hatte ich alle Möglichkeiten gehabt auszuweichen. Freikampf bedeutet, dass wir alle trainierten Techniken in einem simulierten Kampf frei ausprobieren. In diesem Fall war es ein Kampf mit Vollkontakt gewesen, was bedeutete, dass auch herbe Körpertreffer vorkommen können. Deshalb trugen wir Schutzwesten. Zwar hatte ich um mich herum ausreichend Platz, um mich vor ihren Kicks in Sicherheit zu bringen. Doch meine inneren Dämonen, die mich drängten, es »Besser! Fantastisch! Perfekt!« zu machen, beherrschten mich von Beginn des Kampfes an. Sie erzeugten ein klaustrophobisches Gefühl von platzender Enge in mir, so dass ich sogar meine neue Stimme überhörte. Dazu kam der Druck der Zuschauer, die Chy-Eun und mich mit lauten Rufen anfeuerten. Und mein Wunsch, wie Bruce Lee zu wirken, möglichst tolle Kicks zu fabrizieren, so dass Chy-Euns Hände in den meinen honigweich schmelzen würden, wenn ich sie bei dem von mir geplanten Dinner ergreifen würde. All dieser Gedankenwirrwarr hat in einem Kampf nichts zu suchen. Ich hatte mich selbst auf jede nur erdenkliche Weise eingeengt und den Erfolgsdruck bis ins Unerträgliche gesteigert, nicht zum ersten Mal in meinem Leben. Entsprechend unkoordiniert explodierten die Kicks aus mir heraus: schlecht getimt, furchtbar unkoordiniert – ganz wie bei einem verzweifelten Befreiuungsschlag.

Im Kampf lässt sich eine erlernte Technik nur schwer anwenden, wenn man zu nah oder zu weit entfernt vom Gegner steht. Entweder fehlt es an Platz zum Ausholen, oder man kommt an den Gegner nicht heran. Es besteht keine Möglichkeit, sich für einen Moment zu besinnen, um Augenmaß zu nehmen. Aus dem Umstand der Platznot systematisierte Ko Eui-Min neue Techniken des Taekwondo und verfeinerte seine Philosophie. Deutlicher als andere zuvor erkannte er die Notwendigkeit der geistigen Reife. Er entwickelte als Erster Techniken für die Veränderung des Standpunktes. Aus dem berühmten »Schritt nach vorne« formte er die Step-Variationen des modernen Taekwondo und setzte damit weltweit einen neuen Standard. Bei öffentlichen Wettkämpfen lachte man zunächst über die Schüler dieses Meisters, die sich tänzelnd und mit flinken Schritten nach vorne, zurück oder zur Seite bewegten. Obwohl das Aus- oder Zurückweichen für manche Menschen als unkämpferisch gilt, entwickelte Ko gerade dafür zahlreiche Bewegungsabläufe. So etwas hatte man noch nicht gesehen. Das Resultat dieser weiterentwickelten Taekwondo-Technik war, dass Ko ein regelrechter Weltmeistermacher wurde. Keiner hat jemals so viele Worldchampions trainiert oder Meister ausgebildet, die selbst wieder Weltmeister trainierten, wie Großmeister Ko Eui-Min.

Vor fünfzig Jahren stand Ko eines Abends während eines Essens in einem Seouler Restaurant auf und forderte amerikanische Soldaten zum Kräftemessen auf. Obwohl der deutlich kleinere, zierliche Mann über weitaus weniger sichtbare Muskelkraft verfügte als die hünenhaften US-Krieger, besiegte Ko beim Armdrücken jeden, der sich mit ihm messen wollte. Das Ereignis sprach sich in Windeseile bei der erstaunten US-Armee herum. Dort hatte man bisher die Fitness der Soldaten hauptsächlich mit relativ konzeptlosem Körperdrill betrieben. Die Folge war, dass die Soldaten monströse Muskelpakete entwickelten, mit denen sie aber kaum umgehen konnten. Als die Amerikaner den Koreaner einluden, ihren Soldaten Taekwondo beizubringen, war der erste Schritt zur weltweiten Verbreitung dieser Kampftechnik vollzogen. Das Taekwondo entwickelte sich in den folgenden Jahren zur bedeutendsten Martial Arts-Gattung weltweit und mit Großmeister Ko Eui-Min als technischem Direktor neben Judo zur einzigen olympischen Disziplin aus dem Bereich der Martial Arts.

Ko wurde schließlich als einzigem Großmeister der Welt von der *World Taekwondo Federation*, dem Taekwondo-Weltverband, der Ehrentitel *Head coach of the world* (Weltmeister-Trainer) verliehen. Vom koreanischen Präsidenten wurde er mit der Ehrenmedaille Koreas und von Präsident Clinton und später auch Präsident Bush für sein Lebenswerk mit dem *Presidential Sports Award* geehrt.

Das Taekwondo begann sich wie ein Lauffeuer um die Welt zu verbreiten. Männer, Frauen und Kinder üben diesen meditativen Kampfsport heute mit Leidenschaft aus. Allein in den letzten drei Jahren hat sich die Zahl der Trainierenden weltweit auf 70 Millionen mehr als verdoppelt.

Ich war also nun unterwegs zu diesem legendären Meister, den das Schicksal irgendwann einmal zusammen mit seiner Frau nach München verschlagen hatte. Um meinen vom Sitzen, Telefonieren und Mausklicken über die Jahrzehnte hinweg degenerierten Kreislauf in Schwung zu bringen, begann ich in den Tagen vor dem ersten Training, intensiv Fahrrad zu fahren. Etwas anderes fiel mir nicht ein. Ach ja: Ich warnte meinen Orthopä-den vor, dass ich vermutlich bald mit Prellungen und Brüchen bei ihm aufschlagen würde. Doch so sehr mir selbst mein neues Vorhaben wie ein Himmelfahrtskommando erschien – der Arzt sollte lange nicht von mir hören.

Das Problem war ein anderes: der innere Widerstand. Meine alten Stimmen brüllten im Kanon: »Du bist zu alt!«, »Was willst du Null bei einem so renommierten Meister?«, »Hast du das überhaupt verdient?«, »Schau dich im Spiegel an: Das ist doch peinlich!«, »Du hast nicht die Zeit für so etwas, setz dich lieber an deinen Schreibtisch und arbeite!« Doch da war auch meine neue Stimme. Sie sagte leise und ruhig: »Lass dich nicht beirren. Öffne die Tür zu etwas Neuem. Du lebst nur einmal, mach eine neue Erfahrung.«

Ich war mein gesamtes Leben beschäftigt gewesen, dieses Plärren in meinem Kopf in den Griff zu bekommen, als stünde ich im Bann innerer Mächte. Umso wohler fühlte ich mich an der Hand meiner neuen Stimme. Ich wollte endlich einmal tun, wozu es mich wirklich drängte, so wie ich es mit der Zigarre nach dem Unfall angefangen hatte.

Während ich mein Fahrrad am Eingang des Dojangs von Ko Eui-Min abstellte, kamen eine Reihe Menschen an mir vorbei. Sie überraschten mich. Voller Vorurteile und Aversionen, ange-heizt von meiner eigenen Angst, körperlich zu versagen, hatte ich erwartet, lauter gestählten Männern zu begegnen: halbstar-ken Jugendlichen mit unbändigen Kräften, dubiosen Kerlen mit kurvig geschnittenen Koteletten, abgehärteten Legionärstypen oder esoterisch angehauchten, asketischen Kampfmeditierern in Birkenstocksandalen. Kühl würden sie mich ansehen. Neben diesen Männern würde ich Mühe haben, meine Gelassenheit zu bewahren. So hatte ich es mir ausgemalt.

Stattdessen hielt mir am Eingang des Münchner Ko-Trai-ningszentrums eine freundliche blonde Frau die Eingangstür auf. Zwei Jungen um die sechzehn sagten »Guten Tag«, und ein zierliches Mädchen huschte hinter mir herein und schloss die Tür. Sie stellte sich zu den Jungen. Alle lächelten, als würden sie sich freuen, dass ich da war. Ich wunderte mich. Ein paar elegant gekleidete Frauen und Männer riefen fröhlich Hallo, und einer der Jungen verbeugte sich zu meiner Verwirrung sogar lächelnd vor mir. Das hell erleuchtete Foyer des Studios war gesäumt von glitzernden Vitrinen, die zum Bersten gefüllt waren mit den Pokalen, Medaillen und Urkunden des weltberühmten Großmeisters. Hinten am Ende einer hölzernen Teebar saß aufrecht an einem langen Tisch ein asiatisch aussehender Mann. Mit seinem feuerroten Trainingsanzug, schlohweißem Haar, einem ebenmäßigen, leicht gebräunten Gesicht und weichen, wachen Augen hob er sich von den Umstehenden ab wie eine Lichtgestalt. Er lächelte mir entgegen, und seine warme Stimme drang durch das Gemurmel der Herumstehenden: »Christian, richtig!?«

Einer der beiden Sechzehnjährigen, ein Türke, raunte mir leise zu: »Hallo, ich bin Akin, du musst dich vor dem Meister verbeugen!«

Sofort loderten Gefühle wie Verlegenheit und Trotz in mir auf. Ich – mich – verbeugen? Niemals! Was wollte dieser Sechzehnjährige überhaupt? Einen Teufel würde ich tun. Sollte ich mir von dem etwas sagen lassen?

Ich stand vermutlich da, wie eine schlecht platzierte Säule. Der Meister lachte und wies mir mit der Hand den Weg zu den Garderoben. Viel mehr, als kurze, knappe Erklärungen sollte es auch in Zukunft nicht geben.

Im Taekwondo-Training wird die Kampftechnik perfektioniert, um nicht mehr kämpfen zu müssen – eine Art in Bewegung umgesetztes Kóan, also eine jener weisen buddhistischen Sentenzen, über die man sein ganzes Leben nachdenken kann. Man lernt nicht durch ausufernde und besserwisserische Erklärungen, sondern allein aus sich selbst heraus, angeregt durch die eigenen Erfahrungen und was man aus ihnen macht, durch die Vorbilder anderer Studierender, die man ständig wahrnimmt, durch Hinweise, wohlwollende Ratschläge, die so frei daherkommen, dass man sie annehmen kann oder nicht, durch Nachmachen, Mitmachen, Zuhören, in sich selbst Hineinschauen, durch Konzentration und vor allem durch praktizierte Werte. Das Lernen im Taekwondo funktioniert wie das Wachstum einer Pflanze. Man kann an ihr nicht ziehen, damit sie schneller groß wird. Man muss sie wachsen lassen, sie respektvoll unterstützen und pflegen.

Um meinen Rückstand gegenüber den anderen, mit denen ich mich fortwährend verglich, wettzumachen, buchte ich bei Ko Young-Jae Einzeltrainingsstunden. Dabei kam es nicht selten vor, dass ich plötzlich wutentbrannt und mich selbst beschimpfend im Dojang herumsprang. Wenn ich heute mit dem Sohn des Meisters, dem jungen Meister Ko Young-Jae darüber spreche, kann ich es manchmal nicht fassen, wie ich zu Beginn meiner Lehrzeit drauf war. Dem endlosen Zetern der Stimmen in mir selbst hilflos ausgeliefert, hatte ich einen Tobsuchtsanfall nach dem anderen. Wegen meiner Besessenheit, perfekt zu sein, empfand ich selbst die kleinsten Fehler als unverzeihliche Unfähigkeit. Das war mir absolut unerträglich.

Der neue Weg

Als ich zu Beginn meines ersten Trainings endlich in dem hell erleuchteten Trainingssaal stand, in der letzten Reihe, an letzter Stelle, hinter diesem bunt gemischten Völkchen aus Jugendlichen, Frauen, Männern jeden Alters – ganz vorne sogar ein Siebzigjähriger, ehemaliger Fremdenlegionär, der angeblich erleuchtet war und mit einem mit Sonnen bemalten VW-Käfer vorfuhr –, fühlte ich mich wieder wie ein ganz kleiner, unwissender Junge. Das prickelnde Verliebtsein, die Vorfreude auf die bevorstehende Erfahrung war einer diffusen inneren Spannung gewichen. Mein Gemütszustand raste hin und her zwischen Interesse, Ablehnung, Fluchtimpulsen und Faszination. Ständig beurteilten meine inneren Stimmen, was gerade geschah. Ohne Unterlass vernahm ich die giftigen Kommentare: »Weg, bloß weg hier! So was brauchst du nicht mehr – du nicht!« Und die neue Stimme rief: »Nein, hiergeblieben, das ist deine Chance.«

Wenn ich zurückblicke, war es schwierig für mich, durch die innere Geräuschkulisse meines Gehirns überhaupt noch etwas vom wirklichen Geschehen zu erspähen. Es war zu einer meiner dringlichsten Aufgaben geworden, diese Dämonen, von denen ich mich mein Leben lang hatte treiben lassen, zur Raison zu bringen. Anders wäre ich im Taekwondo niemals weitergekommen, wo man durch Erfahrung lernt, durch Üben, Genauigkeit und Konzentration.

Der Minimalismus der Übungen führte mir deutlicher vor Augen, dass mein Leben voller Brimborium war, das ich zunehmend als Klotz am Bein empfand. Die enorme Konzentration und Geistesgegenwart, die im Taekwondo erforderlich sind, schärften auch meine Aufmerksamkeit für mein übriges Leben. Fast reflexartig reduzierte ich meinen Fernsehkonsum. Ich bemerkte nämlich auf einmal, dass ich manchmal sogar im Schlaf von den Fernsehsendungen weiterträumte. Ich reduzierte meine Handy-Kollektion von drei auf eines, was nicht mit einer Reduktion meines Selbstwertgefühls einherging. Das verbleibende Handy schaltete ich ab, wenn ich etwas für mich tun wollte. Ich begann, mir genauer zu überlegen, wessen Meinungen ich wissen wollte und wessen nicht. Während ich mir früher gar nicht genügend Meinungen hatte anhören können, störte mich neuerdings diese Überfülle. Sie behinderte mich bei meiner eigenen Meinungsbildung. Die inneren Stimmen, so wurde mir klar, waren mein inneres Spiegelbild einer äußeren Welt, in welcher pausenlos debattiert wurde.

Kurz bevor das Training begann, erklärte der Meister – fast als könne er meine Gedanken lesen: »Ignoriere diese Gefühle. Das sind nur Stimmen. Konzentriere dich auf dein Ziel, Taekwondo zu lernen!« Reflexartig erklang in meinem Kopf: »Ziel! Welches Ziel? Taekwondo zu lernen??? Mit 45? Ich wollte doch erst einmal nur eine Probestunde machen!«

Zuvor war ich mit knappen Worten über die Grundsätze der Kampftechnik aufgeklärt worden, zu deren Einhaltung ich mich verpflichtete: ein respektvoller Umgang miteinander, den Meister und andere Höherrangige zu achten, die Kampftechnik und auch andere Fähigkeiten nie zu missbrauchen, mich für Freiheit und Gerechtigkeit einzusetzen und an der Entstehung einer friedlicheren Welt mitzuarbeiten.

Das Wort »Grundsätze« machte mich neugierig, und ich stellte bald fest, dass im Taekwondo die Werte lebendig praktiziert werden. Zunächst musste ich gegen einen gewissen inneren Widerstand kämpfen. Mich einem Regelwerk auszuliefern, war mir schon immer zuwider gewesen. Und das Wort »Werte« hatte für mich etwas Modriges. Als unbelehrbarer Freigeist und Feind jeder Regel und Bevormundung hatte ich mich bislang improvisierend durch mein Leben geschlagen, und das nicht allzu schlecht. Ich hatte in der Schule gegen Lehrer protestiert und mich gegen den Einzug zum Wehrdienst gesträubt. Die starren Gesetzmäßigkeiten meiner Idealberufe hatten mir meine Träume vergällt. Mehr als einmal hatte ich meine Kraft lieber darauf verwendet, mich beruflich wieder neu zu orientieren, mich noch einmal neu zu erfinden, als mich irgendwelchen Strukturen unterzuordnen, die ich als rigide empfand.

Ein Wertegerüst war nicht unbedingt das, wonach ich suchte. Allerdings war ich gerade in den letzten Jahren oft genug heftig mit meiner überdrehten Interpretation von Freiheit angeeckt. Die permanente Reibung und die gewaltigen Schäden, die ich damit verursachte, waren irgendwann so unerträglich geworden, dass ich meine freigeistige Lebenshaltung selbst als haltlos zu empfinden begann. Nach meinem Burnout und dem tragischen Verkehrsunfall hatte ich mich auf eine tiefgreifende, therapeutische Begleitung eingelassen. Im Austausch mit einem neutralen Gesprächspartner, einem Professor für Traumatherapie und Psychosomatik, wurde mir klar, dass meine fehlenden Erfolgsgefühle ganz besonders in jener Ziellosigkeit wurzelten, mit welcher ich mich fast dreißig Jahre lang unabhängigkeitssüchtig und wie ein kleiner Junge, der sein Spielzeug nicht aufgeben will, durchs Leben bewegt hatte.

Ich hatte meine Träume zu schnell aufgegeben. Als ich nach meinem Theater- und Schauspielstudium mit der Kälte des dazugehörigen Berufslebens konfrontiert wurde, beschloss ich, etwas Neues zu lernen und Journalist zu werden. Doch auch dieser Beruf passte mir in meinem Drang nach Selbstverwirklichung nicht. Ich empfand es als demotivierend, wenn in meinen Texten herumgestrichen wurde. Ich wechselte in den Bereich Public Relations – arbeitete als PR-Manager. Das Verbiegen von Wahrheiten wurde das Allheilmittel für mein schier unstillbares Bedürfnis nach kreativem Ausdruck. Dabei war es mir bis dahin nicht möglich gewesen, auch nur ein einziges Ziel konsequent zu verfolgen. Stattdessen war ich verheddert in meinen eigenen Imagebildern und gefangen in der Einbildung, alles zu können. Fasziniert von der Zusammenarbeit mit den vielen unterschiedlichen Menschen, mit denen ich zu tun hatte, die ich teilweise sogar managte, wollte ich schließlich auch noch Therapeut werden. Dem Wunsch folgte prompt eine entsprechende Ausbildung, aus der ich allerdings nicht viel machte. Wieder musste eine neue Identität her, und ich begann einen anderen alten Traum zu verwirklichen: Ich wurde Filmproduzent. Hier konnte ich endlich schalten und walten, wie ich wollte, war Herr meiner selbst. Keiner redet mir mehr rein. Ich sollte mich gründlich irren. Es erging mir wie einem größenwahnsinnigen, idealistischen Astronauten, der in einer schlecht gebauten Blechrakete Marke Eigenbau in die Unendlichkeiten des Universums aufbrechen will und stattdessen mit einem ohrenbetäubenden Knall in seiner eigenen Wirklichkeit aufprallt. Diese Wirklichkeit wollte ich nie wieder verlieren.

Neben der therapeutischen Arbeit war es vor allem das Taekwondo, das mir half, die Hintergründe meiner Unzufriedenheit besser zu verstehen. Ich konnte eine Basis entwickeln, wie ich mein Leben selbstbestimmt gestalten konnte, eine Basis, die so tragfähig war, dass sie mir in der ständigen Spannung zwischen Beruf und Privatleben nicht verlorenging. Ihr Abhandenkommen war der Hauptgrund für das plötzlich auftretende, absurde Gefühl meines Versagens gewesen: Ich hatte mich selbst nicht mehr wertgeschätzt, weil ich gar nicht mehr da war. Mich selbst realistisch wahrzunehmen, musste ich als die Grundlage für ein wertbestimmtes Leben neu erlernen.

Die Veränderung des Standpunkts

Bereits die ersten Momente in dem Dojang von Meister Ko zeigten: Das Taekwondo wird als Spiegelbild des Lebens gesehen. Zudem ist jeder Schüler fortwährend gefordert, sich in seinen Fähigkeiten zu üben. *Bewusstsein, Verantwortlichkeit, Respekt und Achtsamkeit, Ziele, Glaube, Aufgeschlossenheit und Toleranz, Durchhaltevermögen, Disziplin, das Leben selbst* und

Integrität stellen die zentralen Säulen in der Philosophie der Kampftechnik dar.

Im Taekwondo werden alle Menschen gleich behandelt, so wie auch im Leben ursprünglich alle gleichgestellt sind. Jeder ist als Person zwar ein Individuum, aber die Basis des menschlichen Daseins ist für alle gleich. Im Dojang von Meister Ko erlebte ich Rechtsanwälte, Ärzte, Mütter, Friseure und Schreiner, Kinder und Jugendliche. Beim Training fängt jeder, ob Kind oder Erwachsener, Mann oder Frau mit dem weißen Gurt an und erhält dieselbe Grundstruktur an Übungen. Im Taekwondo gibt es Übungen und Rituale, die man anfangs nicht versteht. Genauso wie ein Schulkind nicht immer überschauen kann, warum es bestimmte Dinge lernen muss. Man muss sie einfach tun. Erst wenn man sie schon längst beherrscht, wird man sie begreifen. Deswegen ist die Einhaltung der Grundsätze so wichtig. Strikte Umgangsformen ebenso wie Respekt und die Kontrolle über Emotionen und Gedanken spielen beim Taekwondo noch mehr als im täglichen Leben eine große Rolle, da es sich im Grunde immer um die eine Übung handelt: Meister seiner selbst zu werden.

So wie im menschlichen Leben die Weiterentwicklung der eigenen Persönlichkeit und des Lebens nie abgeschlossen ist, gibt es auch beim Taekwondo kein Ende, keinen Gipfel der Perfektion. Man lernt nie aus. Es gibt immer neue Ziele, die man in Etappen erreichen kann. Die meisten Ziele erscheinen bei der Zielsetzung weit entfernt. Erreicht man sie, hat man durch die Erfahrung an Weisheit gewonnen, die man unmittelbar für die persönliche Entwicklung nutzen wird. Von Gürtelprüfung zu Gürtelprüfung steckt man sich neue Ziele, die geplant und mit Stetigkeit verfolgt zum Erreichen führen. Die Basis aller technischen Fähigkeiten ist mit dem Erlangen des 1. Dans (Schwarzgurt) erreicht. Danach beginnt das eigentliche Training. Wie ein Pianist, der irgendwann jeden Griff beherrscht, jeden Tonlauf spielen kann, trotzdem hart üben muss, um seine Fähigkeiten zu immer neuen Blüten zu treiben, hat ein Taekwondo-Kämpfer mit dem ersten schwarzen Gürtel lediglich die wesentlichen Techniken und körperlich-geistigen Regeln des Kampfstils gelernt. Nun muss er sie perfektionieren.

Manchmal wähnt man sich auf Grund seiner Erfolge im Training in Sicherheit. Man denkt vielleicht sogar, besser als ein anderer zu sein. Auch dies reflektiert Situationen, wie sie uns im Leben allzu oft begegnen. Aber die Erfahrung zeigt, dass es immer eine Überraschung gibt, einen noch Besseren, der einem – manchmal auch unter Schmerzen – Grenzen aufzeigt. Ebenso kann es passieren, dass einem ein Schwächerer eine Lektion erteilt. Im Taekwondo erlernt man die Demut. Jeder Taekwondo-Schüler, gleich welchen Alters, ist automatisch mit den Werten konfrontiert. Er ist gezwungen, sich mit aller Aufmerksamkeit immer wieder realistisch einzuschätzen und auszuloten, wer er eigentlich ist, was er kann, welche Fähigkeiten und welche Handicaps er hat. Gleichzeitig muss er seine Ziele immer wieder justieren, so dass er eine sinnvolle Grundlage für seine Entscheidungen hat. Für einen Schritt in die richtige Richtung. Dieses mentale Training schärft das Bewusstsein für sich selbst und für die eigenen persönlichen Stärken und Schwächen. Der Schüler wird erkennen, dass er sogar über das eigene Limit hinauswachsen kann. Jemand, der seine Emotionen nicht unter Kontrolle hat und womöglich cholerisch ist, wie ich es war, wird lernen, sich zu beherrschen. Ein introvertierter Schüler, der zu schüchtern ist, lernt aus sich herauszugehen, und das nicht nur, wenn er es will, sondern auch, wenn eine Situation ihn dazu zwingt, so wie es im Leben auch immer wieder vorkommt.

Das Ziel des Taekwondo ist die Harmonie von Körper und Geist, die im Yin- und Yang-Zeichen der koreanischen Fahne symbolisiert ist. Genau aus diesem Grund verbeugen sich alle Schüler zu Beginn und am Ende einer Trainingseinheit vor der

Fahne. Die Wirkung des Taekwondo auf jeden, der es praktiziert, egal ob Kind, Frau oder Mann, beweist: Es liegt in der Natur des Menschen, Gleichgewicht und Harmonie zu schaffen und sonst nichts.

Durch die Luft zu fliegen wie ein asiatischer Kampfakrobat, war bereits ein Traum von mir, als ich noch ein kleiner Junge war. Erfüllt von einer fiesen Mischung aus nostalgischer Kindheitserinnerung und dem Bewusstsein meines körperlichen Unvermögens stand ich im ersten Training reichlich verloren da, ganz hinten, in der letzten Reihe, auf diesem letzten Platz. Von hier aus, dachte ich mir, fange ich jetzt neu an. Ich hatte das Gefühl, überhaupt nichts zu können. Vor mir erblickte ich die respekteinflößenden höheren Gürtelträger, ganz vorne die Schwarzgurte und die Dan-Träger und unter ihnen jener Siebzigjährige. Seine Anwesenheit zerstreute meine Angst, mit der extremen Beanspruchung meines Körpers einen Herzinfarkt zu provozieren. Wenn er nicht zusammenbrach, würde auch ich das Training durchhalten. Links neben mir stand ein Teenager, daneben das junge Mädchen und vor mir der pubertierende, türkische Junge Akin, der mich mit dem Hinweis, ich solle mich verbeugen, genervt hatte. Er lächelte mehrmals zu mir rüber, ich aber blieb cool und setzte die regungslose Miene eines abgeklärten Erwachsenen auf. »Von dem lässt du dir nichts sagen!«, erklang schon wieder eine Stimme in mir, bis ich bemerkte, dass Akin in Wirklichkeit mit dem Mädchen neben mir flirtete.

Da stand ich also, vermutlich etwas krumm. Ich war mir sicher, dass jeder im Raum an meiner steifen Körperhaltung ablesen konnte, dass ich trotz einer Fülle von Erlebnissen alle entscheidenden Erfahrungen im Leben versäumt hatte. Ich hatte keine Lehren aus den Erfolgen und Pleiten meines Lebens gezogen. Mein Lebenssystem war bestimmt von Vorurteilen und Klischees. Gefangen im Bermuda-Dreieck von Karrierestress, scheinheiligen Männerfreundschaften und dem Gefühlsknoten meiner Liebesbeziehungen war ich irgendwann einmal um des Überlebens willen dazu übergegangen, so zu tun, als wisse ich alles. Damit war mein Lebensgeist implodiert und jede Chance auf eine echte Erfahrung.

Ähnlich erging es mir in der ersten Trainingsstunde. Es fing mit meinen Gliedmaßen an: Ich kam mit den Bewegungen der anderen Schüler kaum mit. Ich hatte das Gefühl, so eingerostet zu sein, dass die Verwirklichung meines Traums zum Scheitern verurteilt war. Und ich kämpfte mit meinen inneren Stimmen, die mich zur Aufgabe überreden wollten und immer wieder mein Gefühl von Unvermögen in dieser Gruppe mir unbekannter Menschen beschworen. Aber daneben erklang meine neue Stimme. Sie bestärkte mich. Und ich folgte ihr.

Das Ausmaß meiner körperlichen Unfähigkeiten wühlte mich die nächsten Wochen immer wieder auf. Es wurmte mich derartig, dass ich eisern und mit einer komischen Art positiver Wut im Bauch trainierte. Mal um Mal teilte der Meister einen Mitschüler dazu ein, mir in emsiger Bemühung die einfachsten Bewegungen der Welt zu zeigen. Ich kam mir anfangs wirklich vor wie ein Baby, das gehen lernt: Wie funktioniert ein Schritt nach vorne, dem man einen Fauststoß folgen lässt? Wie funktioniert der Bewegungsablauf, wenn ich mit dem Spann eines Fußes die vorgehaltene Hand eines Übungspartners wegschlagen will? Zu Beginn konnte ich nicht einmal mein Bein richtig heben, ohne das Gleichgewicht zu verlieren. Irgendwann nahm ich all die widerstrebenden Gefühle nicht mehr wahr. Die brüllenden Stimmen begannen, eine nach der anderen zu verstummen. Waren sie tatsächlich nicht mehr vorhanden? Der Widerstand meines aufgeplusterten Egos gegen den Rat von anderen löste sich in Luft auf. Ich begriff nur so viel, dass es ein einfacher Trick gewesen war, der diese tiefgreifende Veränderung bewirkt hatte: systematisches Ignorieren aller alten Stimmen und zähes Training.

Stattdessen entdeckte ich ein neues Territorium: Erfahrungen machen! Ich genoss den neuen Kontakt, das erfrischend inspirierende Erlebnis mit jungen und alten Menschen, mit Männern und Frauen, die mir beim Taekwondo wie durch einen Zufallsgenerator begegneten. Mit wem ich üben und von wem ich mir etwas zeigen lassen würde, war ein willkommener Nebenaspekt, auf den ich mich vor jedem Training freute. Eine neue Welt öffnete sich: Selbst Akin ging mir nicht mehr auf die Nerven. Der Sechzehnjährige, der mir gerade bis zum Brustbein reichte, zeigte mir, wie dieser vermaledeite normale Schritt funktioniert. Ich hörte auf, mich ständig darüber zu ärgern, wie viel Mühe es mich kostete, simple Bewegungen richtig zu lernen. Ich fand es komisch. Nun konnte ich auch erkennen, dass mich die anderen anlächelten und mich mit einem Ausdruck freundschaftlichen Wohlwollens und Mitgefühls betrachteten und nicht mit bissiger Häme und Schadenfreude.

Wenn ich anders stünde, würde alles einfacher gehen, erklärte mir Akin eines Tages. Der Junge nahm meine große Hand in die seine führte mich ein Stück zur Seite. Dann klatschte er in die Hände, so dass meine Aufmerksamkeit für einen Moment fokussiert war. Das Geräusch verscheuchte alle meine Gedanken mit einem Schlag und verschaffte mir Raum, etwas Neues aufzunehmen. Jetzt wiederholte Akin die Bewegung für mich, und endlich verstand ich sie. Das Entscheidende bestand darin, das Gewicht zu verlagern. Eigentlich schon wieder ganz einfach.

So lernte ich, wie wichtig es ist, ohne zu zögern, meinen Standpunkt ändern zu können. Anders ist es gar nicht möglich, vorwärtszukommen und einen Schritt zu tun. Die Fähigkeit des Standpunktwechselns ist im geistigen Bereich genauso wichtig wie im körperlichen. Standpunktwechseln bedeutet nicht, sich selbst aufzugeben. Im Gegenteil: Man nimmt sein Schicksal selbst in die Hand, man geht zur Bewegung über, man handelt. Ein Standpunkt bleibt niemals für immer ein und derselbe.

Den Zugang zu einem meiner grundlegenden Bewegungsabläufe verschaffte mir also jener fremde, junge Türke, mit dem guten, leicht akzentuierten Deutsch, dessen Vater ich hätte sein können. Dieser Junge, der es an Erlebnissen nicht mit mir aufnehmen konnte, der von einem anderen Kulturkreis geprägt war, den ich nur zufällig kennengelernt hatte, war es, der mich darin unterrichtete, wie ich mein Bein heben musste, um einen Fuß-Kick nach vorne, den man Ap-Chagi nennt, richtig auszuführen. Ich gewann den sympathischen Kerl bald lieb. Immer wieder gab er mir entscheidende Tipps mit auf den neuen Weg meines Lebens. Vorher war ich überzeugt gewesen, dass mein Standpunkt möglichst zementiert sein musste, damit mich niemand davon abbringen konnte. Doch der pubertierende Sechzehnjährige brachte mir allen Ernstes das Gegenteil bei! Zum Standpunktwechseln gehörte auch Aufgeschlossenheit und Wachheit. All dies übten wir im Taekwondo fortan unermüdlich.

Früher nahm ich immer mindestens zwei Stufen auf einmal, wenn ich eine Treppe hochstieg. Ich empfand es als unerträglich, hatte das Gefühl, vor Ungeduld zu platzen, wenn ich mich hinten in einer Schlange anstellen oder irgendwo in der letzten Reihe sitzen musste. Liftschlangen beim Skifahren waren für mich ein ideales Übungsumfeld für meine Fertigkeit und Sucht, andere zu überholen, schneller zu sein. Besser zu sein. In Gesprächen und Meetings im Privaten wie im Geschäftlichen ergriff ich häufig und vehement das Wort. Was für eine Energievergeudung, dachte ich mir eines Tages im Dojang beim Training. Durch langsames Kosten an der neuen Erfahrung verstand ich, was für ein Genuss es sein kann, etwas Neues auszuprobieren und Rat anzunehmen. Ich begriff, wie sehr mich das alles geistig, seelisch und körperlich weiterbrachte und mit einem Gefühl von Zufriedenheit und Glück erfüllte. Allein die Überwindung meiner anfänglichen körperlichen Unfähigkeit erfüllte mich mit Stolz. Meine aggressiven und dissonanten Gefühle nahmen drastisch ab, ich kämpfte weniger.

Wenn du dich erst einmal auf das Neue eingelassen hast, dann bist du gleichzeitig auf verschiedene Weise gefordert. Du musst es voll annehmen, nicht halb. Denn nur so wirst du eine vollständige Erfahrung machen. Und nur so kannst du dein komplettes bisheriges Wissen und Können einsetzen. Nur wenn du deine Mittel vollständig einsetzt, bist du für alle Gefahren gewappnet. Das Neue wird dich weiterbringen. Doch das liegt an dir. Wenn du dich ausschließlich auf deine bestehenden Kenntnisse und Zweifel versteifst, kann es sein, dass du nichts Neues wahrnimmst. Das heißt, du musst mit deinem bestehenden Wissen wohldosiert umgehen und dich dem Neuen aufschließen. Es muss Platz für die neue Erfahrung bleiben, andernfalls wird es sich nur um ein neues Erlebnis handeln. Vielleicht wirst du dich toll fühlen, weil andere dich bewundern, wie gut du alles gemeistert hast. Aber darüber freut sich nur dein Ego. Du selbst bist leer ausgegangen. Zu einer neuen Erfahrung gehört auch, dass du nicht immer sofort in Aktionismus übergehst, sondern auch mal abwartest, das Geschehnis Revue passieren lässt, so dass du selbst überhaupt erst einmal etwas davon realisieren kannst. Das gilt selbst für kleine Erfahrungen wie kurze Begegnungen mit Menschen oder auch – um diese Metapher noch einmal anzuwenden – wenn du einen Schritt nach vorne machst.

Bereits nach wenigen Wochen Taekwondo-Trainings bemerkte ich eine wundersame Entwicklung. In meinem Körper tat sich etwas! Ich brachte Bewegungen zustande, die mir vorher undenkbar erschienen waren. In jedem Training hatte ich ein kleines Erfolgserlebnis. Bald zeichnete sich ab, dass ich eines Tages vielleicht sogar einmal diesen Rundkick hinbekommen würde, den ich als Kind in meiner Bewunderung für Bruce Lee so toll gefunden hatte. Ich verbesserte meine Konzentrationsfähigkeit enorm. All dies spornte mich an, weiterzugehen in diese neue Kurve meines Lebens. Dabei lernte ich beim Training eigentlich völlig einfache Dinge.

Ich spürte, dass Schläge wehtun. Ich begriff, dass man sie besser nicht austeilt und ihnen eher aus dem Weg gehen sollte, als sie zu provozieren. Ich erfuhr, dass mein Körper nicht der schlechteste und vor allem enorm lernfähig war. Und ausgerechnet der Siebzigjährige, der immer vorne in der ersten Reihe stand, diente mir als Vorbild, konnte er sich doch so flink bewegen wie eine Gazelle. Mein wegen mangelnder Bewegung etwas ungelenkes Gestell entwickelte sich wunderbar! Das war eine sensationelle Erfahrung für mich, der ich ein Alter erreicht habe, das ich als jüngerer Mensch als »greisenhaft alt« empfunden hatte und in welchem tatsächlich ein guter Prozentsatz der Bevölkerung schon beträchtlich in seinen Bewegungsmöglichkeiten eingeschränkt ist.

Eine weitere Schlüsselerfahrung dieser ersten Wochen war die Erkenntnis, wie klein ich war mit meinem ganzen angehäuften Pseudo-Know-How, welches mir jahrelang den Zugang zu echten Erfahrungen verstellt hatte. Aber es war keine schmerzhafte Erkenntnis. Ich begriff: Ich bin klein im Vergleich zum Universum; kleiner, als der Teenager, der rechts neben mir im Trainingssaal steht, als der kleine Mann links von mir oder als die junge Koreanerin, gegen die ich später in Korea in der Universität kämpfen sollte. Und doch fühlte ich mich gleichzeitig in dem Maße wachsen, in dem ich akzeptieren konnte, klein zu sein. Ein eigenartiges Phänomen.

Die Entdeckung der Werte

Im Mikrokosmos des Taekwondo erlebte ich mich vom ersten Tag an wie auf einem Pfad zu einem wertvollen Ziel. Ich fand – hell leuchtend, wegweisend – die Werte. Sie waren mir mein ganzes Leben lang als etwas Verstaubtes erschienen, wie eine alte Möbelgarnitur, die wurmstichig auf dem Speicher herumsteht, in einem veralteten Design, von der man sich aber aus Anhänglichkeit nicht verabschiedet. Werte – versteht sich doch von selbst: Man nimmt etwas Rücksicht aufeinander, und damit hat sich's. Ansonsten klingt das Wort alleine schon unhandlich.

Wertvoll, was ist das eigentlich, musste ich mich plötzlich fragen? Als ich mir diese »alten Möbel« erstmals ohne den »Staub« meiner Vorurteile und Aversionen vor Augen, mit einer gewissen Leichtigkeit und dem Versuch eines Lächelns auf den Lippen ansah, erschienen sie mir plötzlich als etwas äußerst Nützliches. Besonders fiel mir dabei auf, dass diese Werte in mir sowieso automatisch präsent waren. Als wären sie mir angewachsen.

Werte sind ein Teil von mir. Ich muss sie nur annehmen. Sie sind immer da, ob ich will oder nicht, greifbar jederzeit, für jeden. Sie liegen in mir und in jedem. Sie sind eigentlich nichts anderes, als der Schatz gesammelter menschlicher Erfahrungen. Ich habe sie in den strahlenden Augen von Kindern gesehen, die sich nach ein paar Kampfübungen voreinander verbeugten und sich stolz und mit Respekt die Hände schüttelten. Ich konnte sie in den Augen des Meisters und seines Sohnes, dem Meister Ko Young-Jae, erkennen, wenn sie mir immer wieder voller Achtsamkeit zuredeten: »Du kannst das, lass dir nur Zeit!« Es waren diese von Herzen gelebten Werte, die den beiden Meistern in allem, was sie mir an Ratschlägen, an Ermunterung oder an Warnung mitgaben, so ungeheure Autorität und Glaubhaftigkeit verliehen. Andernfalls hätte ich ihnen ihre

Worte nicht abgenommen. Doch so war ich berührt und fühlte mich angesprochen. Die Werte standen auch auf dem Gesicht der jungen Koreanerin Chy-Eun geschrieben, die dem alten Mann, als der ich mich fühlte, gestern lächelnd vom Boden hochhalf, nachdem der sich wieder einmal völlig verschätzt hatte.

Werte sind immer da, sie existieren ohne Wenn und Aber, sie sind unsere Prinzipien hier und jetzt, immer. Daher ist es natürlich richtig, wenn man mir mit Entrüstung entgegnet: »Werte? Na klar gibt es die! Was willst du denn eigentlich, das ist doch ganz normal, ganz selbstverständlich!« Aber solche Sprüche erinnern mich an meine alten Stimmen: »Ist doch klar!!! Beschäftige dich lieber mit was Vernünftigen anstatt dich als Moralapostel aufzuspielen!« Doch ein genaues Bewusstsein von der inhaltlichen Tiefe unserer Werte und ihre bewusste Umsetzung in unserm Alltag erlebe ich selten.

Die Vielfalt der Werte, die Tiefe ihrer Bedeutung und die Breite ihrer Anwendungsmöglichkeiten sind in vielen Lebensbereichen vergessen. Allzu oft sind wir völlig verblendet von unserer Selbstsucht und einem absurden Allmachtsgefühl über unser Leben und diese Welt, das mit der Wirklichkeit nichts zu tun hat. Zu viel überlassen wir dem Zufall, den wir manchmal mit einer falsch verstandenen Idee von Freiheit verwechseln: Alles laufen lassen, es wird schon gutgehen. Zu viel geschieht, was nicht nur verhindert, sondern besser gesteuert werden müsste. Wenn ich Werte sage, spreche ich nicht von Verboten und Reglementierungen und schon gar nicht von einer Gesetzgebung, die alles reguliert. Werte sind das Gegenteil davon. Sie zählen zu den Grundlagen unserer Existenz in Freiheit. Ich meine damit nicht die Zehn Gebote der Christen, die Gesetze des Koran oder bestimmte philosophische Errungenschaften, wie beispielsweise den kategorischen Imperativ Immanuel Kants. Unsere Grundwerte sind nicht nur durch Religionen oder durch philosophisches Gedankengut entstanden, sondern umgekehrt. Die Grundwerte sind unsere Basis schlechthin. Sie wurzeln in der menschlichen Erfahrung mehrerer tausend Jahre.

Die Werte sind mit den Geboten in Religionen auch nicht voll vergleichbar. Ein wichtiges Gebot verschiedener Religionen lautet beispielsweise »Du sollst nur einen Gott verehren!« Ein solches Gebot muss außerhalb der Religion, in der es angewendet wird, nicht unbedingt ein Wert sein. Es muss jeder selbst entscheiden dürfen, an welchen Gott, ob an einen und an wie viele er glaubt. Dieses erste Gebot verschiedener Religionen widerspricht daher dem Prinzip der Achtsamkeit und des Respekts gegenüber anderen Religionen. Religiöse Gebote sind daher – bei aller Wertschätzung – zunächst einmal Regeln, die für ein spezifisches System gelten. Vielleicht mögen die Grundwerte ihre Basis sein. Vielleicht spiegeln sich in ihren Geboten Teile dieser Werte. Wenngleich sie unser Werteverständnis stark beeinflusst haben, sind sie nicht die Werte selbst.

Was den kategorischen Imperativ von Kant angeht, so scheitert die Anwendung seiner Ideen allzu häufig an der schwer verständlichen Formulierung. Kaum einer kann heute noch in Gänze nachvollziehen, was »kategorischer Imperativ« bedeutet. Dennoch verbirgt sich hinter diesem Begriff eine sowohl durch ihre Klarheit, als auch durch ihre Genialität überzeugende Theorie, die vereinfacht ausgedrückt besagt: Diejenigen Handlungen seien richtig, die man auch bei allen anderen Menschen gutheißen würde. Innerhalb der – in einer Formel ausgedrückten – Bedeutung ergeben sich tatsächlich in einem großen Maße viele Werte fast wie von selbst. Nur muss man sich eben auch in aller Tiefe mit ihnen befassen. Das Entscheidende eines Wertes ist schließlich nicht sein Begriff, sondern sein Inhalt.

Es mag vielleicht vermessen wirken, wenn ich die Erkenntnisse herausragender Intellektueller nur fragmentarisch streife. Der Grund, dass ich nicht näher darauf eingehe, ist keine Ignoranz und auf keinen Fall mangelnde Wertschätzung für die bestehenden Erkenntnisse. In meinem Gedankenspiel um die Werte des Lebens geht es mir um etwas anderes als die Übertragung bestehender philosophischer oder religiöser Leitsätze auf unsere Zeit: Bei mir dreht es sich um die Praxis. Warum wissen wir alle von den Werten, und warum richten wir uns nicht nach ihnen? Wie viele Philosophen, Meister und Genies braucht diese Welt, damit wir endlich nach dem zu handeln beginnen, was wir sowieso wissen? Warum wissen wir tatsächlich so gut wie alles und tun nichts Entsprechendes? Wie müssen unsere Erkenntnisse beschaffen sein, dass wir sie in Handlungen umsetzen? Worte allein scheinen nicht auszureichen, wie die Geschichte zeigte.

Wir wissen, dass wir zerstören, und wir wissen, auf welche Weise wir das tun. Und dennoch unternehmen wir bei weitem nicht genügend, um das zu verhindern. Um uns zu verändern, bewegen wir uns kaum einen Schritt in die erforderliche Richtung nach vorne, dorthin, wo der Weg eine Biegung macht.

Die bedeutendsten Weisheiten liegen so offensichtlich auf der Hand und werden so viel zitiert, dass man beinahe Hemmungen verspürt, sich intensiver mit ihnen zu beschäftigen. Ein Schatz hat das Image, weit entfernt im Verborgenen zu liegen, aber nicht ganz nahe, greifbar und in einem selbst. Daher ist es auch so schwer, die Werte als den Schatz zu erkennen, der sie sind: Sie kommen uns zu vertraut vor. Fast schon zu nah. Wir behandeln sie wie abgenützte, unmoderne Möbel, doch in Wirklichkeit ist ihre Brisanz hautnah und aktuell. Sie stellen die zentrale Säule unseres Zusammenlebens dar. Wir müssten uns eigentlich ununterbrochen mit ihnen beschäftigen, doch wir ziehen uns entweder auf ihre Selbstverständlichkeit oder auf ihr angestaubtes Image zurück. In unserer Zeit modischer Begriffsschöpfungen, der Verknappung unserer Sprache durch das

Kommunizieren mittels SMS, Mails und Chats erscheint es schwierig, dem Umgang mit solch traditionellen Worten etwas Spannendes abzuringen.

Als ich mich erstmals mit dem Gedanken trug, über dieses Thema zu schreiben, überlegte ich, den verschiedenen Werten einfach neue Namen überzustülpen: hippe Begriffe, frische Slogans. Aber Worte lösen in uns in derselben Sekunde, in der wir sie aufnehmen, assoziativ ein Verständnis für ihre Bedeutung aus. Das war der Grund, warum ich die Idee wieder verwarf. Mit einem neuen Namen für einen Wert würde seine im bisherigen Begriff verankerte Bedeutung verlorengehen. Ich bin überzeugt, dass die alten Wertebegriffe auch als Worte unersetzlich sind. Nur sie lösen die entscheidenden Assoziationen aus, die in die Tiefe führen. Und das ist es, worum es mir geht und was ich so vermisse: der Inhalt eines Wertbegriffs, der sich nach tiefgreifender Reflexion offenbart. Eine ausführliche Beschreibung und ihre Anwendung.

Schließlich dachte ich darüber nach, ob ich wenigstens das Wort »Wert« selbst ersetzen sollte. Ich könnte stattdessen beispielsweise »Do« sagen. Wie aus der Übersetzung des Wortes Taekwondo aus dem Koreanischen bereits bekannt, bedeutet die letzte Silbe »Do« gleichzeitig »Weg« oder »Geisteshaltung«. Das würde zu der Überlegung passen, dass die Werte so etwas wie Wegweiser sind, die Koordinaten der geistigen Dimension unseres Umgangs miteinander und mit uns selbst. Sollte ich »Do« sagen, um von dem Image der verstaubten Möbel wegzukommen? Ich glaube, es ist besser, wenn wir unseren Blick für das bestehende Wort »Wert« neu schärfen und hinter sein Image blicken.

Wissen kommt von innen

Während meiner Reise durch Korea ertappte ich mich erstmals bei dem Gedanken: Warum lerne ich so schwer? Bin ich so verschlossen oder liegt es am Alter? Lösen sich Erfahrungen in Luft auf? Warum lernen Hunde, wenn man ihnen einen Klaps gibt, und warum lerne ich nichts, wenn ich auf die Schnauze falle? Der Hund zieht den Schwanz ein und ändert sein Benehmen, und ich wiederhole meinen Fehler zwanghaft – falls ich überhaupt realisiert habe, worin er besteht. Sind wir, was das Verarbeiten von Erlebnissen betrifft, dümmer als Tiere? Es muss doch von dem kollektiven, gesamtmenschlichen Wissen und den Milliarden Erfahrungen aus Jahrtausenden etwas in uns erhalten geblieben sein. Wo aber ist der Schlüssel zu diesen Erfahrungen?

Langsam begann ich, die Worte als Codes zu begreifen, die wir neu entschlüsseln müssen. Worte wie »Achtsamkeit« zum Beispiel. Wenn sie mir wohldosiert und praktisch angewandt wie im Dojang begegneten, halfen sie mir, etwas mehr zu verstehen und dazuzulernen. Mein Wissen wuchs von Training zu Training. Dabei lernte ich nicht aktiv. Das Lernen war kein Kampf mehr, Wissen dazu gewinnen zu müssen. Es war der Genuss, bestehendes und entstehendes Wissen aus mir zu schöpfen. Dieses Lernen vollzog sich nicht von außen nach innen, sondern in mir. Hinter einem sich lüftenden Schleier entdeckte ich einen riesigen Schatz existierenden Wissens in mir selbst. So einfach war das. Dabei passierte eigentlich nichts anderes, als dass ich immer normaler wurde. Je normaler ich mich fühlte, desto deutlicher empfand ich mich als Teil von allem und nicht mehr als etwas Abgetrenntes.

Allerdings kam es immer wieder vor, dass ich in meine alte Haltung zurückfiel und mich plötzlich wieder wie früher fühlte, ganz anders als die anderen. Besser oder schlechter. Dieses zwanghafte Vergleichen fand wieder statt, dieses ständige Gefecht innerer Meinungen erklang in mir, dieses lähmende Gehirngeräusch, wie eine Kreissäge, die im Nachbargarten Bäume abholzt. Furchtbar anstrengend. Manche Stimmen in mir würde ich gerne für immer abschaffen. Sie verstellen mir die Sicht. Sie verhindern, dass ich das »Do«, jene harmonische, wertorientierte Geisteshaltung leben kann. Für mich wurden die Taekwondo-Übungen zu einer Art Augen-Scheibenwischern. Mein Weg von der ersten Verbeugung im Dojang bis zum 2. Dan half mir, besser sehen zu können, aus mir heraus, nach vorne, dorthin, wo es um die Kurve geht.

Während ich mit Karl auf der Bank am Wegesrand sitze, erinnere ich mich an das Training am Vortag in der alten Universität. Mit Stolz hatte ich mich zu dem Vollkontakt-Freikampf mit Chy-Eun gemeldet. Ich hatte nach harten, aber aufregenden und wunderbaren Jahren des Trainierens die Rangstufe des 2. Dans erreicht. Ursprünglich war es mir völlig utopisch erschienen, überhaupt einen Dan zu erlangen. Nachdem ich das geschafft hatte, musste ich doch nun in der Lage sein, mich mit dieser Spitzenkämpferin zu messen.

Die unharmonische Vorstellung, die ich gestern gegeben habe, will ich nicht auf sich beruhen lassen. Ich habe mich um einen weiteren Freikampf mit Chy-Eun beworben. Er findet heute Nachmittag statt. Ich bin immer noch nicht frei von Ehrgeiz. Warum auch, es macht mir Spaß. Es ist spannend, ich will diesem Jucken nicht immerzu widerstehen. Vielleicht liegt aber gerade in diesem inneren Druck eines der größten Übel begraben. Karl und ich beschließen, dem Weg ein Stück nach oben zu folgen. Nach all diesen Gedanken fühle ich mich tatendurstig und marschiere los.

Dein Wissen hat seine eigene Tür zu dir. Du musst sie nur finden und aufschließen. Die Werte sind der Schlüssel. Du hast dein Leben selbst in der Hand. Es ist alles dir selbst überlassen. Erschrick nicht vor dieser Freiheit! Betrachte sie wie die schönste Blume der Welt, respektvoll, achtsam, langsam und vorsichtig. Pflege sie mit Disziplin, deinem ganzen Wissen, und schätze sie mit deiner ganzen Integrität. Sie ist das größte Geschenk des Lebens. Sie ist so wertvoll, dass wir die Eigenschaften, mit denen wir die Freiheit schützen, Werte genannt haben. Aber schlafe in dieser Betrachtung nicht selig ein. Beginne dir in aller Ruhe ein kleines Ziel zu überlegen, denn du befindest dich auf deinem eigenen Weg, dem Weg deines Lebens. Er ist die einzige Vorgabe, die dir mitgegeben worden ist: »Do« – der Weg. Denn irgendwann ist es vorbei, und keiner weiß, wann. Vielleicht im nächsten Moment schon? Also verankere die Basis deiner Handlungen in diesem Moment und nirgendwo sonst.

Für einen Dan legt man eine Prüfung ab, bei der es sich nicht mehr nur um die physischen Techniken dreht, sondern auch um geistige Reife und körperlich-geistige Balance. Bereits als Voraussetzung zum 1. Dan muss man sämtliche Grundtechniken des Taekwondo beherrschen. Bei allen weiteren Dan-Prüfungen dreht es sich um Vervollkommnung. Deswegen werden die hohen Dan-Prüfungen nur von wirklich reifen Meistern abgenommen.

Es reicht nicht aus, Techniken vorführen zu können. Der Schüler geht immer wieder um die Kurve auf seinem Weg und lernt etwas Neues. Auf diese Weise perfektioniert er seine Technik immer weiter und erhält sich die Frische seiner Fähigkeiten. Es reicht nicht aus, etwas nur zu können. Man muss es auch praktizieren. Man muss es anfüllen mit seinem Herz.

Der Song »Imagine« klingt furchtbar, wenn man die Noten seiner Melodie einfach nur korrekt herunterleiert. John Lennon füllte das Lied mit seiner ganzen Seele aus, als er es sang. So brachte er die Melodie zum Blühen, wie die Sonne eine Blume zum Blühen bringt. Die Lieder des Taekwondo sind die sogenannten Poomsen. Das sind Bewegungschoreographien, mit welchen man Modelle von Kampfabläufen einübt. Wenn man nach den ersten neun Gürtelprüfungen (den Cups) die Reife des 1. Dans erreichen will, müssen die Poomsen mit Körper und Geist zum Leben erweckt werden. Spätestens dann zählt nämlich nicht nur, wie gut man seine Übungen körperlich beherrscht, sondern auch, wie man sie geistig erfüllt und inwieweit man in jeder Situation seine Harmonie und Ausgeglichenheit bewahren oder wiederherstellen kann. Ein Dan bedeutet nicht, dass man nunmehr ab dem Moment der bestandenen Prüfung ein Meister seiner eigenen Harmonie und erleuchtet ist. Er bedeutet, dass man sich das Ziel gesetzt hat, neben der Kampftechnik selbst auch seine körperliche und geistige Balance zu perfektionieren.

Die Kunst, nach einem Löffel zu greifen

Die Sonne taucht die Welt in gleißendes Licht. Als ich an dem Gestrüpp und der darin versteckten Blume vorbeimarschiere, nehme ich neben ihr eine Art Kaktus oder eine Distel wahr und erinnere mich an ein bemerkenswertes Erlebnis gestern nach meinem Kampf in Seoul. Meister Ko, ein paar Schüler und ich saßen noch lange an dem Holztisch, wo er so gerne von seinem koreanischen Seegras kostet, das ihm Schüler immer wieder aus seiner Heimatstadt mitbringen. Mit fester Stimme sagte er plötzlich zu mir: »Es gibt tausend Möglichkeiten, wie du nach dem Löffel greifen kannst. Nur eine ist die richtige. Aber sie ist nicht für immer die richtige. Du musst achtsam bleiben. Alles hängt von der Situation ab. Und die ändert sich ständig! Das ist das Wunderbare am Leben!« Dann richtete er sich auf: »Zeig mal, wie du es machen würdest!«

In der Mitte des Tisches lag ein silberner Teelöffel. Etwas verdutzt griff ich nach dem Besteck. Mit einer blitzschnellen Bewegung schnappte sich der Meister das Silberbesteck und schob einen kleinen Kaktus zur Seite, der davorgestanden hatte und in den ich um ein Haar gegriffen hätte.

»Siehst du«, sagte er leise, »du kannst nicht einmal nach einem Löffel greifen! Du hättest dir stattdessen deine Hand am Kaktus verletzt. Dann würdest du nicht nur mit einem geprellten Bein aus dem Kampf, sondern auch mit einer kaputten Hand nach Hause reisen! Was würde deine Frau sagen? Was würden deine Geschäftspartner sagen? Ein Verband an der Hand und eine Krücke für das verletzte Bein!«

Meister Ko grinste immer breiter. »Sie würden denken, du bist in eine Schlägerei geraten. Vielleicht denken Sie noch Schlimmeres, und du verlierst ihren Respekt. Oder sogar deinen Job. Und das nur, weil du nicht richtig nach dem Löffel zu greifen wusstest …«

Meister Ko hat Recht. Die Kette der Ereignisse, die aus so einer kleinen Fehlhandlung resultiert, kann fatale, ja desaströse Auswirkungen haben.

Jede Situation im Leben ist neu, vollkommen neu. Versteife dich daher nicht auf etwas, von dem du denkst, dass du es weißt. Lass niemals Regeln oder Routine eine neue Erfahrung einschränken, aber sei dir ihrer bewusst. Jeder Griff nach einem Teelöffel kann etwas Neues bringen. Ähnlich kannst du mit den Werten umgehen. Sie werden sich nie besonders verändern. Sie gehören zum Leben. Es besteht nicht die Möglichkeit, zu sagen: Ich storniere den einen Wert oder definiere ihn neu, wie er mir in den Kram passt. Aber du kannst die Zügel lockerer lassen oder straffer anziehen, als würdest du ein Pferd reiten. Dieser Umgang mit der Dynamik des Lebens ist Freiheit. Es hängt alles immer auch von der Situation ab. Es ist immer deine Entscheidung, wie du etwas handhabst. Das Leben ist frei, aber es kennt keine Kompromisse. Lerne das Leben kennen, so wie es ist, mit allen Überraschungen. Ergib dich ihm mehr, als dass du es zu beherrschen versuchst. Umgekehrt gerätst du in dein eigenes Gefängnis. Achte bei der Handhabung deiner Freiheit auf dieses Verhältnis. Sei wachsam und diszipliniert, und bleibe aufgeschlossen dabei. Dann wirst du dein Leben immer wieder neu entdecken.

Du weißt alles, also handle danach

Erst durch die Berücksichtigung unserer Werte und die Umsetzung derselben entsteht die Genauigkeit, mit der wir auf ein Ziel zusteuern. Unsere Werte stellen eine Chance im Kampf gegen den Zufall und seine unvorhersehbaren Ereignisse dar. Wenn wir unsere Werte nicht mehr leben, wird sich unser Schicksal immer stärker wie eine unrunde Kugel bewegen. Wir werden uns wundern über die privaten und gesellschaftlichen Katastrophen, die wie von ungefähr über uns hereinbrechen, und vor allen Dingen darüber, dass wir ihrer niemals Herr werden. Das heißt nicht, dass die Werte ein Justier- oder Kontrollsystem darstellen, mit welchem der Zufall zu besiegen oder eine Katastrophe zu hundert Prozent zu verhindern wäre.

Doch die Werte sind die Stimmen unserer Erfahrungen, mit denen wir feststellen können, inwieweit wir auf dem richtigen Weg sind. Sie sind Wegweiser, Gradmesser für das richtige Maß unseres Vorgehens bzw. die Dimension unseres Versagens. Es wäre Verschwendung, sie zu ignorieren.

TEIL II

Die Genauigkeit
des Weges

oder

Die zehn
wichtigsten Werte

Das Bewusstsein – dein Seelenfischer

Nach fünfundvierzig Minuten Training stehe ich normalerweise in einem klitschnassen Tobuk – einem weißen Taekwondo-Anzug – im Dojang. Ich zähle nicht mit, wie viele Schritte ich während eines Trainings mache, wie viele Fauststöße und Kicks. Ich weiß nur, dass es schweißtreibend viele sind. Das Eigenartige am Taekwondo ist, dass mir fast jeder Schritt bewusst ist und dass während des Trainings so viele Erinnerungen in mir hochkommen. Als würden sie sich durch die Bewegungen meines Körpers und die gleichzeitige Konzentration meines Geistes in mir lösen, wie Kalkstücke in einem alten Wasserkocher.

Dieser Prozess des Erinnerns half mir sehr bei der Bewältigung meines Burnouts, das sich durch ein diffuses Desinteresse gegenüber meiner gesamten Umwelt bemerkbar gemacht hatte. Ich war mir vollkommen entwurzelt vorgekommen. Meine Gefühle schwappten immerzu in überwältigend starken Wellen durch mich hindurch und zu irgendeiner Luke wieder hinaus. Weil das einfach so mit mir geschah, fühlte ich mich schutzlos und ausgeliefert. Ich empfand mein Leben nicht mehr als selbstbestimmt, sondern als würde es von außen gelenkt werden.

Nachdem ich mit dem Taekwondo angefangen hatte, begannen seine Elemente und Bewegungen in meine alltägliche Wahrnehmung einzudringen: Beim Treppensteigen, wenn ich einen Berg hinaufwanderte, beim Gang zum Bäcker in der Früh. Ich fand zu einem Gefühl für die Quelle meiner Aktivität, des eigenen Engagements zurück. Die Kombination aus körperlich zielgerichteter Bewegung und den durch Erinnern ausgelösten Gefühlen bewirkte allmählich wieder jene Erdung, die mir verlorengegangen war und die mir erst bewusstes Wahrnehmen und die selbstbestimmte Gestaltung eines wertvollen Lebens ermöglichte.

Die Kraft des Schrittes

Einen Schritt zu machen, ist unglaublich einfach, wenn man nicht an ihn denkt. Konzentriert man sich aber auf ihn, drängen sich augenblicklich alle möglichen Fragen auf: In welche Richtung soll ich gehen? Mit links oder rechts zuerst? Was mache ich dabei mit den Händen? Und schon wird der Schritt unsicher. Durch das Taekwondo rückten nicht nur meine eigenen Schritte wieder in mein Bewusstsein. Mit jedem Mal vollen körperlichen und geistigen Einsatzes im Training erinnerte ich mich wieder an die wertvollen Seiten meines eigenen Lebens.

Eines Tages übte ich einmal mit einer Partnerin, von der ich dachte, dass sie Ärztin sein müsste, obwohl ich rein gar nichts von ihr wusste. Sie sah einer Frau ähnlich, der ich früher begegnet war. Ich erinnerte mich an ein Erlebnis in einer Zeit, als ich schon einmal versucht hatte, einen Schritt in eine neue Richtung zu machen.

»Du weißt schon, dass du dir letztlich nur selbst helfen kannst?!« Die Seminarleiterin, die so mit mir gesprochen hatte, war Ärztin gewesen und hatte große Ähnlichkeit mit der Frau, mit der ich an jenem Tag trainierte. Die Situation, in der ich diesen Rat erhielt, gleich zu Beginn eines intensiven Meditationskurses in Arizona kurz nach meinem Unfall, war mir ziemlich peinlich. Vor den anderen Teilnehmern, einem bunt zusammengewürfelten Haufen neugieriger Geschäftsleute, Künstler und Lebensbegeisterter kam ich mir bloßgestellt vor, wie einer, der sich selbst nicht im Griff hat. Mir selbst helfen, lautete die Aufforderung der Seminarleiterin – aber ich spürte nur eine tiefe Enttäuschung. Die skeptischen Stimmen in mir begannen sofort zu rumoren. Ich war angereist, hatte bezahlt und suchte in diesem Meditations-Retreat gerade durch meine Teilnahme konkrete Anregungen. Ich wollte keine schlicht gestrickten, banalen Lebensweisheiten zu hören bekommen, und das noch vor der versammelten Mannschaft aller Seminarteilnehmer.

Nachdem ich meine Karriere zu Beginn genossen hatte und glücklich war, dass ich einem Beruf nachging, in dem meine Kreativität einen Ausdruck finden konnte, hatte ich mich mit den Jahren immer häufiger und ohne sichtbaren Grund ausgelaugt gefühlt. Mit meinem gut laufenden Büro hatte ich die Imagebildung und das Marketing von bekannten Persönlichkeiten und Firmen betreut. Ich hatte Stars mit Riesenschlangen auftreten lassen, Teddybären publikumswirksam aus Vitrinen befreit oder Fernsehsender für Umweltkampagnen zusammengeschweißt.

Ich war schon immer hin und her gerissen zwischen meinen privaten Träumen und dem unwiderstehlichen Sog des beruflichen Thrills. Im Gegensatz zu dem heutigen depressiv-verkniffenen »Geiz ist geil«-Wahn, in dessen Kielwasser viele Freiberufler und Kreative beinahe dafür bezahlen müssen, dass sie überhaupt arbeiten dürfen, waren die 90er-Jahre von einer überbordenden Woge des »Mir gehört die Welt«-Gefühls geprägt, auf der ich weit bis ins neue Jahrtausend ritt. Ich erinnere mich heute gerne an die optimistische Lebenseinstellung dieser Zeit, in der alles möglich zu sein schien, und ich mit Energie und Leidenschaft versuchte, mit kreativen Projekten meine Welt zu erobern. Es war damals wirklich leichter als heute. Die Auftraggeber ließen einen nicht automatisch fallen wie eine heiße Kartoffel, wenn ein anderer die gleiche Idee für weniger Geld anbot. Es war einfacher, sich selbst treu zu bleiben. Spesen und Reisekosten sowie Honorare standen in einem angemessenen Verhältnis zueinander. Der Auftraggeber war das Rückgrat eines Selbstständigen und nicht sein Henker.

Als Freelancer konnte ich mit einer Flexibilität arbeiten, die mir Freude machte. Gleichzeitig war ich mir aber nicht bewusst, dass auch meine Kapazitäten gewissen Grenzen unterlagen. Die Reibung zwischen dem oberflächlichen Spaß am tollen Projekt und der Sehnsucht meiner Seele nach Sinn inspirierte mich, aber sie laugte mich auch aus. Oft spürte ich, wie müde ich war und wie dringend ich einen Tag mit dem Segelboot auf dem See gebraucht hätte. Aber trotz der guten Vorsätze gönnte ich mir nur selten Auszeiten. Eine eigenartige Scheuklappenroutine hatte von mir Besitz ergriffen. Sie riss meine Feierabende und Wochenenden an sich. Ich kannte keine Grenzen mehr. Alles drehte sich nur noch um das jeweilige Projekt.

Eines Tages überraschte mich meine Sekretärin mit einem künstlichen Miniwasserfall in meinem Büro. Die liebevolle Penetranz wohlmeinender, mütterlicher Frauen hatte mich schon immer zur Weißglut getrieben. Ich hasste betuliche Bevormundung. Das Plätscherding musste wieder weg! Ohne Abstimmung hielt die Sekretärin zudem längere Zeitspannen in meinem Terminplan für die Entspannung während der Mittagspause frei. Ich wollte das nicht! Entspannen? So ein Schwachsinn! Ich war der Meinung, total relaxt zu sein. Als sie statt mit meiner gewohnten Kanne Kaffee eines Tages mit einem unerträglich weich duftendem Kräutertee ankam, platzte mir der Kragen. Die folgende Auseinandersetzung hatte allerdings das Ergebnis, dass ich einsah, nach zwei Jahren ohne Urlaub endlich wieder einmal etwas für mich tun zu müssen. Ich nahm mir ein paar Tage frei und flog zu dem Meditations-Seminar bei den Red Rocks in Arizona.

Meine Mitarbeiterin konnte damals bereits sehen, dass ich geradewegs auf ein Burnout zusteuerte. Doch ich selbst war blind, und ich war unfähig, über mich selbst nachzudenken. In dieser Zeit beendeten einige Freunde ihre Beziehung mit mir, ohne mir gegenüber auch nur im Geringsten zu begründen, warum. Vielleicht war ich unerträglich geworden. Das ständige Treten im Hamsterrad, das unermüdliche Ringen um neue Aufträge, während die Budgets immer kleiner wurden, und meine Unfähigkeit, ab und zu auch nur einen Millimeter locker zu lassen, verstellten mir die Sicht. Mein Bewusstsein drang nicht mehr zu mir durch und ich nicht zu ihm. Rückblickend komme ich mir vor wie ein Fischer, der seine Angel nach sich selbst auswirft – allerdings ohne jede Ahnung dafür, wo die fischreichen Fanggründe sind – und sie deshalb immer wieder leer herauszieht.

Wenn ich heute diesen koreanischen Hügel hinaufgehe, Schritt um Schritt, und mich an damals erinnere, denke ich, dass ich zu jener Zeit taub und blind auf der Stelle trat. Ich bin immer noch derselbe, aber ich bin mir meiner bewusst geworden. Wochenlang, monate- und jahrelang zu üben, wie man simple Schritte macht, ist zu einem großen Lehrstück für mich geworden. Eine Neverending-Story. Außerdem höre ich auch heute noch diese neue Stimme in mir. Sie ist die Einzige, auf die ich noch höre, und sie weist mir einen wunderbaren neuen Weg.

Gesellschaftlicher Burnout

Wenn ich heute unser Zusammenleben betrachte und das gesellschaftliche Geschehen verfolge, fühle ich mich genau an jene Zeit erinnert, in der ich mich selbst als entwurzelt empfand. Viele Menschen sind ausgebrannt und wissen nicht mehr, wo sie ansetzen sollen. Demonstrieren? Gegen oder für was,

schließlich leben wir – wie wir seit Jahrzehnten gebetsmühlen-
haft hören – im »besten aller Systeme«, der Demokratie. Sämtliche Interessen werden von den Parteien aufgefangen und ge-
bündelt. Also bleibt man fast immer zu Hause, denn auf die
Straße zu gehen, bringt nichts. Neue Ideen auch nicht.

Unsere weit verbreitete Unzufriedenheit gründet auf der Intuition, dass etwas nicht stimmt. So viel ist uns bewusst. Doch
die ständigen Beschönigungen und provisorischen Spachte-
leien an unserer Realität lassen uns etwas anderes fürchten: dass
unsere Wahrnehmung falsch ist. Wir werden in unserer Intuition betrogen. Unser gesunder Menschenverstand degeneriert.
Infolgedessen verlieren wir den Sinn für das Wertvolle in unserem Leben. In unserer Gesellschaft der Turbokommunikation
und der Megafreiheit ist er immer weniger greifbar.

Mit dem Gefühl von Entwurzelung und Hilflosigkeit erzählen Menschen jeden Tag in Fernsehsendungen von ihren Sorgen: »Wo soll ich denn ansetzen, wenn demonstrieren nichts
bringt?«, beschwert sich eine von Polizisten malträtierte, ältere
Frau, nachdem sie zum ersten Mal in ihrem Leben an einer De-
monstration teilgenommen hat. »Wie soll ich über die Runden
kommen?«, klagt eine Mutter, die wegen Hartz IV zu wenig
Geld zum Leben hat, aber gleichzeitig nichts dazuverdienen
darf, weil sie sonst ihr Almosen verliert. »Das bringt doch alles
nichts«, sind die resignierten Worte eines Atomkraftwerkgeg-
ners. »Denen geht es doch nur um den eigenen Profit«, sagt
ein entlassener Manager über seine ehemaligen Kollegen. Jeder
schimpft über den anderen, ohne zu wissen, was bei dem eigentlich los ist. Die Symptome äußern sich auch in einer zunehmenden Wahl-Müdigkeit. Sie sind die Symptome eines gesellschaftlichen Burnouts. Und das beste Mittel gegen Burnout ist
es, mit der Arbeit an sich selbst anzufangen und sein eigenes
Leben wieder bewusster und damit wertvoller zu gestalten.

Verlust der Wirklichkeit

Nur das Bewusstsein ermöglicht das Erleben der eigenen Wirklichkeit. Sonst lebst du unbewusst vor dich hin und läufst Gefahr, dich in einer Welt von Bildern und Klischees zu verirren. Das gilt für dich, für alle, es gilt für die gesamte Gesellschaft. Ohne Besinnung auf dein Bewusstsein wirst du zwar weiterhin erleben können, dass das Wetter gut oder schlecht ist, aber du wirst es nicht erkennen. Du wirst zwar schmecken können, wenn ein Tee zu lange gezogen hat, aber du wirst es nicht wirklich begreifen. Es wird dir nicht mehr auffallen, ob dich jemand zu Unrecht kritisiert oder ob du dich selbst in einer Welt von Vorurteilen und Einbildung verwickelt hast. Wenn schließlich eine gefährliche Lebenssituation auf dich zukommt, wirst du sie vielleicht viel zu spät bemerken. Du wirst zögern, zu spät oder gar nicht handeln – oder vielleicht im Affekt reagieren. Lass dein Wissen einfach wieder zu! Denn nur mit deinem eigenen Bewusstsein kannst du dich steuern.

Der Verlust des Gefühls für die eigene Wirklichkeit vollzieht sich tatsächlich so unmerklich, wie ein Segelschiff ohne Steuermann unmerklich seinen Kurs aufgibt. In den griechischen Inseln habe ich das Experiment einmal ausprobiert. Ich wollte wissen, was passiert, wenn ich das Ruder meiner gecharterten Yacht loslasse: Das Schiff war zunächst von alleine auf dem gleichen Kurs weitergesegelt, den ich eingeschlagen hatte. Obwohl ein ganz guter Wind in den Segeln stand, dauerte es eine ganze Zeit, bis das Schiff erst langsam, dann aber schließlich mit dramatischen Rucks vom Kurs abkam. Eine plötzliche Welle warf das Schiff auf die Seite. Da ich meine Hand nicht am Ruder hatte und stattdessen mit einem Segelkameraden über das Experiment debattierte, war es mir nicht möglich, im selben Moment dagegenzusteuern. Die zeitverzögert einsetzende Eigendynamik des Schiffes wirkte derartig heftig, dass ich Mühe hatte, das Schiff wieder zu beruhigen und auf einen halbwegs verträglichen Kurs zur Segelstellung und Windrichtung zu bringen.

Die Folgen einer solchen Kursabweichung können in der Realität extrem sein: Wenn ich meine Crew nicht vorher in das Experiment eingeweiht hätte, wäre sie nicht darauf gefasst gewesen. Voller Schreck und Überraschung hätte sie ihr Vertrauen in mich als Schiffsführer verloren. Grundsätzliche Diskussionen und Debatten schaden in einer Situation der Gefahr. Sie müssen vorher geschehen. Es gehört zur ganz normalen Pflicht eines Schiffsführers, sämtliche Gefahren im Voraus zu durchdenken und die notwendigen Problemlösungen abzuwägen. Diese Art von Voraussicht ist die Pflicht für jede Führungskraft. Wenn die Überlegungen erst kursieren, während die Gefahr Realität geworden ist, kann es bereits zu spät sein. Eine verunsicherte Crew behindert in einer Krisensituation enorm. Die Crew sind wir, und der Rudergänger, der sein Steuer nicht richtig umfasst, sind unsere Wirtschaft und unsere Regierung.

Wirklichkeitsverlust ist eine der Hauptursachen für die Degeneration unseres Werteverständnisses. Die Wirklichkeit besteht aus uns selbst, der Gemeinschaft, ihren Werten und den sich ergebenden Verantwortlichkeiten. Ohne Bewusstsein für die Verankerung jedes Einzelnen im gesellschaftlichen Zusammenleben löst sich unser »seltsames Gefühl der psychischen Verbundenheit miteinander« auf – der französische Philosoph Lucien Levy-Bruhl nannte es »*Participation Mystique*«. Die daraus folgende, abgehobene Losgelöstheit in unserer eigenen Welt entfremdet uns immer stärker von der Gemeinschaft. Sie wird durch ein unrealistisches Selbstverständnis kompensiert, das sich aus starren Vorstellungen und Klischees nährt – ich nenne sie gerne Imagebilder. So beginnen wir uns selbst als fremd zu empfinden. Das wollen wir aber nicht, das akzeptieren wir nicht.

Genau diese Abwehr gegen uns selbst projizieren wir nach außen, beispielsweise auf die Fremden in unserem Land. Auf Randgruppen oder auf missliebige Kollegen. Oder auf Freunde, die plötzlich alle etwas falsch machen. Die anderen sind die Bösen.

Da dieser Ärger, den wir nach außen richten, aber in Wirklichkeit in uns selbst wurzelt, gewinnen wir den frustrierenden Eindruck, mit unserer Kritik draußen ins Leere zu greifen. Die Schleuse zum kollektiven Frust öffnet sich. Es kommt zu Kommunikationsproblemen, weil wir uns selbst anders wahrnehmen, als die Außenwelt uns sieht. Die Ergebnisse einer solchen Situation der Entfremdung und Entwurzelung füllen – wie einen Spiegel unserer gesellschaftlichen Verfassung – die Storylines der Psychokrimis und Fernsehserien: ein meistens klischeehaft inszenierter, verletzender und unmenschlicher Umgang miteinander, Depression und Burnout, Egomanie, Amts- und Machtmissbrauch, politischer Filz, wirtschaftliche Korruption, Gier und Großmannssucht im öffentlichen Leben.

Glücklicherweise leben wir in einer Demokratie als Staatsform, die unsere Freiheit und Werte wahren soll. Doch unser System leistet diese Aufgabe nur noch bedingt. Die Demokratie ist kein Lebewesen, welches sich durch einen automatischen Regenerationsmodus selbst relaunchen kann. Die Regierungsparteien lähmen sich mit ihren zermürbenden Kämpfen und ihrem Schielen auf die nächste Wahl. Währenddessen streift die Zeit an ihnen vorbei.

Wo ist die Alternative? In Ermangelung eines besseren Systems kann sie letztlich nur in einem geschärften Bewusstsein eines jeden Einzelnen liegen. Aus dem geschärften Bewusstsein des Bürgers für sich selbst kann unser System zu neuer Frische aufblühen. Wir tragen die Verantwortung für unser Gesellschaftssystem genauso selbst, wie wir uns um unser Privatleben und das eigene Glück selbst kümmern müssen.

Unsere Wirklichkeit ist nur so gut wie das, was wir aus ihr machen. Die Qualität unserer Demokratie wird das Niveau der Menschen, die an ihren Steuern sitzen, niemals übersteigen. Damit sind alle gemeint: jeder Chef, Politiker, Manager, Beamte, Kulturschaffende, aber auch – und das ist der bedeutendste Teil – jeder Einzelne, wir selbst.

Schnitzeljagd nach mir selbst

Ich selbst hing immer wieder in diesem Spinnennetz eingebildeter Imagewelten. Es machte ja auch wirklich viel Spaß, sich dem ganzen Theater hinzugeben. Irgendwie war es wie Dauerkino. Auf dem Höhepunkt dieses Actionfilmes namens »Business« musste ich einmal feststellen, dass ich nach London gereist war, ohne überhaupt einen Termin in der britischen Metropole zu haben. Perplex blätterte ich im Hotelzimmer in meinem Terminkalender und telefonierte mit meinem Büro: Der Grund für meine Reise war nicht herauszufinden. So ging ich stattdessen mit einer Freundin in mein Lieblingsbistro im chinesischen Viertel in Soho zu Abend essen. Es war ein entspannter Tag, allerdings mit dem unruhigen Schwington einer überflüssigen Reise im Kopf. Ich lebe automatisch, dachte ich zum ersten Mal. Bin ich flugsüchtig? Bin ich nicht mehr ganz richtig im Kopf? Ja, um ehrlich zu sein, Hilfe hätte ich brauchen können, denn ich war ohne Bewusstsein. Doch annehmen hätte ich die Hilfe nie wollen, weil mir all diese Dinge in meiner Wirklichkeitsfremdheit nicht richtig bewusst waren.

Als ich von jener Londonreise zurückgekommen war, stand der Wasserfall auf meinem Tisch. Die Fee in meinem Büro hatte ja so Recht. Das Fatale an jener Phase meines Lebens war, dass ich fast alles tat, ohne genau zu wissen, warum. Allerdings hätte ich jeden, der mir damals etwas Derartiges gesagt hätte, für verrückt erklärt.

Mein Ausgleich waren ein gewisser Erfolg und ein paar schöne Anzüge. Und sonst? Mir fällt noch der breite Sitz im Flieger ein, den ich wegen meiner Meilensammlung manchmal zugewiesen bekam. Der Pseudowirbel fühlte sich lange wie Leben an. Doch er war – trotz des Spaßes dabei – nur der Lärm einer nicht enden wollenden Party.

Da ich mich selbst so zugekleistert hatte mit glänzenden Abziehbildern aus meinem großen Spiel, nahm mein Bewusstsein nichts anderes wahr als diese Imagebilder. Sie erzählten mir eine falsche Geschichte über mich. Mein Bewusstsein sah nicht mehr mich selbst, sondern nur noch einen Projekte gebärenden Egomanen. Während des Seminars in Arizona und auch später noch lange Zeit sollte ich deswegen zunächst nicht verstehen, was mit der Aussage gemeint war, ich könne mir nur selber helfen. Erst als ich später mit jener Frau trainierte, die mich an die Seminarleiterin erinnerte, wurde mir der Sinn des Erlebnisses von damals schlagartig klar: Mein Verstand und mein Ego – die hatten lieber mit virtuosen, hochkomplexen Inhalten brillieren wollen. Wie aus Trotz wollte ich nicht wahrhaben, dass das Leben vielleicht etwas ganz Einfaches sein könnte. Mir selbst zu helfen – während des gesamten Seminars nagte dieser Hinweis an mir. Wir machten die wunderbarsten Atem- und Bewegungsübungen, ohne dass ich dabei auch nur irgendeine Erkenntnis gehabt hätte.

Am meisten genoss ich den Aufenthalt in Arizona, wenn ich allein war. Ich unternahm Spaziergänge in einem nahe gelegenen Wald. Ohne zu begreifen, warum, wanderte ich in den Pausen und Abenden des zehntägigen Kurses an den wild vor sich hinwachsenden Eukalyptusbäumen und Oleanderbüschen vorbei zu einem kleinen Bach. Dort setzte ich mich auf einen Stein, in dem noch ein wenig von der Restwärme der untergehenden Abendsonne gespeichert war. Jeden Tag sehnte ich mich etwas stärker nach dem friedlichen kleinen Felsen und dem Plätschergeräusch des Wassers.

Damals war mir noch nicht klar, dass mein aufkeimendes Verlangen nach einem Gefühl, wie es mir dieser Ort verschaffte, das Frohlocken meines Bewusstseins war. Wie durch ein Guckloch schaute es endlich wieder zu mir herein. Meine Sinne wurden durch die Übungen des Seminars stärker sensibilisiert, als es mir zunächst klar war. Durch sie und durch die Ursprünglichkeit der Natur wurde mein Bewusstsein wieder aktiv. Es fand durch den löchrig gewordenen Schutzschild meiner Imagebilder zu mir zurück.

Die Auswirkungen des Seminars reichten bis in mein Büro: Ich wollte den künstlichen Wasserfall wiederhaben. Meine Sekretärin kaufte mir einen besonders schönen, mit einem eingebauten, hellblauen Lämpchen. Das gefiel mir, weil Blau meine Lieblingsfarbe war. Die Wassertropfen, die über den dunkelblauen Marmor perlten, glitzerten wie kleine Diamanten. In besonderen Stressphasen oder wenn ich mich – wie so oft – über irgendetwas furchtbar aufgeregt hatte, zog der Miniatur-Wasserfall meinen Blick auf sich. Sofort konnte ich einen Hauch von Distanz zu dem spüren, was mich soeben attackiert hatte – meistens waren es Telefonate. Es war die Erinnerung an die Stunden am Bach auf dem warmen Stein, die im Training wachgerufen wurde, und die zu einer Brücke zu meinem Bewusstsein wurde.

Ich fühlte mich wie bei einer Schnitzeljagd nach mir selbst, als ich zum ersten Mal bemerkte, wie abgehoben ich war. Am Anfang waren da die Erlebnisse in der Natur Arizonas: der kleine Bach, der warme Stein; später, zurück im Büro, der Mini-Wasserfall. Noch später fing ich an, Wasserfälle zu malen und dann das Meer. Ich begann mir meine Schnitzel selbst zu kreieren. Meine Reise dauert bis heute.

Ich liebe diese Suche mittlerweile. Der Schmetterling bei dem Unfall. Die Blume, die ich durch Karls Bemerkung neben dem Unkrautbüschel in Korea entdeckte. Die taunasse Bank, auf der ich heute früh saß, als ich noch die Sterne sehen konnte und kurz darauf die Wärme der ersten Sonnenstrahlen, die mir das leise Frösteln von der Haut kitzelten. Das wohlige Dröhnen des Riesengongs in der Pagode des Klosters, welchen die Mönche anschlugen, wenn sie sich gegenseitig um vier Uhr morgens zur Morgenmeditation riefen, und der auch mich weckte. Auch meine Niederlage beim Kampf mit der koreanischen Meisterin und die Hand, die sie mir reichte, erinnern mich daran, wie einfach die Wirklichkeit ist und dass genau diese verletzliche Lebendigkeit ihre Schönheit ausmacht. Einfach und unkompliziert.

Unglaublich entspannend, denke ich, und atme tief die frische Luft des koreanischen Laubwaldes ein. Diese Einfachheit vermittelt mir ein anhaltendes Gefühl von Erfolg und Zufriedenheit. Es ist wie Gewinnen, ohne etwas dafür zu tun.

Das Timing deines Lebens

Dein Bewusstsein ist dein Seelenfischer. Es lässt dich niemals allein, und du kannst dich immer darauf verlassen. Beginne in deiner Wirklichkeit zu fischen! Suche nach den richtigen Ködern, nach solchen, die deine Seele berühren, selbst wenn es sich zunächst nur um einen lächerlichen Spielzeug-Wasserfall handelt. Du kennst sie, die Köder, auf die du anspringst. Lasse sie zu in deinem Leben. Sie werden dir und deinem Bewusstsein helfen, dich zwischen den Trugbildern deines Lebens zurechtzufinden. Sei nicht ehrgeizig dabei. Und sei nicht enttäuscht, wenn es zunächst etwas schlichter und weniger turbulent zugeht. Das Leben, das dir dein Bewusstsein zeigt, ist kein Jahrmarkt der Eitelkeiten, es ist kein Entertainment. Es ist pur. Es ist voll von sich selbst und braucht keinen Schmuck. Du musst dich erst umstellen. Vielleicht vom kompakten, von Inhalten und Adrenalinkicks strotzenden, brandheißen Actiongefühl auf den Moment, in dem deine normale Wirklichkeit stattfindet. Nur dein Bewusstsein kann dir den Weg dorthin weisen. Das ist es, was du selbst machen musst.

Bewusstsein ist die Fähigkeit, alles, was geschieht und was wir sind, urteilsfrei wahrnehmen zu können. Wir sind unser Bewusstsein. Das Bewusstsein ist der Diamant des Lebens. Bewusstsein wird nie müde. Selbst in Momenten größter Erschöpfung oder auch im schlimmsten Stress ist das Bewusstsein wach. Um funktionsfähig zu bleiben, kann es sich sogar in gewisser Weise von einem lösen. Bei meinem Verkehrsunfall erlebte ich, wie sich inmitten des Unfallherganges plötzlich meine Wahrnehmung verlangsamte. Etwas, was ich vorher nie und nimmer für möglich gehalten hätte. Auf einmal nahm ich alles wie in Zeitlupe wahr und konnte daher meine Gefühle und visuellen Wahrnehmungen mitverfolgen, als stünde ich neben mir. Ich erinnere mich daran, dass meine Aufmerksamkeit derartig geschärft war, dass ich mit ein paar Kopfbewegungen sogar vorbeifliegenden Gegenständen auswich. Daher vermute ich, dass ich diesem Phänomen zu einem großen Teil mein Leben verdanke. Auf alle Fälle habe ich aus diesem Erlebnis ein großes Sicherheitsgefühl geschöpft, das mir den Eindruck vermittelte: Es kann mir nichts passieren.

Das Bewusstsein verfügt nicht nur über die Fähigkeit, Gedanken und Gefühle zu beobachten. Es agiert ganzheitlich und total. Erst durch das Bewusstsein realisieren wir die Wärme auf der Haut, verbinden sie mit Gefühlen und mit unserer Intelligenz. Nur durch unser Bewusstsein spüren wir, dass wir am Leben sind. Sonst würden wir automatisch vegetieren, wie ein Hamster in seinem Tretrad oder wie eine Pflanze, die keiner sieht. Nur durch unser Bewusstsein und seine Intelligenz können wir die Pflanze als Blume identifizieren und ihre Blüte als »schön« bezeichnen oder die Liebe zu einem Partner bewusst empfinden.

Unser Bewusstsein, seine Wahrnehmungsfähigkeit und seine Sinne nehmen nur in dem Tempo wahr, für welches sie gemacht sind. Nicht schneller und nicht langsamer. Sie bestimmen das Timing unseres Lebens. Wenn wir eine Blüte betrachten, bemerken wir im Tempo unserer Wahrnehmung kaum, wie sie sich faltet und räkelt. Wir nehmen ihre Schönheit wahr. Wäre unsere Wahrnehmungsgeschwindigkeit eine andere, würden wir vielleicht nur noch sehen, wie sie schnell auf- und zuklappt. Ihre Schönheit bliebe uns verborgen. Sie würde aussehen wie ein kurzlebiger Schmetterling am Stiel. Und das Flattern eines Schmetterlings würde auf uns wie das Schwirren einer überdimensionalen Mücke wirken, ein rasendes, kaum mehr erkennbares Luftwesen.

Unsere Sprache bringt mit dem Wort »Gefühl« die Eigenschaft »warm« in Verbindung. So wird das Gefühl kommunizierbar. Aber erst durch unser Bewusstsein für die Bedeutung des Begriffes »warm« erleben wir, was wir individuell unter »warm« verstehen. Ein Gefühl der Freude oder der Trauer kann von unserem Bewusstsein neutral erfasst und wahrgenommen werden. Dass das Bewusstsein nie bewertet, macht es so wertvoll. In dieser Eigenschaft wurzelt seine Fähigkeit, durch die wir uns von den eigenen Gefühlen oder Bewertungen loslösen können. Ein Geschehen, das man keinesfalls mit Verdrängen verwechseln darf. Erst wenn Worte hinzukommen, und damit das zu ihnen gehörende Bedeutungsspektrum, erst dann findet die Bewertung statt.

Deswegen ist es so wichtig, dass wir uns die tiefere Bedeutung der Worte vergegenwärtigen, dass wir uns klarmachen, was Werte wie »Bewusstsein« wirklich bedeuten, und dass wir sie in uns zum Leben erwecken. Wir müssen die Werte pflegen. Zu leicht werden sie beschädigt von beiläufigen Assoziationen und unreflektierten Erlebnissen, zu schnell werden sie für narzistische Auslegung von Ereignissen missbraucht. Je tiefer unser Verständnis für einen Wertebegriff ist, desto weniger oberflächlich werden wir ihn verwenden und verstehen, wenn sein Begriff fällt. Im Umgang mit den Werten ist unser Bewusstsein wegen seiner neutralen Haltung daher ein unverzichtbar wertvoller Begleiter und deswegen selbst ein unschätzbarer Wert.

Bewusstsein schafft Freiheit

Dein Bewusstsein ist das Spielfeld für die Arbeit an dir selbst. Stell zunächst sicher, dass du es wirklich mit deinem Bewusstsein zu tun hast, und nicht mit einer deiner Imagefiguren. Das ist nicht einfach und erfordert kompromissloses Hinschauen von deiner Seite. Wenn du damit noch überhaupt keine Erfahrung hast, benötigst du die Hilfe eines Spiegels, denn deine eigenen Imagefiguren sind die gefährlichsten Feinde des Bewusstseins. Sie gaukeln dir immer neue, überraschende Trugbilder von dir selbst vor. Deswegen brauchst du zu Beginn deiner Reise zu dir selbst eine neutrale Person, die dir hilft. In der Regel kann das nur ein weiser Meister, ein Therapeut oder ein Coach sein. In jedem Fall ein neutraler Berater, der sich mit den Untiefen des Lebens aus eigener Erfahrung auskennt. Verwandte oder Bekannte scheiden aus, weil deine Imagepersönlichkeit sie bereits in dein falsches Selbstbild integriert hat.

Scheue dich nicht vor einer Beratung, sie wird dir helfen, die Spuren von dir selbst wiederzufinden, um aus dieser Imagefalle herauszukommen. Wenn es dann so weit ist, wenn du bei dir bist und du weiter an dir arbeiten willst, so lege spielerisch und ohne großen Ehrgeiz los. Halte die Erinnerung an dich selbst warm. Oder die Momente, wo du dir deiner selbst sicher warst und dich mit dir wohlgefühlt hast. Du erkennst dich auch daran, dass du eine wohltuende Einfachheit spürst. Wenn dir der Wasserfall nicht passt, such dir etwas anderes. Lege dir einen Stein, der dich an dich selbst erinnert, auf den Schreibtisch. Einen aus dem Bach, an dem du gesessen bist. Kein Mensch weiß, was er wirklich für dich bedeutet. Hänge dir ein Bild an die Wand oder nimm ein Buch in die Hand, durch welches du dich leichter an das Gefühl zurückerinnerst, das du gehabt hast, als du ganz einfach mit dir selbst warst.

Auch die Technik der Meditation ist eigentlich nichts anderes als ein Instrument, dich an dich selbst zu erinnern und zu dir heimzukehren. Gehe das Risiko dieses Treffens mit dir selbst ein. Und traue dich, Fragen zu stellen.

Mit der Intelligenz des Bewusstseins kannst du die Richtung auf dem Weg deines Lebens immer wieder neu bestimmen. Sie legt dir die Entscheidungsgrundlage vor, nach der du dich richtest, wenn du überlegst, ob du an der Wegbiegung den Schritt ins Unbekannte wagen willst, oder ob du dich weiterhin in deiner altbekannten Welt bewegst. Wie ein Kind, das nicht aus seinem Laufstall herauswill.

Dein Bewusstsein kennt keine Kritik, aber es liebt keine Umschweife. Es ist kompromisslos und direkt. Wenn du jemanden verletzt, sagt es dir in jedem Moment des Geschehens, dass du jemanden verletzt. Aber nur, wenn du es zulässt, wenn du ihm Gehör schenkst. Das Gewahrwerden deiner Handlungen befähigt dich zur Unabhängigkeit von den Gefühlen, die dich zu einer verletzenden Handlung treiben. Jetzt besteht die Möglichkeit, innezuhalten oder sich zu entschuldigen. Wenn sich Jugendliche bewusst wären, was sie anrichten, wenn sie einen Mann auf der Straße zusammenschlagen, würden sie Hemmungen spüren, so etwas zu tun. Wir dürfen solche Straftaten zwar auf keinen Fall dulden. Trotzdem kommen auch der Aufklärung der Täter und der Schärfung ihres Bewusstseins eine ungeheuere Bedeutung zu.

Gegenseitiger Respekt, Integrität und Disziplin müssen auch in der Lebenseinstellung junger Menschen eine zentrale Rolle spielen. Genauso, wie der Erwachsene mit seiner Volljährigkeit nicht ausgelernt hat, darf sich auch ein Jugendlicher nicht erst ab 18 mit seiner Verantwortlichkeit konfrontiert sehen. Selbst Kinder wühlen sich heute bereits durchs Internet und durch die Medien, wo sie mit Pornos, sadistischer Gewalt und Schrecken sowie mit abstrusen Meinungen und lebensverachtenden Haltungen konfrontiert werden. Wenn wir einen solchen Wahnsinn ungesteuert zulassen, müssen wir die so beeinflussten Menschen in gleichem Maße aufklären, bilden und ihnen die Werte bewusst machen, wie wir sie andererseits zur Verantwortung ziehen. Es mangelt aber an dieser Aufklärung und einem modernen Bewusstsein über die Konsequenzen des eigenen Handelns. Allein sich etwas bewusst zu machen und so oft wie möglich im Kleinen danach zu handeln – kann bereits eine Veränderung herbeiführen.

Verantwortlichkeit – die Bedingung deiner Freiheit

Wenn ich im Taekwondo mit einem Partner trainiere, so trage ich die Verantwortung dafür, was dabei passiert. In der Partnerübung für eine Kampftechnik entsteht auf einem begrenzten Platz eine körperliche und geistige Interaktion zweier Menschen, die sich durch viele Bewegungen zu einem Ganzen formt. Wie soll man in einem Gemenge von Armen und Beinen, die extrem schnelle und schwer berechenbare Aktionen ausführen, noch auseinanderhalten, wer der andere ist und wer man selbst? Man ist obendrein vielleicht bereits müde und außer Atem. Wer trägt also gerade die Verantwortung? Derjenige, der weniger müde ist, oder der Bessere? Es ist nicht nur die Verantwortung des anderen, mich nicht so stark zu treffen, dass ich verletzt werde. Ich selbst muss zusehen, dass ich rechtzeitig ausweiche und nicht in die Reichweite des Gegners komme. Und ich trage für sein Wohlergehen eine Mit-Verantwortung. Beide Trainingspartner tragen bei ihrem Zusammentreffen auf engem Raum also Verantwortung für das gesamte Geschehen. Aber woher weiß ich, wie viel Verantwortung mein Partner übernimmt? Vielleicht gar keine? Ich kann nicht beurteilen, in welcher Stimmung er ist, wie konzentriert, was er tun wird, zu welchen Reaktionen ihn mein Verhalten reizen wird. Hier spiegelt das Taekwondo im Kleinen etwas wider, was im Leben jeden Tag stattfindet: Das Zusammenleben auf begrenztem Raum. Es erfordert volle Selbstverantwortung und Verantwortlichkeit für alle anderen und die Welt, in der wir leben.

Verantwortung für andere entsteht in dem Moment, wo du da bist. Praktisch vom Moment deiner Geburt an sind alle möglichen Menschen mit dir beschäftigt und du mit ihnen, ob du willst oder nicht: Du befindest dich in einer pausenlosen Interaktion mit deiner Umwelt, psychisch und physisch. Es geht gar nicht anders. Genauso wenig wie im Taekwondo besteht im Leben die Möglichkeit, Handlungen und Geschehnisse pausenlos detailliert zu röntgen. Du kommst um deine Verantwortung nicht herum, auch nicht, wenn du dich noch so sehr zurückziehst. Irgendwie musst du ja leben. Dein Wunsch, zu leben und vor allem ein glückliches Leben zu führen, ist die Verbindungsstelle zwischen dir und dem Rest der Welt. Dies beginnt bereits im gedanklichen Stadium. Denn alle deine Handlungen erwachsen aus deinen Gedanken.

In einem Vorgespräch für seinen Fernsehauftritt mit dem bekannten Manager einer Investmentfirma fragte ich den Mann, wie er denn als Investmentbanker zu den wirtschaftlichen Erdbeben der letzten Zeit stehe. Ob er sich wegen der vielen Firmenbankrotts und der unzähligen finanziell geschädigten Menschen nicht ein wenig mitverantwortlich fühle, ob das Konsequenzen für sein Leben habe? Er antwortete mir lässig grinsend: »Nein, das Ganze muss man doch viel komplexer sehen!« Dann gab er ein paar schwer verständliche Sätze über die Verflechtung des internationalen Finanzmarktes von sich. Sein Statement kam eingeübt und wie aus der Pistole geschossen. Er verkündete zudem, dass er in meine Sendung gekommen sei, um »über Gutes zu sprechen« und gerne auch über die Schattenseiten unserer Gesellschaft sprechen wolle. In einem Nebensatz stellte er mir noch einen Beraterjob in seiner Bank in Aussicht, ehe er mir zum Abschluss des Vorgesprächs strahlend die Hand hinhielt. Ich fühlte mich dabei wie bei einem Pakt mit dem Teufel und begann mich stattdessen – um ihm nicht die Hand reichen zu müssen – zu kratzen. Schließlich ließ ich die Hände in den Hosentaschen verschwinden. Am liebsten hätte ich den Mann wieder ausgeladen.

Die Sendung geriet zu einer alptraumhaften Slalomfahrt zwischen den geschönten Aussagen des Managers über seinen Job und holzschnitzartigen Angriffen gegen Fremde. Ich hätte eigentlich auf mein Bauchgefühl horchen müssen und ihn rechtzeitig rausschmeißen sollen. Am Morgen nach der Aufzeichnung hatte ich ein Taekwondo-Einzeltraining gebucht.

Ich bat Meister Ko Young-Jae, harte Kicks mit mir zu üben. Ich wollte meine Wut ablassen. Ich stellte mir den Giftstachel dieses Managers vor. Unerbittlich zielte ich vor meinem geistigen Auge meine Kicks auf ihn. Ich vergegenwärtigte mir wieder seine gedrechselten, wachsweichen Sätze und die fast unerträglich sonore, einlullende und irgendwie leblose Stimmlage des

Mannes, ein Sinuston, wie ihn so viele Typen seiner Art kultivieren. Ich schlug mit meinen Kicks auf die Sandsäcke, dass ich keuchte und schwitzte, bis der Meister rief: »Halt! Was ist denn mit dir heute los?« Ich erklärte ihm die Situation, worauf er antwortete: »Dann machen wir gleich weiter, komm, lass es raus! Besser hier, als woanders! Draußen dafür nur reden.«

Gäste im gemeinsamen Haus

Werte wie Verantwortlichkeit sind nicht von irgendjemandem erfunden worden. Sie reflektieren jahrtausendealte Erkenntnisse. Sie stellen die Essenz der menschlichen Erfahrungen und des menschlichen Forschens für ein glückliches Leben und eine funktionierende menschliche Gesellschaft dar. In unzähligen Schriften werden seit Menschengedenken immer wieder neue Konzepte für das Glück und ein zufriedenstellendes Leben beschrieben. Wenn man diese Wissensfülle dem derzeitigen Zustand unserer privaten und gesellschaftlichen Welt gegenüberstellt, so wirken sie wie die Rezepte in der Küche eines Restaurants, in welcher der Koch nicht kochen will, weil er so sehr mit anderen Dingen beschäftigt ist. Die Folgen sind der Stillstand und die Ratlosigkeit der Gäste, die dachten, der Koch wird schon alles richten. Genau dies ist das Dilemma unserer Zeit. Die Gäste haben die Verantwortung an den Koch abgegeben. Und weil der in seinem fast krankhaften Drang, es allen recht machen zu wollen, sich selbst bis zur Erschöpfung getrieben hat, nicht mehr kann und sich dringend um sich selber kümmern müsste, bekommen die Gäste nichts zum essen. Ihre Erwartungen werden nicht mehr erfüllt. Ratlos, ziel- und kopflos gehen sie nach draußen und nehmen sich, was sie zwischen die Finger bekommen. Das Restaurant geht ein. Das Restaurant ist der Staat, der Koch die Regierung, und wir sind die Gäste.

Verantwortlichkeit ist eine Pflicht. Sie ist die Bedingung der Freiheit. Verantwortung tragen für mich, für den anderen, für die Gesellschaft und die Welt, in der wir leben. Das Wort geht im allgemeinen Sprachgebrauch nicht grundlos die Verbindung mit dem Wort »füreinander« ein, denn Verantwortung ist nie nur in eine Richtung gerichtet, sondern hat eine ganzheitliche Bedeutung. Natürlich bist du verantwortlich für dich selbst. Aber du kannst nicht bei dir aufhören. Mach dir nur die Fülle deiner Wahrnehmung klar: Du kannst den anderen wahrnehmen, du kannst die Pflanzen wahrnehmen, du kannst wahrnehmen, wie es dir geht. Es dreht sich um jeden Menschen, jedes Tier, jede Pflanze, die Luft, die du atmest. Überall, wo du bist, entsteht deine Verantwortlichkeit. Du bist verantwortlich dafür, dass du deine Arbeit gut machst, weil du davon lebst. In dem Zusammenhang bist du selbst aber auch mitverantwortlich für das Wohl der Firma, in welcher du arbeitest, egal in welcher Position du dort arbeitest.

Nur du trägst die Verantwortung für deine Handlungen. Und nicht zu handeln ist keine Alternative, denn auch Nichtstun ist eine Handlung. Also tu lieber etwas! Die Beseitigung von Dreck auf der Straße, in deiner Wohnung oder im Büro liegt nicht nur im Verantwortlichkeitsbereich von Putzdiensten. Für dein Seelenheil sind nicht nur Psychiater und für deine körperliche Gesundheit sind nicht nur Ärzte zuständig. An erster Stelle bist du für dich zuständig. Nur du selbst kannst dich gesund halten, sauber bleiben. Dass andere für dich deinen Lebensraum sauber halten, ist ein Luxus, den dir dein Wohlstand ermöglicht. Es ist keine Selbstverständlichkeit, und keiner weiß, wie lange du ihn dir leisten können wirst.

Es ist sinnlos zu sagen: »Der andere, dieser Chef oder jener Politiker wird seiner Verantwortung nicht gerecht, und deswegen stehe ich selbst auch nicht mehr in der Pflicht, verantwortlich zu handeln.« Den Schaden davon trägt immer nur du selbst. Insofern ist es naheliegend, dass du auch eine Verantwortung für deine Vorgesetzten und Politiker mitträgst. Und wenn du in der Position eines Vorgesetzen oder eines Politikers bist, so ist es deine Verantwortlichkeit, nicht nur nach deinem Wohlergehen, dem des Staates oder deiner Firma zu trachten, sondern für alle Menschen Sorge zu tragen, mit denen du zusammenarbeitest, die deine Produkte kaufen oder die von deren Existenz berührt sind und in deiner Gesellschaft leben.

Als Investmentbanker ist es deine Verantwortlichkeit, mit deinen Spekulationen weder die Allgemeinheit noch einzelne Menschen zu schädigen. Deine Verantwortlichkeit als der Inhaber eines privatwirtschaftlichen oder öffentlichen Amtes gegenüber allen Menschen und der Welt, in der du lebst, hat den gleichen Umfang wie deine Verantwortlichkeit dir selbst gegenüber: nämlichen den vollen Umfang – hundert Prozent. Das Maß der Verantwortlichkeit wird von deinem Leben bestimmt. Da du voll und zu hundert Prozent lebst, musst du auch voll und zu hundert Prozent Verantwortung tragen. Sie muss für dich genauso selbstverständlich sein, wie du dir von anderen erwartest, dass sie dir gegenüber verantwortlich handeln. Die Aufgabe der eigenen Verantwortlichkeit würde die Aufgabe deiner selbst und deiner Freiheit bedeuten. Handle also, und das verantwortlich. Wenn in der Küche keiner mehr kocht, musst du eben selbst kochen!

Chy-Eun erzählte mir beim Abendessen nach unserem Kampf von ihrem Vater. Auch er war früher Taekwondo-Meister gewesen, bis er seine eigene Gastronomie-Firma aufgemacht hatte. Ich hatte mich schon darüber gewundert, dass das Personal in dem Lokal so ausgesucht freundlich zu uns war und ich jedem, der vorbeikam, vorgestellt wurde. Es war das Restaurant ihres Vaters, in das Chy-Eun mich geführt hatte. Die Koreanerin erzählte mir, dass ihr Vater gerade zu Besuch bei der Familie einer Angestellten sei, wo die Mutter schwer erkrankt war. Er mache sich Sorgen. Das Engagement der Mitarbeiterin im Restaurant habe deswegen nachgelassen.

So erfuhr ich von einer Tradition, die den aktiven Umgang mit Verantwortung beinhaltet. Nach alter koreanischer Sitte war es Standard, dass die Angestellten einer Firma ihrem Chef Respekt und Achtung entgegenbrachten, und der Chef ihnen seinerseits ebenfalls Respekt und Achtung entgegenbrachte. Falls er dies nicht tat, wurde er geächtet. Diese Ethik der gegenseitigen Verantwortlichkeit hat an manchen Orten bis heute ihre Gültigkeit behalten und äußert sich oft in enormen Arbeitsleistungen und dem Phänomen, dass die Angestellten immer wieder private Interessen dem Anliegen der Firma unterordnen. Umgekehrt achtet der Chef seine Angestellten und deren Leben so umfassend, dass er sich auch für deren Familien und enge Freunde interessiert und zuständig fühlt. Er trägt persönliche Fürsorge, falls es Familienangehörigen des Mitarbeiters schlechtgeht, er hilft, kümmert sich und macht in schweren Fällen sogar Hausbesuche. Das ist die Idealform der alten Tradition.

Sie wird heute nicht mehr überall so praktiziert, aber sie ist ein Beispiel für umfassende Verantwortlichkeit. Auf den ersten Blick erscheinen Länder wie Korea wie ein Werteparadies. Beim näheren Hinschauen zeigen sich darin aber auch doktrinartige Charakterzüge. Bei einer solchen Praxis können Lebendigkeit und Menschlichkeit verlorengehen, zwei Eigenschaften, die die Werte eigentlich ausmachen.

Die Pickel der Wahrheit

Ich selbst kreierte vor vielen Jahren »Good News« in Serie. Das war die Hauptaufgabe meines Jobs. Mir war das Leben als Journalist irgendwann zu nüchtern geworden. Meine Träume waren mir unrealistisch erschienen. Ich hatte deswegen eine Public Relation-Agentur aufgebaut, mit der ich Unternehmen, Künstler und andere Persönlichkeiten beriet. Die Aufgabe von PR ist es, das öffentliche Bild – also das Image – eines Unternehmens oder einer Person zu managen. Schnell begriff ich, dass viele Kunden, die zu mir kamen, gar nicht so viel Gutes zu kommunizieren hatten. So überraschte es mich nicht besonders, als ich mich mit der Forderung konfrontiert sah, »gute Nachrichten« produzieren zu müssen, die es gar nicht gab.

Mein eigener Wunsch nach Erfolg und Image sowie ein gewisser finanzieller Druck ließen mich schnell tief in dieses Tätigkeitsfeld eintauchen. Zwar war ich als Idealist in die Welt des Berufslebens aufgebrochen und hatte Shakespeare und Schiller gelernt. Doch ich widerstand der Versuchung nicht, mein eigenes Leben zur Bühne zu machen. Einer Bühne, auf der ich spielen konnte, was ich wollte, vor dem einsamsten Publikum der Welt: mir selbst.

Die Diskrepanz zwischen realer Wirklichkeit und kommunizierbarer Scheinwelt wurde mit der Zeit unüberbrückbar. Aber um weitermachen zu können, blieb mir nichts anderes übrig, als diese Unstimmigkeit zu verdrängen. Ich löste mich immer mehr von meiner Wirklichkeit und klammerte mich dafür an meine Imagebilder. Es wurde mir zunehmend unmöglich, mich in einer verantwortlichen Beziehung zu anderen Menschen zu empfinden. Ich hatte mich losgelöst.

Verantwortlichkeit – das war ein Wort, dem ich damals meine eigene Bedeutung verlieh. Wenn ich keine guten Nachrichten zu verkünden hatte, konnte es schon einmal passieren, dass ich eine erfand. Ich übte meinen Job aus wie ein Visagist. Mit geschminkten Meldungen übertünchte ich die Pickel der Wahrheit, damit sie schöner aussah. Mit Wirklichkeit und Verantwortung hatte das aber nichts mehr zu tun, auch wenn ich mir das niemals eingestanden hätte.

Verantwortlichkeit ist keine Pflichtliste

Der manipulative Umgang mit unserer Realität führt zum Verlust der Gefühle und der Möglichkeit, sich mit etwas Wirklichem in unserem Zusammensein zu identifizieren. Worauf soll man sich denn noch beziehen, wenn man gar nicht mehr einschätzen kann, was wahr ist und was unwahr? Was in meine Welt gehört und was nicht? Und wenn die schiere Masse der Fakten so groß ist, dass man sie mangels Zeit, Wille und Kapazität nicht mehr untersuchen kann? Die Zeitschrift *The New Yorker* veröffentlichte einmal Auszüge aus einer Art *Good News*-Listen der amerikanischen Regierung, die anlässlich von »Befriedungs«-Maßnahmen zerstörter Dörfer im Vietnamkrieg publiziert wurden. »Die Liste verzeichnete die folgenden Leistungen: fünftausendzweihundertneunundsechzig medizinisch versorgte Patienten, zweitausendzweihundert Liter Chemikalien zur Entlaubung, eintausend umgepflügte Quadratkilometer, zwanzigtausendachthundertsechzig Dachplatten für eintausendneunhundertsechsundfünfzig Familien, fünfhundertvierundzwanzig Stunden Lautsprecherdurchsagen der psychologischen Kriegsführung und vier Konzerte.«

Mit solchen Listen stand plötzlich eine versachlichte »*Good News*«-Wirklichkeit gegen den Horror, der in Wirklichkeit stattgefunden hatte. Angesichts einer solch präzisen Liste objektiv erbrachter Leistungen dringen andere Argumente nicht mehr so leicht durch. Selbst wenn sich einem unwillkürlich ein paar Fragen aufdrängen, besteht die akute Gefahr, dass das eigene Interesse in Anbetracht solcher Informationsmassen kollabiert und jegliches Engagement, gegen solche Zustände aktiv zu werden, erlischt. Der amerikanische Psychoanalytiker und Publizist Arno Gruen bezeichnet die Wirkungsweise solch manipulativer Informationspakete als »die Reduktion von Ereignissen auf nur eine bestimmte Dimension, um angemessene Gefühlsreaktionen zu verhindern«. Ähnliche Mechanismen finden im heutigen Informationsmeer eigendynamisch nahezu täglich statt. Selektierte Faktensortimente drohen Erlebnisse und tatsächliche Geschehnisse zu ersetzen. Ausgespart werden bei solchen – leicht zu erstellenden – Faktenwucherungen unsere eigene Mitverantwortung und das aus unserem Mitgefühl rührende Verantwortungsbewusstsein.

Verantwortlichkeit muss vom Herzen ausgehen. Sie ist groß. Wenn du sie ausübst, dehnt sie sich aus. Sie ist keine Liste aus Pflichten, die du abhaken kannst, um anschließend wieder zur Tagesordnung überzugehen. Das Leben besteht nicht nur aus Nachrichten oder Fakten, sondern auch aus Gefühlen, aus Mitgefühl, aus vielen individuellen Menschen und den sie umgebenden Geschehnissen und individuellen Umständen. Sie haben Anspruch auf deine verantwortliche Haltung, und die muss weit über pseudostatistische und tendenziöse Auseinandersetzungen hinausgehen.

Zur Entfremdung von unserer Wirklichkeit und ihren Werten hat auch die Globalisierung ihren Teil beigetragen. Durch sie ist die Notwendigkeit einer globalen Verantwortlichkeit der Menschen, der Staaten und Unternehmen untereinander gestiegen. Doch leider ist statt einem global verstandenen und praktizierten Verantwortungsgefühl und Wertebewusstsein genau das Gegenteil eingetroffen. Das System der Konkurrenz, des Neids und der Missgunst hat sich verschärft. Wir können uns zwar mit der ganzen Welt vernetzen, unser Geld investieren, aus fremder Arbeit, fremden Rohstoffen Kapital schlagen, wir bereisen alle Winkel dieser Erde, doch wir fühlen uns nicht zuständig für die Folgen dessen, was wir durch diesen globalen Aktionismus anrichten. Unser Bewusstsein für unsere Verantwortlichkeit hat sich mit der globalen Ausweitung unserer Interessen nicht mitgedehnt.

Unsere Weitsicht, die Globalisierung auf allen Ebenen und in alle Richtungen zu vollziehen, zieht nicht einmal in Betracht, dass wir das Eindringen der restlichen Welt bei uns gelassen akzeptieren müssten. Wenn wohlhabende Inder und Chinesen bei uns einreisen, sprechen wir von Invasion, wir lästern über deren Kleidung oder rümpfen über andere Verhaltensweisen die Nase, als würden wir in einem Schrebergarten leben. Wenn die Russen in unsere Geschäfte einfallen, verbuchen wir sie in der Schublade: Jetzt ist die russische Mafia da. Wer bei anderen wohnen will, der sollte auch andere bei sich wohnen lassen.

Respekt und Achtsamkeit – überraschende Chancen

Lange Zeit habe ich mich gefragt, was es wohl mit der Zeremonie des Verbeugens im Taekwondo auf sich hat. Man verbeugt sich beim Betreten des Dojangs und vor dem Meister. Zu Beginn des Trainings stellen sich alle Teilnehmer entsprechend ihrer Gürtelgrade auf. Vorne rechts steht der höchste Dan-Träger und begrüßt – zusammen mit allen anderen – mit einer Verbeugung den Meister und das Yin-und-Yang-Zeichen der koreanischen Fahne. Während des Trainings wird das Verbeugen fortgesetzt: Vor jeder Übung verbeugt man sich auf Kommando des Meisters kurz vor dem Partner. Schließlich verbeugt man sich vor dem Freikampf und beendet das Training mit der gleichen Verbeugungszeremonie, mit der man es begonnen hat.

Meine anfänglichen Schwierigkeiten, den Kopf zu senken, beruhten auf der kokosnussartigen Härte meines Egos. Nachdem ich meinen inneren Widerstand überwunden hatte, bereitete mir ein neues Problem Kopfschmerzen: Wie verbeuge ich mich am besten? Dazu gab es keine konkreten Anweisungen. Welche

Bewegung sollte ich denn machen? Nur den Kopf ein wenig neigen oder auch die Schultern mitbewegen? Den Oberkörper nur ein Stück vorbeugen oder ganz nach unten sinken lassen? Und wie lange unten bleiben? Und was ist dabei mit den Armen? Wenn die dabei ziellos herumschlenkern, das ist doch peinlich!

Ich schaute mich um: Jeder machte es anders. Ich schaute zum Siebzigjährigen. Doch der Blick nach vorne wurde mir meistens von den anderen Kämpfern verstellt. Das Schlimmste war: Da ich mich gleichzeitig mit den anderen verbeugen musste, konnte ich mich nicht besonders gut umsehen, um mir etwas von deren Verbeugungstechniken abzugucken. Ich musste also mutig sein. Ich war gezwungen, meine eigene Verbeugung zu entwickeln. Nach wenigen Trainings hatte ich mir eine Art angewöhnt, mit der ich mich wohlfühlte und die ich bis heute praktiziere: Ich nehme die rechte Hand an die Brust, während der linke Arm locker nach unten hängt. Dann neige ich den Kopf ein wenig und bewege meinen Oberkörper von oberhalb des Solarplexus aus mit einer dynamischen Bewegung nach unten. Die Tiefe der Verbeugung mache ich von meiner Laune abhängig und vom Anlass. Am Tag vor meinem Kampf mit Chy begegnete ich beispielsweise einem sagenumwobenen Kämpfer: Meister Kim Sei-Hyeok. Er ist einer der besten Trainer der Welt und war zum Zeitpunkt meiner Koreareise Leiter des koreanischen Nationalteams im Samsung-Trainingscenter bei Seoul. Meister Kim Sei-Hyeok sagt man nach, dass er den stärksten Dwi-Chagi der Welt hat. Deswegen ist sein Spitzname Dwi-Chagi-Kim. Keiner kann so dicke Bretter durchkicken wie er. Der Dwi-Chagi ist ein Kick nach hinten, der durch den Schwung der Körperdrehung ungeheure Kraft entfaltet. Er zählt wegen seiner Durchschlagskraft zu den gefährlichsten Kicks. Vor Dwi-Chagi-Kim verbeugte ich mich natürlich, ebenso wie ich es vor Meister Ko tue, um 90 Grad. Das ließ ich mir nicht nehmen.

Ich entdeckte im Laufe der Zeit, dass das Verbeugungsritual noch eine andere Funktion erfüllte als die, meinem Gegenüber Respekt zu bekunden. Der Vorgang des Verbeugens selbst hat es in sich: Er nimmt ein wenig Zeit in Anspruch. Dadurch bin ich gezwungen, innezuhalten, egal was mich in dem Moment beschäftigt. Jucken, Kratzen oder Herumgucken verbieten sich von selbst, und es fällt mir auch nicht leicht, beim Verbeugen weiter über irgendeinen Ärger nachzudenken. Die Verbeugung ist ein zeitliches Vakuum, das sich automatisch mit der Konzentration auf den Moment des Geschehens anfüllt. Sie ist eine Art Minimeditation. Sie ist die körperliche Ausübung von Respekt und Achtsamkeit. Genau in jenem Innehalten, das während einer Verbeugung stattfindet, äußert sich das, was Respekt und Achtsamkeit ausmachen: Loslassen. Man lässt sich selbst und den anderen so sein, wie man ist.

Seit ich diese Zusammenhänge begriffen habe, empfinde ich Respekt und Achtsamkeit nicht mehr als etwas, das Anstrengung oder Überwindung kostet. Es bedeutet eher die Akzeptanz dessen, was sowieso da ist. Es ist eine Haltung, die der Aktivität bedarf. Aber es ist eine nach innen gerichtete Handlung, bei der man bewusst innehält. Gleichzeitig erlaubt mir der gewonnene Raum, mich auf das zu konzentrieren, was als Nächstes bevorsteht.

Öffne die Tür zu deiner Seele

Lange Zeit war Respekt war für mich etwas, das ich nur einem auserwählten Kreis zugutekommen ließ. Denjenigen, die ich meines Respekts für würdig befand. Außerdem musste die respektierte Person anwesend sein. Wenn sie abwesend war, nahm ich es mit dem Respekt für sie nicht mehr so genau. Ich war in jener Zeit vor dem Burnout oft abends in der Familie eines Freundes zum Abendessen eingeladen. Nach dem Essen öffneten mein Freund und ich eine Flasche Rotwein, setzten uns in die Ledersessel und begannen, genüsslich über unsere Welt zu wettern und zu lachen. Die war vollgestopft mit unerträglichen Menschen, über die es sich wunderbar respektlos herziehen ließ. Wir überboten uns gegenseitig im Erzählen böser Anekdoten. Wir lasen uns E-mails aus unserem Geschäftsalltag vor oder meckerten über die Angewohnheiten der anderen. Eine Geschichte war schlimmer als die andere. Wir zeichneten möglichst ätzende Bilder von unserer Außenwelt, damit wir uns amüsierten und – wie mir später einmal während einer Verbeugung klar wurde – damit wir uns selbst besser fühlen konnten. Unsere Bekannten hörten ja nicht, was wir sagten. Dass ich am nächsten Tag mit denselben Leuten, über die ich am Vorabend noch gelästert hatte, wieder lieb und nett umgehen musste, bereitete mir keine Schwierigkeiten.

Einmal saß ich mit einer vermögenden Kundin in New York in einem Taxi. Ich war frisch aus Europa angekommen und hatte noch keine Dollars umgetauscht, daher konnte ich den iranischen Taxifahrer nicht entlohnen. Meine Kundin bezahlte also die Fahrt und bestand darauf, sich das Restgeld auf Heller und Pfennig herausgeben zu lassen. »Ich treffe den Typen sowieso nie mehr wieder!«, jubelte sie mir draußen lachend zu, fast als wäre ihr ein besonders fintenreicher Trick gelungen. Bereits wenige Augenblicke später stellten wir fest, dass wir den Fahrer am falschen Block hatten halten lassen. Der Wagen hatte mittlerweile gedreht und kam uns gerade wieder entgegen. Wir mussten erneut einsteigen und saßen zwei Minuten später genau mit dem Menschen zusammen, dem meine Begleiterin nie mehr zu begegnen gehofft hatte. Sie schwieg während der Fahrt eisern. Als wir erneut bezahlen mussten, bestand sie wieder auf dem Restgeld. Auf mich wirkte es wie eine Rache und ein letzter Fußtritt, nach dem Motto: »Und jetzt für immer fort mit dir aus meiner Welt!«

Die Geschichte war ideal geeignet für einen unserer weinseligen Abende bei meinem Freund.

Das Maß von Achtsamkeit und Respekt zeigt sich sicherlich nicht darin, wie viel Trinkgeld man gibt. Dennoch ist Trinkgeld ein ähnliches Symbol wie eine Verbeugung. Es ist eine Geste der Anerkennung für eine Dienstleistung. Respekt und Achtung sind Basiswährungen für unseren Umgang miteinander. Eine achtsame und respektvolle Haltung ist die beste Medizin gegen die grassierenden Vorurteile, die zwischen uns und unseren Mitmenschen stehen. Achtsamkeit und Respekt bedeuten, den anderen und sich selbst grundsätzlich erst einmal so wertzuschätzen, wie er ist, und nicht automatisch die Schleusen für die inneren Kritiklawinen zu öffnen.

Die Ausübung von Respekt ermöglicht uns aber noch viel mehr: nämlich dieses kurze Innehalten. Es entsteht ein kleiner Moment der Aufmerksamkeit, den man jemand anderem, sich selbst oder unserer Umwelt zukommen lässt. Wie eine Tür, die man eine Handbreit für die Andersartigkeit eines anderen Menschen öffnet. Der andere spürt das. Gib ihm die Chance deiner Akzeptanz. Oft verflüchtigt sich die aufsteigende Kritik dabei ins Nichts.

Mangelnder Respekt ist Arroganz. Man schlittert da leicht hinein. Als mir das irgendwann einmal klarwurde, fand ich mich selbst zum Kotzen. Ich hatte Verhaltensweisen entwickelt, mit denen ich mich vor anderen abschottete, um ihnen und ihrer Arbeit keinen Respekt mehr entgegenbringen zu müssen. Das hatte mein Ego natürlich enorm gestützt. Allein und umgeben von einem breiten Wall aus Vorurteilen und Geringschätzigkeiten anderen gegenüber fühlte ich mich in mir sicher. Ich war zu einem jener Menschen geworden, deren aufgesetztes Image mich früher so abgestoßen hatte. Einer von diesen mittelalten Schlipsträgern, ewig mit vermeintlich wichtigen Unterlagen unter dem Arm, die die Nase ganz hoch trugen. Ich war überrascht, dass mir ausgerechnet das Prestige des Manager-Berufes, den ich früher so furchtbar gefunden hatte, behagte und mir eine Identifikation ermöglichte. Als ich mich zum ersten Mal selbst so erblickte – es war während des Meditationsseminars in Arizona –, fand ich mich in meiner eigenen Verlogenheit so abstoßend und unerträglich, dass ich schlagartig auch alle anderen um mich herum als unausstehlich empfand. In meiner Wahrnehmung bestand die Welt nur noch aus Angebern, pseudo-erleuchteten Sandalenträgerinnen, ihren geblümten Schürzenkleidern, fiesen Kollegen, ätzenden Geschäftspartnern, völlig verblödeten Autofahrern und verlogenen Politikern, die allesamt korrupt waren. Und am schlimmsten waren jene Manager. Ich höre noch mein inneres Wüten, während ich auf meinem warmen Stein am Bach saß: »Diese Mist-Typen, die ihre Säckel nicht vollkriegen: Sie zocken dich ab, betrügen, hintergehen und bescheißen dich!« Auch wenn meine Wut teilweise berechtigt war, ihre Motivation war die falsche: Es war die Projektion meines eigenen Bildes auf die anderen, auf die ich hereingefallen war. Die Abscheu vor dem, was ich mit einem Mal von mir selbst erblickt hatte und nun auf die anderen übertrug.

Wenn du dich selbst nicht achtest und respektierst, wirst du auch die anderen nicht achten können. Fang also bei dir selber an. Achtsamkeit und Respekt stellen eine Grundhaltung dar, die du dir selbst ebenso wie jedem Menschen, Tier, jeder Pflanze und der Natur schuldest. Das bedeutet nicht, dass du keine Kritik oder Zweifel haben kannst. Aber deine Einwände sollten aus einer reinen Motivation rühren.

Achtsamkeit und Respekt geben den Ton und die Weise vor, wie du deine Kritik vorzubringen hast. Und sie geben wertvolle Hinweise darauf, ob es überhaupt relevant ist, sie vorzubringen. Die größten Verletzungen dieses Wertes entstehen durch mangelnde Selbstkenntnis und Wertschätzung dessen, was du selbst bist. Mangelt es dir an Wertschätzung deiner selbst, besteht die Gefahr, dass du den Drang zur selbstgefälligen Kritik verspürst, zum ständigen Vergleichen mit anderen und zur abschätzigen Beurteilung. Denn nur so kannst du dein eigenes Selbstbild stärken.

Das Maß deiner Achtsamkeit und die Selbstverständlichkeit, mit der du sie anderen Lebewesen entgegenbringst, bestimmen auch das Maß deiner Wertschätzung gegenüber dir selbst. Verwechsle diese Werte aber nicht damit, dass du nun alles akzeptieren, immer höflich, lieb und nett sein musst. Mit einem solchen Anspruch an dich selbst würdest du dich unnötig unter Druck setzen. Das würde schließlich zur Ablehnung deiner selbst führen.

Achtung und Respekt sind Säulen im Zusammenleben der Menschen. Sie zählen zu den Grundvoraussetzungen für die Verhütung gewaltsamer Auseinandersetzungen. In der Diplomatie sind sie ein eisernes Prinzip. Achtung und Respekt erbringt man von sich aus, aus eigener Initiative, auf Grund seiner Einstellung und Liebe zum Leben und nicht, weil man dazu aufgefordert oder verpflichtet ist. Respekt hat nichts mit Machtverhältnissen und Hierarchien und auch nichts mit Sympathien oder Antipathien zu tun. Er dient nicht dem Machterhalt oder der Egobefriedigung, sondern dem Erhalt des Lebens.

Die Ökologie des Umgangs

Respekt will aber auch geübt sein. Wenn man nur über ihn redet und ihn nicht empfindet und nicht ständig übt, verlernt man seine Praxis. Ohne Übung verkommen die Werte zur wirkungslosen Theorie. Respekt ist einer der Werte, die am schwierigsten zu leben sind. Was ist, wenn mich auf der Straße einer anrempelt und sagt, ich sei ein Idiot? Wie soll ich für so jemanden Respekt aufbringen? Ein solcher Moment verlangt vor allem danach, Respekt vor sich selbst zu üben. Verbeuge dich innerlich vor dir selbst.

In Indien lernte ich einmal einen Sadhu kennen. Er war einer von jenen Bettelmönchen, die allem Materiellen entsagen und sich als Übung der Disziplin und der Meditation regelmäßig selbst kasteien. Ich lernte den Mönch mit dem struppigen Bart und seiner orangefarbenen Kutte an einem Straßenrand neben einem Wellblechkiosk im Norden des Subkontinents kennen. Seit Jahren hatte er sich den linken Arm an einer Stange nach oben in die Luft gebunden. Dadurch war der Arm fast völlig ausgetrocknet. Die Muskeln waren so atrophiert, dass von ihnen nichts mehr zu sehen war. Als er mir zuliebe das Körperglied losband und es nach unten schwingen ließ, hatte ich nicht den Eindruck, dass er noch Kontrolle über die Bewegungen seines Armes hatte. Die Finger an seinen Händen sahen aus wie Hühnerkrallen. Sie zeigten nur minimale Regungen auf den Versuch des Sadhus hin, nach einer Teetasse zu greifen, die ich ihm hinhielt. Ich habe mich mit dem Mann ein Weile darüber unterhalten, warum er so mit seinem Körper umging. Er erklärte mir, dass die Menschen ihm deswegen bereitwilliger ein Almosen geben würden. Daraufhin hielt er seine andere Hand hoch und zeigte mir sein neuestes Handy mit einem riesengroßen, farbigen Display. Nur so könne er sich das Gerät leisten, grinste er. Und wenn er etwas brauche, würde er einfach anrufen. Den anderen Arm dagegen benötige er nicht, außer zum Betteln.

Bevor mir der Bettelmönch sein Handy gezeigt hatte, empfand ich tiefen Respekt vor seiner Armut und seiner Disziplin. Auch wenn ich nicht verstand, wie man seinen Körper derartig deformieren konnte, nur um besser betteln zu können, nötigte mir seine Lebensweise Respekt ab. Eine solche Disziplin aufzubringen und unter solchen Entsagungen zu leben, fand ich respektabel. Als er aber sein supermodernes Mobiltelefon hervorzog und mir die vielen Fotos von den Leuten zeigte, die ihm Geld gespendet hatten, verflüchtigte sich mein Respekt schlagartig. Ein Bettelmönch mit Handy! Das gibt's doch nicht? Darf ein Bettler ein Handy haben? Augenblicklich meldeten sich die Vorurteile, und ich spürte eine respektlose Haltung in mir aufsteigen. Dabei stand mir doch ein Urteil gar nicht ohne weiteres zu. Aber ich hatte Angst, mich so zu zeigen, wie ich war: voller plötzlicher Zweifel und Fragen. Weil ich die Fähigkeit verloren hatte, mich zu öffnen, so wie der Inder die Kontrolle über seinen Arm, zog ich meinen Respekt zurück. Dabei hätte ich ihm ebenso gut meine ganze Verwirrung zeigen können. Ich bin ja der Sprache mächtig, ich hätte ihm sagen können, wie widersprüchlich ich ihn finde. Daraus wäre sicherlich ein interessantes Gespräch, vielleicht eine interessante Erfahrung entstanden. Die aber fand nicht mehr statt, weil ich mit einem bockigen Gefühl im Magen aufstand und davonging – ohne ihm auch nur ein wenig Geld zu geben. Dabei hat in Indien jeder vor den Sadhus Respekt und gibt ihnen etwas, und wenn es nur ein wenig zu essen ist. Es dauerte ein paar Stunden, und mein schlechtes Gewissen regte sich furchtbar. Ich hatte mich über eine Stunde lang angeregt mit dem Sadhu unterhalten. Es war eine faszinierende Begegnung gewesen. Und nur weil sein teures Handy nicht in mein Bild von dem armen, weisen Erleuchteten passte, hatte ich ihn einfach stehen lassen. Als ich später noch einmal bei ihm vorbeifuhr, war er nicht mehr da.

Statt respektvoll und achtsam zu sein, verschließen wir uns lieber wie eine Muschel. Wir lassen unsere Seele lieber in ihrer eigenen Verhornung verkümmern, ehe wir preisgeben, dass wir unsicher sind, Unterstützung brauchen oder etwas nicht mehr verstehen.

Respekt ist kein Stellungskampf

Sich mit Achtsamkeit und Respekt zu begegnen, wird in vielen Philosophien als einer der Wege zu einem glücklichen und zufriedenstellenden Leben beschrieben. In den Zen-Büchern, die ich mit mir herumgetragen hatte, wird ununterbrochen davon erzählt. Buddha spricht vom Weg der Achtsamkeit, der zur Erleuchtung führt. Sowohl in der Bibel, in den Sanskrit-Erzählungen der Bhagavad-Gita als auch im Talmud stellt die Achtsamkeit eines der Herzstücke unseres Lebens dar. Der Dalai Lama, einer der bedeutendsten lebenden Repräsentanten des Buddhismus, hat einmal gesagt: »Sei achtsam, wann immer es möglich ist. Es ist immer möglich!«

Ich hatte all dies immer wieder gelesen. Doch ich konnte es lange nicht leben. Bevor mir klarwurde, dass Respekt etwas ist, was ich zuallererst mit mir selbst ausmachen muss, hatte ich immer gedacht, ich müsste meinen Respekt jemand anderem praktisch überreichen. Wie eine Art Geschenk oder Belohnung. Das kam mir unglaublich anstrengend vor. Deswegen habe ich meinen Respekt nur ab und zu jemandem zukommen lassen, als etwas Besonderes sozusagen. Doch das ist nicht der Sinn der Sache. Mir war zwar immer aufgefallen, wann ich Respekt und Achtsamkeit bei anderen vermisste. Doch sie selbst tatsächlich aufzubringen, dafür fehlte mir lange Zeit das richtige Bewusstsein.

Meine Antwort auf fehlenden Respekt war, meinen Respekt vom Geschehen abzuziehen. Das habe ich bereits früh gelernt in meiner Kindheit, durch meine ersten sozialen Kontakte in der Schule und im Freundeskreis. Mein ganzes Leben lang ging ich mit diesem Wert um wie ein Kämpfer bei einem Stellungskampf, in dem er um die bessere Position ringt. Ich agierte nach dem Motto: Wenn der andere nicht, dann ich auch nicht; wenn der andere schon, dann ich vielleicht; aber etwas weniger als der andere, etwas später – dann werde ich als der Stärkere aus der Begegnung hervorgehen.

Respekt ist kein Luxus im Umgang miteinander, den man sich nur von Zeit zu Zeit leistet. Respekt kostet nichts und findet seinen Sinn in keiner Form von Dosierung oder Exklusivität. Die aktive Ausübung von Achtsamkeit und Respekt ist eine innere Haltung, die jeder Mensch und die ganze Welt verdient. Automatisch, immer, überall und unter allen Umständen.

Respektlosigkeit – Keimzelle von Missbrauch und Gewalt

Häufig wird durch den Missbrauch von Respekt versucht, hierarchische oder machtbezogene Strukturen zu untermauern: in der Familie bei der Erziehung von Kindern, im Verhältnis zwischen Mann und Frau, in den Chefetagen von Firmen und in Diktaturen. Durch einen solchen Missbrauch wird unser Verständnis dieses Wertes geschädigt. Achtsamkeit und Respekt sind archetypische und essenzielle Prinzipien, die in unserer Welt leider immer wieder falsch interpretiert werden. Allein die Tatsache, dass sie für den Zweck der Machtdarstellung missbraucht werden, weist auf ihren Stellenwert hin. Sie müssen selbstverständlich, immer und ohne jeden Zwang aufgebracht werden und sollten vor allem auch gegenüber Schwächeren, Ärmeren, gegenüber Frauen, Kindern und Fremden bekundet werden. Denn die Ermangelung von Respekt und Achtsamkeit ist die Keimzelle von sozialem Leid, von Kriegen und verheerenden Auseinandersetzungen.

Die Art und Weise, wie George W. Bush nach dem New Yorker Bombenattentat am 11. September 2001 die Welt eigenmächtig mit Demagogie, Teufelsrhetorik und Kriegen überzog, ist ein herausragendes Beispiel für die Unfähigkeit eines Staatschefs, in einer Situation von Schock und Bedrohung aus einer werteorientierten Selbstbestimmtheit heraus respektvoll und achtsam zu handeln. Achtsam dieser Welt gegenüber, respektvoll gegenüber dem übergroßen Teil der islamischen Gemeinschaft, der mit diesem Terror nichts zu tun hatte und ihn selbst verurteilte, und verantwortungsbewusst gegenüber den Folgen des eigenen Handelns – das wäre die Chance des amerikanischen Staatsführers gewesen. Stattdessen schleuderte er seinen Stein mit einer solchen Wucht ins Wasser, dass jedes Wesen im Teich Schaden nahm und der Lebensraum böse geschädigt wurde. Innerhalb von Tagen wurden die einen willkürlich als die Bösen und die anderen als die Guten kategorisiert. Hunderttausende von Toten waren die fürchterliche Folge des mangelnden Respekt- und Wertebewusstseins eines der angeblich modernsten Demokratiesysteme dieser Welt.

Was für ein Vorbild ist das? Aktion legitimiert Reaktion? Haust du mir eine drauf, bring ich dich um? Wie kann sich eine solche Regierung weltoffen nennen und mit ihrer überdehnten Demokratie-Interpretation einen internationalen Führungsanspruch vertreten? Und vor allem: Warum dulden wir das? Wegen der politischen und wirtschaftlichen Verflechtungen natürlich. Also ist wieder nichts zu machen. Wirklich nicht? Vor den Augen der Welt wurden Foltergefängnisse eingerichtet und Menschen verschleppt. Nachweislich quälten amerikanische Mitarbeiter moslemische Häftlinge in Abu Ghraib, Guantanamo, in sadistischen Folterinstituten bei Kabul oder an diversen Geheimplätzen in Europa (z.B. in Rumänien oder Polen) auf grauenvolle Weise. In Afghanistan hängten sie einen verdächtigten, aber unschuldigen Taxifahrer mit den Händen auf und schlugen mit Brechstangen so lange auf seine Beine, bis ein später herbeigerufener Arzt nur noch Trümmer feststellte. Im Irak zwangen sie moslemische Häftlinge dazu, vor Frauen ihr Geschlecht zu entblößen. Der Foltereffekt bestand darin, dass ihnen damit der Respekt vor sich selbst geraubt wurde. Mittelalterlich anmutende Exzesse wie diese machen einen Zustand unseres Umganges miteinander deutlich, in welchem kaum mehr ein tiefgreifendes Verständnis für die Werte existieren kann. Selbst nachdem die bestialischen Fotos von den Folterungen amerikanischer Besatzungssoldaten an Gefängnishäftlingen bekannt wurden, geschah jahrelang nichts. Unter den Augen dieser Welt ist Respektlosigkeit gegenüber der Menschlichkeit zum Standard geworden.

Verständnisflucht – wir eilen aneinander vorbei

Respekt setzt ein Mindestmaß an Verständnis füreinander voraus. Ein Interesse an den gegenseitigen Problemen. Er verlangt nach einem behutsamen Umgang miteinander, achtsam eben, sind wir doch alle nur Menschen. Wenn man sich aber ansieht, was um uns herum jeden Tag passiert, beispielsweise in den täglichen Talkshows oder Politikdebatten, so scheint der Wille zum Respekt eher einer riesengroßen Verständnislosigkeit gewichen zu sein. Es fällt schwer, Respekt für Politiker aufzubringen, die uns an einem Tag mit der Abschaffung der Reichensteuer in Atem halten und am anderen mit deren Wiedereinführung. Gestern gegen Atomkraft, heute dafür. Heute Hü, morgen Hott. Ebenso geht es uns mit den Managern, die sich trotz Misswirtschaft am Ende eines jeden Jahres die Taschen vollscheffeln. Wie soll man sich in so einem Wust an Neuigkeiten und Meinungen orientieren? Sollen wir es etwa mit Schopenhauer halten: »Man bestreite keines Menschen Meinung, sondern bedenke, dass, wenn man alle Absurditäten, die er glaubt, ihm ausreden wollte, man Methusalems Alter erreichen könnte, ohne auch nur damit fertig zu werden«?

Sich eine eigene Meinung zu bilden, ist schwierig geworden. Es existieren so viele Standpunkte, dass man sie gar nicht mehr wissen will. Die Integrations-Problematik wird nun seit Jahren rauf und runter diskutiert. Immer wieder die gleichen Verdächtigen streiten sich über festgefahrene Pro- und Contra-Fronten auf die immer wieder gleiche Weise, ohne sich auch nur einen Deut zu bewegen. Es ist wie im Konflikt zwischen den Israelis und den Palästinensern. Es drängt sich der Eindruck auf, dass vielleicht gar keine Lösung gewollt wird. Möchte man das Problem am Ende gar haben? Statistiken werden diskutiert und Einzelvorfälle hochgehalten, die oft willkürlich zusammengestellt sind. Es stellt sich die Frage nach dem wahren Hintergrund für diese immer wieder aufflammenden, folgenlosen Debatten. Im Wust der vielen Ursachen und Zusammenhänge, die sich oft widersprechen oder gegenseitig aufheben, erstickt unsere Wissbegierde, mehr darüber erfahren zu wollen. Man verliert schon fast den Respekt vor den Themen selbst.

Die Abwehrhaltung, sich wertschätzend und achtsam zu begegnen, zieht sich durch alle Schichten und Altersgruppen. Sie ist im Alltag laufend zu beobachten, etwa in dem polemischen Herumgehacke in Regierungsdebatten und auf öffentlichen Podien, in den grassierenden Vorurteilen, in der zunehmenden Ruppigkeit auf den Straßen und an öffentlichen Orten. Es ist üblich geworden, sich erst einmal ganz schnell anzufeinden, anstatt sich freundlich voreinander zu verbeugen und seines Weges zu gehen. Ein Grund für eine Aversion gegen jemanden ist schneller zur Hand als ein Hauch von Verständnis und Respekt. Wenn beim Schlangestehen vor der Supermarktkasse oder an der Ampel etwas schiefläuft, fällt es schwer, einen Moment innezuhalten und zu überlegen: Vielleicht hat es der andere nicht so gemeint? Sich im Straßenverkehr aufzuregen, wenn vor einem einer einschert, ist weit weniger schwierig, als die Möglichkeit zuzulassen, dass so etwas halt einmal passieren kann oder der andere es vielleicht eilig hat.

Um uns zu vergegenwärtigen, dass andere Menschen auch in einer Welt leben, in der sie mit widrigen Umständen konfrontiert sind, und dafür ein wenig Respekt aufzubringen, fehlen uns Zeit und Geduld. Und es fehlt der Wille zur Verbeugung – ein Egoproblem. Sich zumindest theoretisch vorzustellen, dass der andere einfach auch nur ein Mensch ist – ist das zu viel verlangt? Oder zu banal? Wie ist es möglich, dass die Menschen in einer der erfolgreichsten und wohlhabendsten Leistungsgesellschaften der Welt einen solchen Umgang miteinander pflegen? Der Virus der Entfremdung und der distanzierten Abwehrhaltung überträgt sich schnell in einem respektfreien Raum.

Das Ziel – gibt dir den Sinn zurück

Als die fünfzehnjährige Marion die Prüfung für ihren Schwarzen Gürtel, den 1. Dan ablegte, musste sie auch – wie jeder, der das tut – ihren ersten Bruchtest bestehen. Das schmächtige und etwas schüchterne Mädchen war eine hervorragende Taekwondo-Kämpferin. Akin und die anderen Jungs hatten besonders vor ihrer Schnelligkeit Respekt, und im Freikampf gewann sie nicht selten.

Der Meister erzählte mir einmal, wie Marions Mutter sechs Jahre zuvor mit dem völlig verschüchterten Mädchen zu ihm gekommen war und ihr Kind nicht von der Hand lassen wollte. Er hatte sie gefragt: »Wie soll ich mit deiner Tochter arbeiten, wenn du sie immer an der Hand hältst?« Daraufhin hatte die Mutter beschlossen, ebenfalls Taekwondo zu trainieren. Doch wie sich bald herausstellen sollte, wollte sie damit nur ihre Tochter beaufsichtigen. Den Zahn musste ihr Meister Ko ziehen: »Entweder du trainierst für dich und lässt dein Kind so trainieren, wie es will, oder ihr müsst gehen!« Die Mutter hat seitdem einiges an Gewicht verloren und das Taekwondo als Leidenschaft für sich entdeckt. Und die kleine Marion hat einen großen Teil ihrer Schüchternheit überwunden.

Als ich sie dann allerdings eines Tages vor ihrem ersten Bruchtest so dastehen sah, wurde mir etwas mulmig zumute: Konnte dieses zierliche Mädchen wirklich ein Brett durchschlagen? Auch Akin stand neben mir unter den Zuschauern. Ich glaube, er war ein wenig verliebt in Marion. Jedenfalls bat er mich, ihr die Daumen zu drücken. Ich weiß, wie weh es tut, wenn man mit der Handkante auf einem Brett auftrifft, es aber nicht durchschlägt. Es schmerzt mörderisch. Es ist so, als haute jemand einem mit voller Wucht mit einem Brett auf die Hand.

Beim ersten Hieb kniff Marion ihre Lippen fest zusammen. Es knallte durchdringend, doch das Brett war nicht entzwei.

Der Meister sagte laut: »Marion, du sollst das Brett nicht schlagen, du musst es durchschlagen!«

Das Mädchen sah sich schüchtern um. Wir alle fingen bereits an, mit ihr zu leiden. Allen voran ihre Mutter, der bereits die Tränen in die Augen geschossen waren. Der Meister warf ihr einen eisernen Blick zu. So blieb sie, wo sie war. Marion knetete ihre schmerzende Hand, und der Meister sagte: »Noch einmal, du kannst es!«

Marion schlug mit ihrer kleinen Hand noch einmal zu. Wieder nichts. Und noch einmal. Und noch einmal. Beim vierten Mal kullerten ihr vor Schmerz die Tränen die Wangen herunter. Es war klar, dass sie nicht mehr lange so weitermachen konnte. Der Meister erhob sich und ging zu ihr hinüber. Er sprach leise und machte ihr vor, in welche Position sie sich stellen und wie sie ausholen sollte. Dabei deutete er immer wieder auf einen unsichtbaren Punkt weit unterhalb des Brettes.

Als Marion das nächste Mal zuschlug, schrie sie so laut, dass es mir durch Mark und Bein ging, und das Brett flog in zwei Hälften durch den Raum. Ich habe selten ein Kind so strahlen sehen! Wir klatschten und riefen Bravo. Marion sprang jubelnd in die Luft: »Ja, ja, ich weiß jetzt, wie es geht!«

Meister Ko fragte sie: »Und die Hand? Tut noch weh?« Marion blickte verdutzt auf ihre Hand und schüttelte den Kopf.

Beim Bruchtest wählt der Meister das passende Brett für seinen Schüler oder bei fortgeschrittenen Erwachsenen gleich mehrere Bretter aus. Er legt sie aufeinander und stapelt sie auf zwei seitlichen Stützen. Nun soll sie der Schüler mit verschiedenen Techniken durchschlagen: mit der Handkante, mit der Faust oder mit dem Fuß durch einen hohen Kick. Bei letzterer Variante werden die Bretter von mehreren Schülern so hochgehalten, dass man sie mit einem hohen Fußkick zerschmettern kann. Das Durchschlagen in dieser Position ist besonders schwierig. Einerseits ist ein präziser, hoher Rundkick erforderlich. Andererseits gibt das Brett beim Auftreffen des Fußes nach, weil die Haltenden es niemals völlig festhalten können. Das erfordert höchste Konzentration.

Das Problem bei jeder Übungsvariation ist die Zielsetzung. Anfänger begehen oft den Fehler, dass sie das Brett für das Ziel halten und nicht das Durchschlagen. So hauen sie auf das Brett drauf, statt es durchzuschlagen. Die Folgen sind große Schmerzen in der Hand. Wenn es aber das Ziel ist, das Brett nicht nur zu treffen, sondern es durchzuschlagen, so muss man sich innerlich vorstellen, ein ganzes Stück tiefer zu treffen. Deswegen hatte der Meister Marion einen imaginären Punkt unter dem Brett gezeigt. Das Ziel muss weit hinter dem Brett sein. »Durchschlagen« bedeutet letztlich, mit der Hand erst ein Stück dahinter anzukommen! Zudem wird beim Bruchtest ein Kampfschrei ausgestoßen. Er verscheucht die Furcht und störende Gedanken. Dabei werden Geist und Körper in Harmonie gebracht. Durch die beim Schrei ausgelöste Zwerchfellanspannung entsteht die Fähigkeit, sich in einem Maße zu fokussieren, dass man das Brett tatsächlich durchschlagen kann.

Der Griff nach einer Tasse Tee

Vergegenwärtige dir immer: Ohne Ziel gibt es keinen Weg. Und ohne Weg kein Ziel. Dieses Prinzip sollte bei deiner Lebensplanung und im täglichen Leben immer wieder überprüft werden. Es ist unbedingt notwendig, ein zentrales Lebensziel zu haben. Ich weiß aus eigener Erfahrung, wer meint, er könne ohne Ziele leben, der wird sich eines Tages inhaltsleer fühlen.

Der berühmte Ausspruch von Lao-Tse »Der Weg ist das Ziel« bedeutet nicht, dass man sich nur noch auf den Weg konzentrieren soll und alles andere vergessen darf. Er ist kein Freibrief zum Faulsein. Er ist im Gegenteil ein Weckruf für all jene Menschen, die auf Grund ihrer Wünsche, Träume und des Lärms um sie herum die Gegenwart nicht mehr wahrnehmen. Er rückt das Wichtigste ins Licht, was wir im Leben haben: den jetzigen Moment. Außer diesem Moment im Hier und Jetzt gibt es schlicht nichts wahrzunehmen. Dieser Moment ist unsere existierende Wirklichkeit. Er ist die einzige Koordinate, die wir haben. Doch man muss es erst einmal so weit bringen, in aller Ruhe bei diesem Moment anzukommen und bei ihm aufmerksam verweilen zu können. Allein das ist bereits ein großes Ziel.

Die typisch großen Ziele wie beispielsweise finanzieller Wohlstand, Familienglück und Gesundheit reichen niemals aus, um dort anzukommen, wo wir hinwollen. Was ist, wenn wir das erreicht haben? Ich kenne unzählige Menschen, die sich sogleich wieder nach einem neuen Ziel umgesehen haben. Ebenso ist es mit den kleinen Zielen: Wenn du etwas einkaufen gehen willst, so ist das zwar ein Ziel. Sich morgens zu waschen oder etwas Wohlschmeckendes zu kochen ist ein Ziel. Aber was ist dann? Wir alle kennen die Tristesse mancher Wochenenden, an denen man sich von einem kleinen Ziel zum nächsten hangelt: Eine Verabredung, etwas waschen, eine Erledigung, dazwischen kleine gähnend leere Zeiträume. Irgendetwas stimmt nicht, denn uns fehlt das Bewusstsein für das, was vor sich geht. Unser Leben ist vollgepflastert mit Zielen, die nicht nur von uns selbst entschieden werden. Sie ergeben sich automatisch durch unsere Teilnahme am gemeinschaftlichen Leben. Und unser Tun, um diese kleinen Ziele zu erreichen, ist allzu oft ebenfalls automatisch. Das wirkliche Ziel, das wir erreichen müssen, liegt allerdings in uns selbst. Es ist ein Leben in glücklicher Zufriedenheit mit sich selbst und den anderen.

Anlässlich einer Teezeremonie während der Koreareise lernte ich es allen Ernstes, grünen Tee zu lieben. Damit hätte ich nie gerechnet. In meiner Vorstellung konnten nur besonders fanatische Gesundheitsapostel dieses Gebräu zu sich nehmen. Deswegen war es noch nie mein Ziel gewesen, ihn auch nur auszuprobieren. Die Zeremonie fand auf einer idyllischen Teefarm inmitten der koreanischen Berge irgendwo zwischen Seoul und Busan statt. Durch riesige Fenster konnte man in alle Richtungen auf die Hügelketten schauen. Die Atmosphäre in dem Zeremonienraum hatte beinahe etwas Kirchliches. Vor Betreten des Saals hatten wir die Schuhe ausgezogen, instinktiv senkten wir unsere Stimmen. Während wir den mit lieblicher Stimme vorgetragenen Anweisungen einer Zeremonienmeisterin lauschten, saßen wir auf Bodenmatten um einen winzigen Holztisch. Dann kredenzte mir Chy-Eun mit langsamen Bewegungen und großer Aufmerksamkeit ihren grünen Tee. Dabei stellte ich überrascht fest, dass man echten grünen Tee mehrmals aufgießen kann und ihn jeweils nur einige Sekunden lang ziehen lässt. Bei der Zeremonie verlangsamte sich die Zeit. Meine Aufmerksamkeit hing mit einem Mal an jeder Nuance des Geschehens. Jeder klitzekleinsten Bewegung kam die absolute Konzentration zu. Plötzlich ließ Chy-Eun aus Versehen ihren Löffel fallen und verspritzte ein paar Tropfen. Wir beide mussten herzlich lachen. Aber Chy-Eun ließ sich nicht beirren, wischte die Kleckser bedächtig auf und fuhr dann wieder äußerst konzentriert fort, den Tee zuzubereiten. Schließlich blieb die Zeit fast stehen, und ich schaute auf. Das war der Moment! Wir befanden uns mit unserer Aufmerksamkeit nur und ausschließlich in dem Moment, in welchem der Tee fertig war. Es gab kein Davor und kein Danach. Das Ergebnis war so köstlich, dass ich gleich mehr wollte.

Die Teezeremonie symbolisiert das Ziel und seinen Weg dorthin. Das Ziel selbst ist nicht nur, dass ein fertiger Tee dasteht. Er soll nicht nur schmecken, sondern derjenige, der ihn trinkt, soll sich bereits während der Zeremonie entspannen und sich beim Trinken wohlfühlen. Der Weg dorthin führt wie ein Trichter in den Moment des Hier und Jetzt und zu einer Begegnung mit dem Herzen eines anderen Menschen. Es dreht sich nicht mehr darum, es möglichst gut zu machen, möglichst perfekt oder besser als der andere. Ähnlich wie beim Bruchtest steckt hinter dem gemeinsamen Teetrinken ein viel wichtigeres Ziel: die Berührung mit dem Leben.

Am selben Tag zelebrierte ich selbst noch eine weitere Teezeremonie mit einem Trainingsfreund, mit dem ich mich am Vortage bei einem Training gestritten hatte. Wir hatten uns wegen einer Kleinigkeit ereifert – es hatte sich um etwas so Unbedeutendes gedreht wie die Frage, wer welche Kampfweste anziehen sollte. Seit dem Vorfall hatten wir nicht mehr miteinander geredet. Als wir uns aber in der Zeitlosigkeit der Teezeremonie begegneten, fiel die Mauer des Grolls zwischen uns in sich zusammen. Wir sahen uns in die Augen. Ich trank von seinem und er von meinem Tee. Dabei grinsten wir uns von einem Ohr bis zum anderen an.

Bereits der Griff nach einer Tasse Tee ist ein Ziel, das wohldurchdacht sein muss. Es mag vielleicht lächerlich klingen, aber selbst in solch kleinen Handlungen spiegelt sich wider, wie zielbewusst und dennoch aufgeschlossen man für das momentane Geschehen ist. Ähnlich wie bei einem Taekwondo-Kampf zeigt sich dabei, wie geübt man ist und wie gut man improvisieren kann. Es sind sehr viele kleine Bewegungen auszuführen, und es kann immer etwas Unvorhergesehenes eintreten. Wenn die Tasse Tee zu heiß ist, kann es sein, dass die Hand sie reflexartig fallen lässt. Oder dass sie zittert und der Tee überschwappt, auf den Anzug kippt. Ziele zu haben zählt zu den Grundwerten unseres Lebens. Wenn du kein Ziel hast, wirst du nicht vorwärtsgehen. Es wird kein Tee am Ende dabei herauskommen. Der Griff zur Tasse Tee mag eingeübt sein, und wir lassen ihm daher allzu oft nicht unsere volle Aufmerksamkeit zukommen. In solchen Automatismen zerrinnt unser Leben. Wir vergeuden die wunderschönsten Erlebnisse, nur weil uns die gewohnten Dinge nicht mehr interessieren. Wir lähmen uns mit unseren automatisierten Handlungen. Wir gaukeln uns Bewegung, Aktion und Engagement vor und wundern uns, dass wir immer über das Gleiche reden. Es ist kein Wunder! Es fehlt ein Ziel. Wenn bei der Teezeremonie nicht klar wäre, dass der Tee schmecken und am Ende jemandem gereicht werden muss, würde die ausführende Person möglicherweise laufend neuen Tee aufgießen und ihn auf der Seite abstellen. Das Ziel, Tee zuzubereiten, beinhaltet, ihn anschließend zu trinken und danach wieder alles aufzuräumen. Ein Ziel braucht zunächst die Anerkennung, ein solches zu sein.

Die Dringlichkeit des Ziels

Die Fokussierung eines Ziels in meinem Leben war für mich lange Zeit ein Buch mit sieben Siegeln. Ich hatte sowieso keine Ahnung, was es eigentlich bedeutet, ein Ziel zu haben. Ich kannte Ziele lediglich von der Zieleingabe in ein GPS-Gerät oder aus Kriminalfilmen, wo auf konkrete Ziele geschossen wurde. Niemand hat mir jemals davon erzählt. So tat ich, was mir gerade einfiel. Ich verfolgte bestimmte Ideen und hoffte auf eine warm sprudelnde Geldquelle. Ich dachte niemals darüber nach, in was für einer Welt ich leben würde, wenn ich diese Ideen verwirklichen würde. Ich warf mich in den Strom des Lebens, doch dabei hatte ich nie so richtig den Eindruck, ein Ziel zu erreichen. Mir fehlte ein inneres Ziel. Ich ließ mich treiben und verwechselte die Verführungen auf diesem willkürlichen Weg mit Zielen. Als meine Mediengeschäfte anfingen, mir auf die Nerven gingen, ließ ich mich vom Strom meines Lebens zu den spannenden Seminaren der Sinnsucher in die hinterletzten Winkel dieser Welt locken. Ich machte nebenher die Therapieausbildung und reiste nach Indien zu den Gurus oder auch in die USA zu Menschen, die sich der Arithmetik des Gewinnens verschrieben hatten. Ich tauchte in Kiew in die bizarre Welt geldfanatischer Geschäftemacher ein und versuchte im brasilianischen Amazonas-Gebiet, in der Holzhandelsszene Fuß zu fassen, fasziniert von den Versprechungen Einheimischer, mit dem kontrollierten Abholzen und Aufforsten von Ipè-Bäumen dem Dschungel helfen und gleichzeitig viel, viel Geld verdienen zu können. Eine Zeit lang bildete ich mir sogar ein, dass es sinnvoll sein könnte, in Kuba in den Zigarrenhandel einzusteigen.

Wenn es mir gefiel, machte ich irgendwo ein wenig mit. Wenn nicht, beließ ich es beim Schnuppern. Es konnte damals leicht geschehen, dass mich die Aussicht auf ein wenig mehr Ruhm und Erfolg von einer gerade erst eingeschlagenen Bahn abbrachte. Meine Ziele waren austauschbar. Meine Projekte waren meine private Casting-Show: Jeder Auftrag war nur so lange interessant, bis ein besserer daherkam. In Wirklichkeit hatte ich überhaupt keine Ziele. Ich ließ mich nur verführen. Mal hierhin. Mal dorthin.

Es dauerte Jahre, bis mir auffiel, dass ich mich in Wirklichkeit nur um die eigene Achse drehte. Je besser ich die Welt kennenlernte, desto mehr hatte ich das Gefühl, als wäre überall alles gleich. Das Mekka meiner Begierde – das absolute Superprojekt oder ein atemberaubendes Erlebnis, das alles verändern würde – blieb mir selbst im entferntesten Winkel der Welt verschlossen. Ich kam nirgendwo an. Mir fing an zu dämmern, dass die Ähnlichkeit, die mir überall ins Auge fiel, ihre Ursache in mir selbst hatte: Ich sah alles durch meine eigene Brille und ließ nichts wirklich an mich heran. Ich war mir meiner Erlebnisse gar nicht wirklich bewusst. Ich registrierte zwar alles, aber nur im Rahmen meiner standardisierten Wahrnehmungsraster. Meine schnell variierenden äußeren Ziele brachten mich nicht weit. Sie taten nach einer Weile sogar weh, so, als würde meine Hand auf ein Brett auftreffen, ohne es durchzuschlagen.

Das wirkliche Ziel kommt von innen, nicht von außen. Vergiss einmal – ganz kurz nur – deine Vorstellungen vom Reichsein, vom Berühmtwerden oder ähnliche Visionen. Geh tief in dich hinein, spüre, wie allein du dort bist und wie wenig einsam du dich nichtsdestotrotz fühlst. Vergleiche diese Wahrnehmung mit dem Gefühl, das du mitten unter Menschen empfindest, wo du nicht allein bist, aber doch unglaublich einsam sein kannst. Innen liegt dein Ziel. Es ist eigentlich ganz einfach. Innen ist so viel klar. In dir drin bist du ziemlich bedürfnislos. Denke einmal von innen heraus über dein Leben nach: Brauchst du wirklich viel mehr, als Zufriedenheit und ein gutes Auskommen mit den anderen um dich herum? Von innen heraus bestimme einmal, was du wirklich brauchst, von all dem, was du ständig kaufst, willst, noch nicht hast, erreichen willst und scheinbar dringend haben musst. Vergegenwärtige dir, dass dein Leben im nächsten Moment vorbei sein könnte. Wie willst du von den letzten Momenten aus auf dein Leben zurückblicken? Fühlst du dich glücklich, wenn du lauter tolle

Projekte realisiert hast? Es wird dir sinnlos erscheinen. Wenn du es aber geschafft hast, in deinem Inneren zufrieden zu sein, dort, wo du mit dir selbst nicht einsam bist, dann wird dich auch im letzten Moment deines Lebens noch ein glückliches Lächeln erfüllen. Es wäre wichtig, noch zu Lebzeiten bei diesem Ziel anzukommen.

Wertvernichtung durch Ziellosigkeit

Es ist ein Missverständnis, dass ein Weg auch ohne ein Ziel existieren könnte. So aber kommt mir unsere Gesellschaft vor. Wohin soll's denn gehen? Weiß das irgendwer? Wir sind zwar auf einem Weg, aber zu welchem Ziel? Es existiert keines. Deswegen stehen wir mitunter ratlos oder gelangweilt herum. Das ist einer der Gründe für unseren Konsumexzess. Er ist reine Kompensation für unsere Ziellosigkeit. Wir kompensieren die Sinnlosigkeit unseres Daseins mit Kaufen und höhlen die Welt damit immer weiter aus.

Kauf doch einfach einmal nichts! Die Wirtschaft wird schon nicht gleich zusammenbrechen. Die Hersteller werden schnell neue Produkte entwickeln, vielleicht endlich einmal solche, die du wirklich brauchst. Oder eines der vielen überflüssigen Produkte wird einfach nicht mehr hergestellt. Unsere Wirtschaft steht ohnehin auf tönernen Beinen. Wir haben ja gesehen, wie leicht sie einknicken können. Gestern noch erreichte uns eine Meldung, wie unglaublich toll es aufwärtsgeht, und heute bricht die Weltwirtschaftskrise aus.

Es ist grotesk, dass wir zum Konsum abstruser Produkte verführt werden müssen. Viele dieser Objekte unserer Begierde sind schon unmittelbar nach dem Kauf fast nichts mehr wert. Stell dir einmal das Ziel hinter deinem Kauf vor! Was für einen Sinn macht es, für 100 Euro ein Produkt zu kaufen, das gleich darauf nur noch 50 wert ist, falls man überhaupt einen Käufer dafür findet? Das Produkt muss schon einen ungeheuren Nutzwert haben, damit so ein Kauf einen Sinn macht. In unserer wahllosen Konsumsucht betreiben wir ununterbrochen Wertvernichtungen dieser Art. Der Blick hinters Kaufziel wird dir schnell klarmachen, ob du wirklich haben willst, wonach dich im Augenblick dürstet. Stell dir vor, wie du dich nach dem Kauf mit dem Produkt fühlst. Ist das Produkt wirklich wichtig bzw. macht es so viel Spaß, oder stellst du es demnächst wieder in den Keller? Aber sei ehrlich zu dir selbst. Stelle dir vor, wie viel Geld du verloren hast, welche Umstände dir die Verwaltung und der Gebrauch des Produktes machen werden. Oft kostet selbst das Entsorgen noch ein Heidengeld. Lohnt sich das alles? Überlege auch, wie das Produkt hergestellt worden ist: Wurde damit die Umwelt geschädigt und willst du das unterstützen? Werden andere Menschen durch die Herstellung des Produktes geschädigt? Verlieren oder gewinnen sie dadurch Arbeit? Schärfe dein Bedarfs-Bewusstsein, wenn du einkaufen gehst, und vergleiche es mit deinem inneren Ziel.

Indem wir unser Bewusstsein schärfen, zum einen für die Art und Weise, wie wir konsumieren, aber auch für die Ziele, die wir daran koppeln, können wir eine Veränderung dieser Welt unterstützen. Wenn wir etwas nicht mehr kaufen, wird es nicht mehr hergestellt. Wenn wir eine Partei nicht mehr wählen, verliert sie Stimmen. Wenn wir gar keine Parteien wählen, wird endlich unsere Orientierungslosigkeit auffallen. Sie könnte schmerzhaft auffallen und Anstoß zu einer Weiterentwicklung geben. Auch das aktive Nichtwählen ist insofern eine integre Option für politisch denkende Menschen.

Solange keine gemeinsamen Ziele existieren, besteht auch keine Verpflichtung an einer Teilnahme. Die fatale Ziellosigkeit in unserer Gesellschaft ist eine der Ursachen für den Verlust der Werte. Die Existenz eines Weges bedingt, dass es ein Ziel geben muss. Wenn wir uns das vergegenwärtigen, konsumieren wir anders. Dann leben wir anders, motivierter, zielgerichteter. Die eigenen Aktionen lassen sich besser beurteilen. Ohne Ziel werfen wir uns selbst weg.

Glaube – die Triebfeder deiner Motivation

Eines Tages nach dem Training kam Akin zu mir und schüttete mir sein Herz aus. Obwohl er sich eigentlich recht fließend verständigen könne, so erklärte er mir, habe er wegen der deutschen Sprache Probleme in verschiedenen Fächern. Unter anderem hapere es mit der Rechtschreibung. Der Junge hatte Angst, das Unterrichtspensum nicht mehr zu schaffen. Als wir allein in der Garderobe waren, zeigte er mir seine Schulbücher. Manche davon musste er sich mit seinen Geschwistern teilen, da seine Eltern es sich nicht leisten konnten, jedem Kind eigene Bücher zu kaufen. Die Möglichkeiten zu lernen, waren daher eingeschränkt. Dann sah ich seinen Laptop: Es war eines der ältesten Modelle, die mir je unter die Augen gekommen sind. Der Bildschirm fiel fast ab, und einige Tasten funktionierten nicht mehr. »Ich trau mich nicht, den noch jemandem zu zeigen!«, sagte Akin. In der Schule sei er deswegen bereits von einem Lehrer gehänselt worden: »Sehen so die Laptops in der Türkei aus?!« Akin lud auch keine Freunde mehr zu sich ein. Die wollten alle am Computer spielen, was ihm mit seiner Ausrüstung zu peinlich war. Im Training wurde er immer schlechter. Seine ehemals aufgeweckte Art, mit der er sich gerne ins Geschehen einmischte, wich einem resignierten Desinteresse. Er ließ sich komische Koteletten und einen eigenartigen Spitzbart wachsen, und sein Frust steigerte sich noch, als er bemerkte, dass sein neuer Look Marion überhaupt nicht gefiel. Bei gemeinsamen Übungen übertrug sich seine Unlust auf seine Partner.

Eines Tages während eines Übungskampfes rief der Meister laut »Stop« und bat Akin zu sich nach vorne. Er wollte wissen, was mit ihm los war. Akin schwieg zunächst verlegen, aber nach kurzer Zeit überwand er sich. Er erklärte dem Meister unter Tränen, dass er wegen seiner schlechten Leistungen vermutlich seinen Schulabschluss nicht schaffen würde.

Meister Ko fragte ihn: »Glaubst du, dass du es schaffen kannst, oder glaubst du es nicht?«

»Ich glaube es nicht. Die Lehrer glauben es auch nicht.«

»Dann wirst du es auch nicht schaffen. Du kannst es gleich lassen.« Der Meister machte eine lange Pause, die Stille im Dojang war ergreifend, und alle hielten den Atem an.

»Willst du das?«, fragte Meister Ko endlich.

»Nein, aber …!«

»O.k., dann entschließen wir uns also, dass du daran glaubst, einverstanden?«

»Ja!«

Daraufhin teilte der Meister einige Schüler dazu ein, Akin so zu helfen, dass es ihm wieder möglich war, an sich zu glauben. Akin lieh sich wenig später Geld und legte sich einen neuen Laptop zu. Er rasierte sich seinen Flaumbart ab, verliebte sich zum ersten Mal (und Marion auch in ihn) und schloss die Schule noch im gleichen Jahr mit ausgezeichneten Noten ab.

Glaubensnahrung

Allein zu glauben ist ein einsamer Weg. Überprüfe dein Umfeld, wenn du bemerkst, dass dir der Glaube abhandenkommt. Umgeben dich Menschen, die nicht genug an dich glauben? Gehe dorthin, wo es dir leichter fällt zu glauben. Umgib dich mit den richtigen Menschen. Überprüfe deine Kontakte. Achte darauf, ob die Menschen um dich herum an die gleichen Werte glauben wie du. Weiche nicht vor dir selbst aus. Vielleicht bist du selbst daran schuld, wenn du nicht glaubst. Drücke dich nicht vor einer möglicherweise schmerzhaften Einsicht. Manchmal ist man auch einem Irrglauben aufgesessen. Oder man hat zu wenig Mut.

Glaube hat viel mit Mut zu tun. Man kann sich aufraffen, kann sich selbst zum Glauben ermutigen, und manchmal springt der Glaube an wie ein Motor. Glaube ist die Triebfeder deiner Motivation. Selbst die besten Fähigkeiten nützen ohne Glauben nichts. Daran musst du beständig arbeiten. Justiere dein Leben deswegen so, dass du glauben kannst.

Du musst aber wissen, dass es Konsequenzen hat, wenn du deinem Glauben an etwas folgst. Es könnte sein, dass das, woran du geglaubt hast, Wirklichkeit wird. Überprüfe daher, ob du diese Wirklichkeit überhaupt willst. Was machst du dann? Und was machst du, wenn dein Glaube nicht zum Ziel führt? Es gibt Menschen, die jahrzehntelang erfolglos ein und derselben Idee hinterherrennen. Nicht selten beschädigen sie dabei ihr Leben, verlieren darüber viel Geld. Manche geben über ihren Glauben Job und Freunde auf.

Gib deine Selbstbestimmtheit nicht auf. Sich an den Glauben anderer anzuhängen oder stur an ein unerreichbares Ziel zu glauben, führt im gleichen Maße zur Selbstaufgabe, wie überhaupt nicht zu glauben. Überprüfe daher immer wieder deine eigenen Ziele. Sind sie selbstbestimmt? Vergleiche sie mit deinen Werten. Das erfordert bewusste Kontrolle. Besinne dich auf deine Erfahrungen und Fähigkeiten: Intuition, Intelligenz, Bewusstsein, Kreativität und Disziplin sind nur einige davon. All dies steht dir bereits zur Verfügung.

Du weißt und kannst mehr, als du denkst. Unterschätze dein Potenzial nicht. Wenn du nur dein Wissen betrachtest, hast du schon allen Grund, an dich zu glauben, denn dein Wissen ist unermesslich, ganz unabhängig davon, wie viel du in deinem

Leben studiert, gelernt, gelesen hast. Jeder Mensch besitzt einen immensen Wissensschatz. Umgangssprachlich wird er of als gesunder Menschenverstand bezeichnet.

Auch deine Fantasie zählt zu deinen ureigensten Fähigkeiten. »Fantasie ist wichtiger als Wissen. Denn Wissen ist begrenzt!«, rief einmal einer der bedeutendsten Physiker der Welt aus, nämlich Albert Einstein. Und der indische Weise Ramana Maharshi ging sogar noch weiter. Er erkannte, dass angelerntes Wissen auf dem Weg zu einem glücklichen Leben auch hinderlich sein kann, und zwar dann, wenn man sich daran festklammert: »Ein Gelehrter muss die vielen Zweifel und Verzweiflungen von sich abtun, die aus vielen Schriften, die er gelesen hat, vor ihn hintreten. In der Tat gibt es ein Stadium in der persönlichen Entwicklung, wo alles darauf ankommt, dass er sich bemüht, zu vergessen, was er gelesen hat.« Das bedeutet natürlich nicht, dass Lernen und Studieren falsch ist. Im Gegenteil: Das Leben ist Lernen. Doch bedeutet das nicht, möglichst viel Wissen anzuhäufen, in etwa so, wie viele Menschen Geld auf einem Konto ansparen. Studieren ist nicht »Wissen sammeln«. Es bedeutet, dass man sich in den Bereichen weiterbildet, für die man Interesse hat und die man zielgerecht für die eigene Weiterentwicklung anwenden kann. Lernen dient auch der Inspiration. Glaube hat mit dem Selbstbewusstsein für das eigene Pozential zu tun. Er begründet sich in Erfahrungen und Erkenntnissen über dich selbst, sie sind deine Nahrung und stärken dein Potenzial.

Feinde des Glaubens

Auf der Schauspielschule hatte ich eine Schuldirektorin, die mich oft in einer unerträglichen Weise kritisierte. Ihre Art war verletzend, sie mochte mich einfach nicht. Nichts war ihr recht. Ich studierte tagaus, tagein Rollen und Monologe ein, trainierte Körper und Stimme für mein zukünftiges Leben. Dabei gewann ich meine Leidenschaft, zu spielen, aus meinem Hang zu Kaspereien. So kam ich in Fahrt, und so machte es mir Spaß. Wenn die Direktorin mit ihren Krähenfalten um die Augen dann anfing, auf ihren Lippen herumzukauen, wusste ich, dass es wieder losgehen würde. »Es reicht! Wir sind ein seriöses Institut, kein Klamaukverein!«

Manchmal war ich den Tränen nahe, und zeitweise fiel es mir quälend schwer, überhaupt weiter in diese Schule zu gehen. Ich hasste nichts mehr, als die Unterrichtsstunden bei dieser Frau.

Ich muss gestehen, dass etwas in mir sich sogar freute, als ich viel später hörte, dass sie auf eine ziemlich erbärmliche Weise umgekommen war. Es war eine klammheimliche und mich sehr verstörende Freude, die da Jahrzehnte später in mir aufloderte. Ich hatte tagelang Alpträume von Erlebnissen aus der damaligen Zeit. Und ich war entsetzt, dass ich selbst nach so vielen Jahren immer noch nicht über die traumatischen Erfahrungen meines Schauspielunterrichts hinweggekommen war. Mir wurde bewusst, dass ich meinen Glauben an den Schauspielberuf in Wirklichkeit bereits verloren gehabt hatte, ehe ich ihn überhaupt richtig ausüben konnte.

Vielleicht dauerte meine Karriere deswegen nicht sonderlich lange. Ich spielte ein paar Mal einen Drogenfahnder, einen Hippie oder andere skurrile Typen. Es kam so gut wie nie vor, dass in meiner Rolle nicht mehr herumgestrichen wurde, nachdem ich den Text bereits gelernt hatte. Der Schauspielalltag hatte viel Frustrierendes, Schales an sich. Irgendwann ging ich lieber jobben und hielt nach einem neuen Beruf Ausschau.

Dieses Erlebnis war wie ein Muster. Ich kannte solche Entmutigungen bereits von früher und sollte sie auch später immer wieder erleben. Ursprünglich hatte ich Pianist werden wollen. Nur war ich leider an eine Professorin geraten, die mir immer mit dem Dirigentenstab auf die Finger klopfte, wenn ich Fehler machte. Das tat sie so lange, bis ich mich eines Tages nicht mehr an ein Klavier setzen wollte. Ich ging einfach nicht mehr hin und vergaß das Klavierspielen über Jahre hinweg vollständig. Selbst wenn ich mich heute ans Klavier setze, spüre ich wie damals den mangelnden Glauben an mich selbst, obwohl ich gar nicht schlecht gespielt habe.

Das wichtigste Projekt in meinem späteren Leben war ein internationaler Spielfilm, an dem ich jahrelang arbeitete. Ich hatte mir in den Kopf gesetzt, über die verstorbene Prinzessin Diana einen guten Film zu produzieren. Aber auch hier hatte ich mit dem Problem des Glaubens zu tun: Alle fanden mein Vorhaben spektakulär, aber niemand wollte mitmachen, weil es jedem zu riskant erschien. Auf der gesamten Welt fand ich genau einen einzigen Geschäftspartner, der an mich und meine Idee glaubte. Der Geschäftsmann wurde ein guter Freund. Dank der inspirierenden Gespräche mit ihm und seiner Hilfe gelang es mir, meinen Glauben an das Filmprojekt selbst in Perioden aufrechtzuerhalten, in welchen ich mit einem Bein bereits im finanziellen Ruin stand.

Wenn du beim Golfschlag Zweifel hast, wirst du den Ball auch nach 100 Trainerstunden nicht richtig treffen. Es ist ein Glaube an sich selbst vonnöten, und wer ihn nicht aufbringt, wird dabei scheitern. Allein die vage Hoffnung, dein Talent, ein teurerer, modernerer Schläger oder die optimale Kleidung könnten dich zu einem trefflichen Abschlag des Balls befähigen, reicht nicht aus. Man kann dieses Phänomen bei vielen Kindern beobachten, die hoch versorgt aus besten Elternhäusern kommen: Sie haben nie gelernt, selbst Glauben an sich aufzubringen. Daher führen viele von ihnen später ein eher anspruchsloses Leben, für das sie nicht viel Glauben brauchen.

Den Golfball richtig zu treffen, hat nichts damit zu tun, ob du ein Meister bist, ob du viel geübt hast oder ob du noch nie Golf gespielt hast. Selbst wenn du ein Golfgenie bist, wirst du größte Probleme haben, den verdammten Ball zu treffen, wenn du nicht hundertprozentig daran glaubst. Das gilt für alle Lebenslagen: Ganz gleich, was du tust, du musst daran glauben – andernfalls kannst du dir die Mühe, es zu tun, von vorneherein sparen.

Der Glaube vieler Menschen in ihre Handlungen wird häufig von Vorbehalten gestört. Ein hundertprozentiger Glaube ist eine Seltenheit. Wie oft werden wir in unserem Tun von Zweifeln gestört, durch unsere Umgebung abgelenkt, von innerer Nervosität getrieben. Süchte und Lethargie, aber auch negatives Feedback, das man überall für seine Leistungen, seine Arbeit, ja sogar für seine gesellschaftliche Existenz bekommt, stellen weitere störende Faktoren dar. Unser Leben ist nicht mehr von diesem archetypischen Ursprungs-Mitgefühl geprägt, das beinhaltet, dass wir aneinander und an uns selbst glauben.

Im Taekwondo-Training habe ich gelernt, wie man aus Erfahrungen und praktizierten Fähigkeiten heraus seinen Glauben an sich selbst aufbaut, neu kennenlernt. Nur so konnte ich trotz meiner Ungeduld in kleinen Schritten Stück für Stück vorwärts kommen. Wenn Glaube und Übung Hand in Hand gehen, hast du an jedem Tag deiner Übung ein kleines Erfolgserlebnis. Für mich ist es zu einem der schönsten Erlebnisse geworden, bei jedem Training zu sehen, wie ich etwas dazulerne und etwas Neues verstehe. Der dadurch gewonnene Glaube überträgt sich auf mein Leben. Jetzt bemerke ich, dass ich auch im Leben in unzähligen kleinen Dingen pausenlos dazulerne. Das ist eine unglaublich schöne und befriedigende Erfahrung.

Die Erreichbarkeit des Glücks

Menschen, die ihren Glauben verloren haben, suchen ihr Glück auf verschiedene Weise. Der gemeinsame Nenner ist, dass ihr Glück immer außerhalb ihrer Reichweite liegt: Am Wochenende, auf einer Reise, im Ruhestand. Oder auch nur »später, wenn ich endlich hier raus bin«. Sie halten es nicht mehr aus in ihrer

Welt, in der niemand an sie glaubt, sich ihre Mitmenschen nur um sich selbst drehen und ihre Leistung von heute Morgen schon der Müll von gestern ist.

Solche Erlebnisse verletzen die Seele tief. Sie sind traumatische Erfahrungen. Manche Menschen bringen sich um, andere verzweifeln, und wieder andere ziehen sich zurück, wenn man so mit ihnen umgeht. Sie wissen nicht mehr, was sie glauben sollen.

Wie sollen Immigranten ihr Ziel erreichen, bei uns Wurzeln zu schlagen, wenn man ihnen nicht mit Glauben und Vertrauen, sondern mit Zweifeln, Abschätzigkeit, Feindlichkeit und Missgunst begegnet. Es wird ihnen schwerfallen, sich überhaupt ein Ziel zu stecken, das in unserer Gesellschaft verankert ist. Wo man nicht herzlich und respektvoll aufgenommen und begleitet wird, dorthin werden sich weder Ziel noch Glaube richten. Ich habe mich in meiner Schauspielschule immer wie ein hoffnungsloser Immigrant gefühlt. Glaube ist ein Wert, der – wie so viele Werte – auf Gegenseitigkeit beruht, und auf der Existenz von Zielen.

Du musst daran arbeiten, ruhiger zu werden. Lass dich nicht mehr so leicht stören von all dem schalen Trubel um dich herum! Sonst kann dein Bewusstsein nicht zu dir durchdringen. Versuche, selbstständig zu werden. Aber koppele dich nicht ab! Auch wenn du deine Umwelt unerträglich findest – du kannst sie nicht verschwinden lassen. Sie gehört zu dir. Auch die anderen Menschen sind ein Teil von dir. Viele Menschen machen den Fehler, sich auszuklinken, wenn sie keinen Glauben mehr aus sich schöpfen können und ihnen keiner mehr entgegengebracht wird, wenn ihnen der Mut verlorengeht und sie ihren Antrieb verlieren. Sie igeln sich ein und gehen mit Scheuklappen durchs Leben – immer in der Annahme, dass Glück und Zufriedenheit woanders sind als sie selbst. Versuche hinzusehen, woher die Zweifel an deinem Glauben kommen. Sie wurzeln in deinen Enttäuschungen. Vergegenwärtige sie dir, wenn du die Kraft dazu hast, aber dann lasse sie los. Mach dich von ihnen unabhängig und frei. Organisiere dein Leben neu, überdenke es und gehe dabei auch Risiken ein. Gehe ein erstes Mal um die Kurve, die vor dir liegt.

Nach meinem Meditationsseminar in den USA begann ich Wasserfälle zu malen, weil sie mich daran erinnerten, wie ruhig ich geworden war und wie wohl ich mich gefühlt hatte, als ich auf dem warmen Stein am Bach gesessen war. Doch jedes Mal, wenn ich vor einem neuen, weißen Bogen saß, verfiel ich in eine Art Panik. Vor mein eigentliches Ziel, ein Bild zu malen, schob sich ein dramatisches Problem: die Angst vor dem Weiß! Diese vermaledeite weiße Fläche wollte mir den Glauben rauben, dass ich sie jemals mit irgendwelchen Farbgebilden ausfüllen könnte. Ich hatte den Glauben an das Malen über der Angst vor diesem Weiß verloren. Zaghaft und mit der klammheimlichen Sicherheit in mir, ihn notfalls mit einer dunkleren Farbe wieder übermalen zu können, malte ich einen sehr hellen Strich auf das Blatt. Ich schaute mir den Strich lange an, missmutig schlich ich um das riesige weiße Blatt Papier herum. Zwischendurch kochte ich mir eine Kanne Tee. Ich trug mich schon mit dem Gedanken, alles in den Müll zu werfen und die Malerei bleiben zu lassen. Das Gefühl, das ich hatte, war wie die Angst vor einer obskuren Art von Berührung. Dann beschloss ich, durchs Feuer zu gehen. Ich machte einen Schritt auf das Blatt zu. Ich malte es einfach voll, ohne jeden Gestaltungswillen, einfach voll. Als ich fertig war, fühlte ich mich erleichtert: Die obskure Form von Angst vor dem Ungewissen war verflogen. So beschloss ich, in Zukunft immer erst einmal das Weiß verschwinden zu lassen, ehe ich mich an einen neuen Wasserfall wagte. Ich konnte mit der gespenstischen weißen Fläche plötzlich umgehen und begann wieder, an mein Malhobby zu glauben.

An meinem ersten Trainingstag im Taekwondo tat mir bereits der Gesichtsausdruck des Meisters gut. Respekt und Achtsamkeit tragen viel dazu bei, den Glauben eines anderen Menschen nicht zu irritieren. Die Achtsamkeit und auch das Wohlwollen und die Herzlichkeit der anderen Schüler im Dojang zerstreuten meine Zweifel hinsichtlich meines Vorhabens und halfen mir, meine hemmende Anspannung zu überwinden. Ich hatte plötzlich Platz für meinen Glauben, dass ich hier willkommen war, dass ich mich richtig entschieden hatte und mein Ziel erreichen könnte. Glaube braucht Platz und eine gute Umgebung.

Das Glück ist kein Flaschengeist

Nach meinem Unfall fing ich an, das Glück in meiner Nähe zu suchen. Auf den Spuren meines Glaubens und der Überreste meines Bewusstseins setzte ich mich während eines Indienurlaubes in den Sand und starrte hoffnungsvoll den kleinen Taschenkrebsen hinterher, die ununterbrochen in Bewegung waren und in ihren Löchern verschwanden, wenn ich nur hinsah. Sie hatten Angst vor mir, liefen immerzu weg und vergruben sich. In diesem Moment fiel mir auf, dass ich meine ganze Energie dafür aufwandte, um vor mir selbst wegzulaufen. Vieles von dem, was ich unternahm, tat ich nur, um mich nicht so zu fühlen, wie ich mich fühlte. Mit meinem Aktionismus überdeckte ich das Gefühl für mich selbst.

Warum verdammt noch mal konnte es nicht umgekehrt sein? Dass ich mich von Grund auf pudelwohl fühlte und ich nur manchmal ein Quäntchen Kraft dazu verwenden musste, etwas Unangenehmes abzuschütteln? Mit Freunden sprach ich über das Leben wie über ein Stück Holz, das man schnitzen kann. Nur um es nicht fühlen zu müssen. Dabei war es immer da, sofort greifbar. Ich benahm mich so, als wäre das Glück etwas, das man bändigen konnte wie einen Flaschengeist. Korken drauf und ab damit!

In diesem Winter aber, in welchem ich in Indien die Sonne suchte, spürte ich, dass ich eine Weiche stellen musste. Zu lange hatte ich getan, was die anderen von mir wollten. Ich hatte das Gefühl, dass mein gesamtes Dasein von den Aufträgen anderer abhängig war. Zu extrem waren die äußeren Erwartungen an mich geworden. Sie gerannen immer mehr zu einer weißen Malfläche, die mir Angst einflößte. Doch die höchsten Erwartungen hatte ich selbst an mich gestellt.

Ich beschloss, endlich mehr von dem zu machen, was ich wirklich wollte. Aber was um Himmels willen war das? Ich hatte schon so viel probiert! Alles, was mir in meinem Job gelungen war, hatte auf dem Erkennen von Koinzidenzen beruht, auf dem Aufgreifen von Zufällen. Meine Erfolge waren nicht das Ergebnis wirklicher Ziele gewesen oder eines Glaubens an mich selbst. Jetzt wollte ich beginnen, meine Zukunft bewusster zu steuern, am liebsten gleich wie ein Fahrzeug. »Gibt es einen Führerschein für die Zukunft?«, dachte ich, während ich mich zwang, einem kleinen, mich anstarrenden Taschenkrebs fest in die Augen zu sehen.

Die Abendsonne warf einen roten Schimmer auf das Wasser. Wie immer, wenn der Tag zur Neige ging, gesellten sich zu den wenigen Touristen an diesem Strand nun auch einige Einheimische. Hindus, Moslems und Katholiken wanderten friedlich nebeneinander umher. Überhaupt fiel mir auf, dass sie hier miteinander lebten, bunt gemischt, ohne dass sie über ihre gegenseitige Integration debattieren mussten. Die einen genossen es, bedächtig in ihren langen, hochgestülpten, gebügelten Hosen und karierten Hemden nach dem heißen Tag durch das lauwarme Wasser zu waten. Die anderen rissen sich die Kleider vom Leib und warfen sich in Badehose oder Bikini in die Fluten. Wilde Hunde tollten dazwischen herum. Ein paar Kühe suchten

in den Müllhaufen am Rand des Strandes stoisch nach Essens-
resten. Eine braun gebrannte ältere Schweizerin mit vom Wetter
zerfurchtem, aber strahlendem Gesicht hatte sich dazu bereit-
erklärt, mir das Fischen beizubringen. Wir standen bereits seit
Stunden bis zum Bauch im Wasser mit Angelfäden in der Hand,
und sie sagte zu mir: »Ich lebe nur von den Fischen, die ich jeden Tag fange.«

»Isst du sonst wirklich nichts, kein Gemüse?«

»Ein bisschen. Mein Mann und ich bekommen eine kleine
Rente. Ein paar Karotten und ein wenig Salat wachsen in dem
Garten unseres gemieteten Häuschens. Das reicht uns!«

Ich sah zum Strand hinüber und erblickte ein paar Jungs, wie
sie Äste und Gestrüpp durch den Sand zerrten. Damit wollten
sie für die Strandbuden ein paar Weihnachtsbäume für die be-
vorstehenden Feiertage basteln. Ich machte mich auf den Weg
den Strand entlang, mitten durch die kreuz und quer herum-
rasenden Taschenkrebse. In diesem Moment fühlte ich mich
wunschlos glücklich.

Glaube kommt nicht von einer Religion, sondern von dem Ent-
schluss zu glauben. Er wächst auf dem Willen, das Leben in die
eigene Hand zu nehmen. Er entsteht aus dem Wunsch, sich unabhängig zu machen von seinen inneren Dämonen und ungewollten äußeren Einflüssen. Der Glaube freut sich, wenn du mit
deinem Körper und deinem Geist ausgeglichen in Balance lebst.
Sein Paradies ist ein werthaltiges Leben. Er liebt die Verantwortlichkeit, und er braucht die Achtsamkeit. Versuch es. Du
weißt, wie es geht. Lerne dich besser kennen, und du wirst immer mehr von dem sehen, was du alles kannst und weißt. Entwickle ein Bewusstsein dafür, wer du bist. Schau dir dabei auch
die Seiten von dir an, die du weniger gerne ansiehst. Das wird
nicht einfach sein, denn du hast unzählige Mechanismen entwickelt, deine unangenehmen Seiten nicht wahrzunehmen.

Wenn du dich wirklich kennenlernen willst, musst du gewillt sein, an dir zu arbeiten. Dazu benötigst du Disziplin. Aber woran genau sollst du arbeiten, und womit sollst du anfangen? Der Berg, den du besteigen musst, erscheint in diesem Moment sehr groß. An dieser Stelle geben viele Menschen bereits auf. Sie begnügen sich damit, ein wenig in den Hügeln herumzuwandern. Dann versinken sie wieder in ihren alten Gewohnheiten. Der Berg wird nur so riesengroß und unbezwingbar, wenn du alles auf einmal erreichen willst. Setze einen Schritt nach dem anderen und verliere gleichzeitig nie das Ganze aus den Augen, denn alles hängt zusammen. Dein Bewusstsein kann das erfassen. Dein Leben ist deine Chance. Glaubst du an dein Leben? Glaubst du, dass du glücklich sein wirst? Glaubst du, dass du erfolgreich sein wirst? Oder all dies am Ende bereits bist!? Oder denkst du, alles findet woanders oder ein anderes Mal statt und immer ohne dich? Untersuche dich. Du hast dein Leben in der Hand. Du suchst das Glück. Glaube daran, dass du es finden kannst. Fange an!

In der Bhagavad-Gita, dieser wunderbaren, in Gedichtform verfassten Schrift des Hinduismus, rät der Gott Krishna seinem Freund Arjuna, bevor der in die Schlacht zieht: »Den Weg zu mir zu üben ist kinderleicht. Doch es ist notwendig zu glauben, sonst verfehlt man mich.« Nicht einmal der Griff zum Teelöffel geht ohne Glauben gut. Je stärker du an dich und alle anderen glaubst, desto glücklicher wirst du sein. Lebe ein werthaltiges Leben, so dass du an dich, deine Handlungen und dein Leben glauben kannst.

Aufgeschlossenheit und Toleranz – sind doch selbstverständlich

In den ersten Tagen während meiner Koreareise empfand ich mich wie ein Fremder in einer fremden Welt. Die Straßenschilder waren für mich völlig unleserlich. Die koreanische Sprache hatte keine Ähnlichkeit mit irgendeiner der Sprachen, die ich beherrschte. Das Essen war so scharf, dass ich bereits am ersten Tag Magenkrämpfe bekam. Ich nahm das Andersartige und Fremde überdeutlich wahr und fühlte mich unsicher, weil ich Angst hatte, etwas falsch zu machen. Trotz dieser Hilflosigkeit und Unsicherheit verschloss ich mich nicht, denn ich fühlte mich in dem Land gut aufgenommen wie ein gerne gesehener Gast. Überall begegnete man mir mit Herzlichkeit und Fürsorge, großzügig und hilfsbereit.

Bereits während meines ersten morgendlichen Spaziergangs durch den Seolleung-Park in der koreanischen Hauptstadt traf ich auf die neugierigen Blicke anderer Frühaufsteher. Am zweiten Tag nahm ich mir vor, mich mehr auf die herbstliche Farbenpracht der Laubbäume zu konzentrieren, als auf die einheimischen Spaziergänger, weil ich mit meinen neugierigen Blicken nicht aufdringlich wirken wollte. Ich war mir nicht sicher, wie man sich angemessen verhielt als Fremder in einer fremden Welt. Als ich einen kleinen Hügel neben den mit Gras bewachsenen Königsgräbern hochmarschierte, passierte es dann doch, dass meine Augen die einer Frau trafen, die hier bereits am Vortag ihre Stretching-Übungen gemacht hatte. Dieses Mal schaute sie mich nicht nur an, sondern sie lächelte auch. Ich war überrascht und fühlte mich ermutigt, mich weiter umzusehen. Jeder lächelte mich an diesem zweiten Tag an. Am dritten Morgen tauschten die anderen Parkgänger und ich bereits kurze Begrüßungen aus. Ein älterer koreanischer Herr sprach mich auf Englisch an, ob ich mich denn in dieser Gegend neu niedergelassen hätte. Nachdem ich ihm sagte, woher ich kam, empfahl er mir auf Deutsch ein paar gute Restaurants. Es stellte sich heraus, dass er in Deutschland Politik studiert hatte. Ich war tief berührt von der respektvollen und aufgeschlossenen Haltung, mit der man mir in Korea begegnete. Übrigens ist es mir während meiner Besuche in der Türkei, in Indien und in vielen anderen Ländern ähnlich ergangen.

Manöver des letzten Augenblicks

Ganz anders waren meine Eindrücke, wenn ich von meinen Reisen zurück nach Deutschland kam. Die Menschen wirkten auf mich starr, ausdruckslos und kalt. Sicher, in allen Ländern gibt es solche und solche Menschen. Aber ist es ein Zufall, dass gerade von uns Deutschen das Image der Gefühlskälte existiert? Zynismus und ein verschlossener, ja oft sogar feindlicher Gesichtsausdruck sind keine Seltenheit. Ansonsten ist es üblich, möglichst starr und nichtssagend dreinzuschauen und seine Umwelt am besten zu ignorieren. Wenn man irgendwohin unterwegs ist, betreibt man Kollisionsverhütung. Man schaut weg, auf die Straße oder zur Seite. Notfalls greift man schnell zum Handy, denn innerhalb der 10 bis 15 Kubikzentimetern Plastik und Metall tut sich immer was Besonderes. Ist man endlich daheim, eilt man zum nächsten Bildschirm.

Die reflexartigen Kopfbewegungen zweier fremder Menschen, die sich auf einem Gehsteig begegnen, erinnern mich an eine Regel zur Kollisionsverhütung in der Hochseeschifffahrt, das »Manöver des letzten Augenblicks«, ungefähr so: Jeder bringt sein Schiff auf Parallelkurs zum entgegenkommenden Schiff. Übertragen heißt das, man wendet sich voneinander ab, will nichts miteinander zu tun haben. Es könnte sonst eventuell zu einer Begegnung kommen, was bei unseren degenerierten Umgangsformen einer Meteorenkollision gleichkäme. Es könnte zu einem ungewollten Aufeinandertreffen kommen, und das auch noch ohne Vorcheck im Chat- und Twitter-Space!

Keine Angst, ich fordere nicht, dass auf der Straße jeder jeden anlächelt. Das könnte am Ende in Stress ausarten und zu sehr auf die Mundmuskulatur gehen. Doch als Experiment wäre es nicht schlecht: Einmal pro Woche wird Anlächeln verordnet. Freundlich anzulächeln ist jeder, der einem über den Weg läuft, auch diejenigen, die einen nicht anschauen. Es wäre interessant, zu sehen, was passiert: Vermutlich würde eine Welle der Heiterkeit durch die Straßen schwappen. Es würden sich Gespräche entwickeln oder positive Gefühle einstellen. Ich vermute, wir würden uns nicht mehr nebeneinander, sondern miteinander fühlen. Ausländer würden ohne große Anstrengung in unser Herz integriert werden. Ein solches Manöver wäre in jedem Fall aufregender als jenes des letzten Augenblicks. Warum gehen wir die Sache nicht mal mit etwas mehr Risikolust an der Kollision an? Wir sind nicht auf hoher See!

Toleranz – Durchlaufstadium zur Akzeptanz

Erst wenn wir selbst allen unseren menschlichen und organisatorischen Verpflichtungen als Gastgeber nachgekommen sind, können wir auch von unseren Gästen erwarten, sich im vollen Umfang nach unseren Werten und Maßstäben zu richten. Diese Pflicht bedeutet Aufgeschlossenheit des Herzens, Toleranz und ein aktives Engagement dafür, dass sich die Gäste wohlfühlen. Bekanntermaßen sind dies seit Jahrtausenden die Grundregeln einer guten Gastfreundschaft. Ebenso grundlegend ist es auch, dass die Gäste selbst alles Erdenkliche versuchen, um dem Gastgeber nicht unnötig zur Last zu fallen, und sich in seine Welt einfügen. Es kann nicht die Aufgabe des Gastgebers sein, im überproportionalen Maße für seine Gäste aufkommen zu müssen. Sie müssen selbst dafür sorgen, ihre Eigenständigkeit in ihrem Gastgeberland zu entwickeln. Dazu gehört eine maßvolle Anpassung an die Sitten und Gebräuche des Gastgebers und auch ein gewisses Interesse daran. Die Sprache seines Gastlandes zu praktizieren, in welchem man lebt, vor allem auch in Schulen und Ausbildungsstätten, ist eine Grundvoraussetzung. Doch es zählt auch zur Pflicht des Gastgebers, auf die sprachliche Schwierigkeit seines ausländischen Gastes Rücksicht zu nehmen. Es kann so weit kommen, dass der Gast für immer bleiben will und dass ihm dies die Gesetze des Gastgebers auch gestatten. Er erhält möglicherweise den gleichen Status wie der Gastgeber. Nun ist es am Gastgeber, den gleichgestellten ehemaligen Gast auch als gleichwertigen Mitbürger anzuerkennen und vollständig zu tolerieren, auch wenn er immer noch nicht hundertprozentig alle Sitten und Gebräuche des Landes angenommen hat. So muss sich das Land mit seinen neuen Bewohnern logischerweise mitentwickeln, was leider nicht ausreichend geschieht. Darauf gibt es unzählige Hinweise. So mindern beispielsweise bereits bestimmte subtile Formen ethnologischer Einstufungen im Sprachgebrauch den gleichwertigen Status ehemaliger Fremder, auf den sie als Eingebürgerte gleichwohl vollen Anspruch haben: Häufig verwendete Äußerungen, wie »der türkischstämmige Deutsche« oder: »der Deutsche Marco P. arabischer Herkunft« mögen in ihrer Sache zwar richtig sein und nicht unbedingt den Zweck der Diffamierung verfolgen. Doch der unbewusste Umgang mit solch sprachlichen Floskeln beschädigt eine würdige Integration. In manch einem Zusammenhang setzt er gleichwertige Mitbürger herab.

Die Fähigkeit zu einem aktiven, inneren Prozess der Akzeptanz hat nur der Mensch. Dieser Vorgang beschränkt sich allerdings nicht auf zelebrierte Toleranz und Aufgeschlossenheit. Er muss zur vollständigen und selbstverständlichen Akzeptanz führen, die sich in keinem Deut von der Einstellung gegenüber anderen unterscheidet. Hier kommt wieder der Glaube ins Spiel. Wenn wir an jemanden glauben, können wir ihn leichter akzeptieren. Doch ohne Glaube … – wir sehen ja, wie es bei uns aussieht. Unser Verhältnis zu den Immigranten und zu Gästen in unserem Land ist zerrüttet. Es fehlt an Aufklärung, an Zielsetzung und an Mitgefühl. Ohne die Akzeptanz unserer Gemeinsamkeit auf unserem begrenzten Raum wird es nie gehen. Toleranz kann in diesem Zusammenhang nur eine vorübergehende Haltung sein. Sie muss in vollständige Anerkennung münden. Sonst verkommt sie zur Grimasse.

Wenn ich ehrlich bin, geht mir Toleranz selbst oft auf die Nerven. Ich will auch gegen etwas sein können, auch kritisieren oder schimpfen dürfen. Wenn die Toleranz zum Zwang wird, wird sie unerträglich. Leicht führt sie dann dazu, dass sich in den Menschen etwas anstaut, was in einem bestimmten Moment verletzend herausbricht. Trotzdem empfinde ich Toleranz, ähnlich wie den Respekt, als Türöffner zu einem glücklichen und friedlichen Zusammenleben.

Ohne Aufgeschlossenheit geschieht keine Entwicklung nach vorne. Nirgendwo. Der Schritt nach vorne um die Kurve auf dem Weg wird schwerfallen, wenn man ihn mit Scheuklappen zurücklegen will. Vertragsparteien, die auch nach wiederholten Verhandlungen keinen Deut in Richtung Ziel weiterkommen, mangelt es an Aufgeschlossenheit. Und es fehlt an Toleranz. Das gilt für Schwierigkeiten in privaten Beziehungen, für wirtschaftliche Situationen ebenso wie für große politische Kämpfe, wie dem zwischen Israel und den Palästinensern und auch für das immer wieder problematisierte, aber nie wertorientiert angepackte Integrationsthema in unserem Land.

Wunderschöne Risiken

Es war lange Zeit mein Traumprojekt gewesen, den bereits erwähnten Spielfilm über Prinzessin Diana zu produzieren. Mein Interesse an dem Thema betraf insbesondere jenes unübersichtliche Geflecht aus Imagebildern, in dem sie sich verheddert hatte und aus dem sie sich nicht befreien konnte, obwohl ihr das Problem sehr wohl bewusst war. In meinem Job als Medienmanager arbeitete ich ja praktisch im Auge des Hurricanes herumwirbelnder Imagewelten. Da ich so oft auf Menschen traf, die ähnliche Probleme hatten, interessierte mich das Thema sehr. Immerhin hatte ich ja auch selbst immer wieder mit meinen eigenen Imageverhedderungen zu tun. Das Leben der englischen Prinzessin war für mich wie eine Metapher für jene Situation im Leben eines Menschen, in der die Bilder, die von ihm existieren, mehr Macht über ihn ausüben als seine reale Persönlichkeit. Ich begann Kontakte zu knüpfen, Drehbücher zu schreiben, Filmrechte zu kaufen. Nachdem ich eine beträchtliche Summe Geld ausgegeben hatte, musste ich mir deprimierenderweise eingestehen, dass es über diese Frau nichts Neues zu erzählen gab. Wer will sich einen Film über jemanden ansehen, über den jahrelang täglich geschrieben wurde? Irgendwann werden die meisten Menschen eines Themas einfach überdrüssig, sie haben ein gewisses Bild im Kopf, und das reicht ihnen, ganz gleich, ob es zutreffend ist oder nicht. Deswegen verschwinden die Tragödien oft schneller aus den Medien, als sie wirklich zu Ende gehen. Das ist der schnell sättigende Effekt von Bildern. Gefährlich wird es, wenn ein bereits nicht richtig angelegtes Bild mit immer neuen, halbrichtigen, tendenziösen oder sogar falschen Informationen übermalt wird. Es entsteht eine Imageschicht, die fast nicht mehr aufzubrechen ist, mit der Folge, dass alle nur noch über das Image reden und längst nicht über das, was vielleicht dahintersteckt.

Toleranz bedeutet auch, dem anderen die Möglichkeit einzuräumen, dass er vielleicht anders ist, als man ihn sich vorstellt. Andernfalls setzt man sich mit Hüllen auseinander, nicht mit der Wirklichkeit. Was für einen Wert hat das? Das ist der Grund, warum öffentliche Menschen manchmal wegen ihrer Images verzweifeln. In unserem täglichen Leben ist das Image eine Größe geworden, um die man nicht mehr herumkommt. Wir entwickeln viel zu schnell Standpunkte und beharren auf ihnen, unbeweglich wie Statuen auf ihren Podesten.

Irgendwann hatte ich keine Lust mehr, das Filmprojekt weiter voranzutreiben. Ich wollte aufgeben. Auch meine Freunde und Geschäftspartner rieten mir, das Herumjetten bleiben zu lassen und mit etwas anderem anzufangen. Aber da war noch ein Teil von mir, der nicht lockerlassen konnte. Eines Tages saß ich in einem New Yorker Café mit dem Biografen von Prinzessin Diana zusammen und hätte um ein Haar etwas absolut Neues überhört. Ganz beiläufig und mit vom Wein gelöster Zunge erzählte er, dass die Prinzessin seine Biographie autorisiert hätte, ohne dass er ihr jemals begegnet sei. Immerhin war diese Biographie eine der bestverkauften aller Zeiten. Ich traute meinen Ohren nicht, als er mir von den absurdesten investigativen Szenarien erzählte, unter denen das Buch zustandegekommen war.

Da war er, mein Film! Ich musste nur meine alte Idee loslassen! Das war mir lange schwergefallen, da ich zu verliebt in meine ursprüngliche Idee gewesen war. Doch jetzt lag die Geschichte meines Films wie ein filetierter Fisch vor meinen Augen. Wenn ich mich nicht aufgeschlossen hätte, so wäre mir dieser Diamant entgangen. Aufgeschlossenheit ist die risikoliebende Schwester der Toleranz.

Aufgeschlossenheit und Toleranz werden erst lebendig in ihrer Anwendung, nämlich durch die Fähigkeit, den Standpunkt zu wechseln – etwas, was wir im Taekwondo ununterbrochen trainieren. Aufgeschlossen und tolerant zu sein, stellt ein faszinierendes Risiko dar, denn es kann immer auch Unerwartetes passieren. Die für Aufgeschlossenheit erforderliche Flexibilität spiegelt sich im Taekwondo in den vielen Situationen wider, wenn man durch kleinste Gewichtsverlagerungen praktisch permanent seinen alten Standpunkt aufgibt und einen neuen einnimmt. Es entsteht Lebendigkeit und Bewegung.

Ich kenne keinen Taekwondo-Schüler, der ein Gewichtsproblem hat. Aber ich habe viele gesehen, die mit Übergewicht angefangen haben und bei ihrem Idealgewicht landeten. In den ersten Trainingseinheiten sehen Taekwondo-Anfänger fast immer etwas ungelenk aus, und es fällt schwer, sich vorzustellen, dass so jemand eines Tages ein guter Kämpfer wird und seine Bewegungen einmal die Eleganz und Harmonie eines Geübten ausstrahlen. Oft ist es eine Herausforderung, bei all diesen sich schnell festsetzenden Meinungen und Vorurteilen tolerant und offen zu bleiben. Oder an jemanden zu glauben, gegen den man ein Vorurteil entwickelt hat. Der Schritt zur Toleranz muss daher aktiv erfolgen. Man ist nicht unbedingt automatisch tolerant. Die Aufgeschlossenheit anderen gegenüber, über die man sich bereits eine Meinung gebildet hat, kommt nicht von selbst. Es muss eine Lebenshaltung dahinterstecken, eine Einstellung und ein aktives Engagement. Toleranz und Achtsamkeit sind Handlungen, die von innen kommen. Es kann sogar sein, dass man sich dazu überwinden muss. Das ist eine unserer größten Fähigkeiten. Nicht tolerant sein zu können, ist daher eine persönliche Niederlage.

Das heißt nicht, dass man nun immer und jederzeit alles akzeptieren und so sein lassen muss, wie es ist. Sicherlich gibt es hier und dort etwas zu kritisieren. Doch warum nicht aufgeschlossen bleiben? Warum nicht erst einmal auf sich selbst blicken, den eigenen Standpunkt überprüfen? Ein bisschen länger zuhören, als man es normalerweise tun würde. Vielleicht ist es völlig unnötig, harsch zu reagieren und sich zu verschließen? Vielleicht beharrt man unnötigerweise auf etwas? Meine Erfahrung ist, dass 90 Prozent der sich in mir rührenden Kritik vernachlässigbar ist. Es passiert nichts, wenn ich sie einfach ignoriere. Kritisches Hinsehen ist durchaus essenziell, vor allem, wenn man das auch sich selbst gegenüber tut.

Der Ursprung der Verletzlichkeit

Die Bedeutung des Begriffs Aufgeschlossenheit liegt klar erkennbar vor uns: Du musst dich aufschließen wie ein Schloss. Sonst bleiben die Erfahrungen aus. Die Begegnungen verschwinden. Es geschieht nichts Neues mehr in deinem Leben.

Du kannst dir die Aufgeschlossenheit natürlich nicht aufsetzen wie einen Hut. Sie sich selbst einzureden und so zu tun, als wärest du ganz besonders offen, bringt nichts. Offen zu tun ist nicht schwer: Man kommuniziert ständig seine Überraschung über Unbekanntes und nimmt dabei das Wort »Offenheit« mindestens so häufig in den Mund wie das Wort »gut«. Das Image vom »guten und offenen Menschen« wird gerne propagiert, es lässt sich universell einsetzen, in der Werbung ebenso wie in politischen Wahlkampagnen und bei den Imagefeldzügen einzelner Staaten, die ihre Politik rechtfertigen wollen. Doch dabei handelt es sich nicht wirklich um Aufgeschlossenheit. Du erkennst sie nicht durch ein Image oder bestimmte Verhaltensweisen, sondern du spürst sie in deinem eigenen Herzen, denn sie hat mit deiner eigenen Verletzlichkeit zu tun. Es ist nicht möglich, sich aufzuschließen, ohne sich gleichzeitig verletzbar zu machen. Deswegen sind bei uns so viele Menschen nicht offen. Sie haben Angst vor der Begegnung, etwas Neuem, denn wer weiß, was das Neue bringt? Sie haben allzu oft erfahren, dass sie von Menschen verletzt wurden, nachdem sie sich zu sehr geöffnet haben.

Leider finden sich besonders viele verschlossene Menschen in Gesellschaften und Gegenden, in denen Wohlstand herrscht. Hier ist der Wirklichkeitsverlust am größten, und deswegen wird am meisten verletzt. Verschlossenheit ist auch dort zu finden, wo Offenheit mit Strafe bedroht wird: In Diktaturen oder Unternehmen, die mit harter und herzloser Hand geführt werden, wie man das von diversen Supermarktketten oder Fabriken erfahren hat. Mangelnde Aufgeschlossenheit erzeugt Starrheit und Stagnation. Die einzige Chance von Gesellschaften oder Betrieben, wo sich die Menschen verschlossen haben, besteht darin, dass sich die führenden Köpfe besinnen und selbst von Herz und Geist her aufschließen, so dass sich ihre Offenheit möglicherweise überträgt. Aufgeschlossenheit und Toleranz sind die einzigen Chancen für eine menschliche und wertbestimmte Weiterentwicklung unserer Gesellschaft.

Durchhaltevermögen – oder wie man keine Mücke erschlägt

Offensiv zur Schau getragene Ignoranz erzeugt Aggressivität. Am Beispiel der Großdemonstrationen in Stuttgart konnte man dieses Phänomen deutlich beobachten. Zu demonstrieren und seine Meinung zu äußern, ist ein bürgerliches Grundrecht. Wenn Hunderttausende auf diese Weise ihre Meinung äußern, sollte man meinen, dass die Regierenden innehalten und einmal intensiv darüber nachdenken, woher das Problem rührt. Dies ist aber viel zu lange nicht geschehen. Es ist verständlich, dass Leute, die in der Regierungsverantwortung stehen, demokratisch gefasste Beschlüsse umsetzen wollen und auch müssen. Schließlich steht ungeheuer viel Geld auf dem Spiel. Doch auch einen bereits verabschiedeten Beschluss sollte man noch einmal in neuem Lichte betrachten können, wenn die Betroffenen plötzlich vehemente Zweifel bekommen. Im Fall Stuttgart ließ der Staat stattdessen Polizeikräfte in martialischer Ausrüstung aufmarschieren. Er beharrte starr auf seiner Position und begegnete den Kundgebungen seines Gegenspielers ignorant, ja offenkundig aggressiv. Es musste zwangsläufig zur Eskalation kommen. Erträgt unsere Demokratie keine Auseinandersetzungen mehr mit Protesten aus dem Volk?

Durchhaltevermögen ist die Fähigkeit, seinen Werten und Maßstäben treu zu bleiben. Unbezwingbarkeit bedeutet, sie nicht nur kurzfristig oder punktuell zu verfolgen, sondern sie langfristig zur Maxime seines Lebens zu machen und das durchzuhalten. Das heißt auch, dass man schnellstens wieder zu einem wertehaltigen Leben zurückkehren muss, wenn man es doch einmal verlassen hat. Das Leben ist lang, es passiert unendlich viel. Wie schnell findet man sich plötzlich neben seinem Weg und blickt jemandem böse, respektlos, überheblich in die Augen. Durchhalten bedeutet, dies zu erkennen, sich nicht irritieren zu lassen und wieder auf seinen Weg zurückzukehren. Eine solche Besinnung auf die wesentlichen Werte unseres menschlichen Lebens braucht unser demokratisches System, wenn es überleben will.

Die Verführungen des Lebens

Die Reise des Odysseus ist eine der bedeutendsten Metaphern der Weltliteratur zum Thema »Durchhalten«. Der Herrscher der Insel Ithaka in Homers Saga zieht in den Trojanischen Krieg und hat auf der Heimreise zu seiner Frau Penelope zahlreiche, unvorhergesehene Abenteuer zu bestehen. Sein Durchhaltevermögen wird schwer auf die Probe gestellt. Doch er hat immer ein Ziel vor Augen: zurückzukehren zu seiner Frau und auf den Thron seines Landes. Durchhaltevermögen und Unbezwingbarkeit setzen ein Zielbewusstsein voraus. Odysseus hat zwar ein sehr klares Ziel vor Augen, dennoch lässt er sich immer wieder ablenken. Manchmal bleibt er jahrelang an einem Ort. Immer wieder gibt es etwas Neues zu bekämpfen, zu bestehen, zu erledigen und auszuleben. Nach jeder Ablenkung ist er reifer geworden, immer wieder ruft er sich selbst zur Disziplin und setzt seine Heimreise fort. Es ist zwar fast zu spät, als er in Ithaka endlich ankommt, aber er hat sein Ziel mit ungeheurem Durchhaltevermögen erreicht. Er ist unbezwingbar geblieben.

Wenn du kein Ziel hast, stellt sich die Frage des Durchhaltens kaum. Dann bleibst du irgendwo hängen. Wozu durchhalten, wenn nicht für ein Ziel? Wenn Odysseus nicht durchhielte, dann würde er, da bin ich mir ganz sicher, bei der Nymphe Kalypso hängenbleiben. Er hat einen Faible für die wunderschöne Flirtkünstlerin, die Tochter des Gottes Atlas, und nimmt auf seiner Heimreise ihretwegen immerhin eine Verspätung von sieben Jahren in Kauf.

Der Maler Max Beckmann hat dazu einmal ein eindrucksvolles Bild mit dem Titel »Odysseus und Kalypso« gemalt: Es vermittelt in fast spürbarer Weise die Zerrissenheit zwischen Verführung, Sehnsucht und dem inneren Widerstand, sich ihr hinzugeben – und damit die eigentlichen Ziele aufzugeben. Die Bedeutung unserer Werte würde verschwinden, wenn wir sie nicht in Verbindung bringen zu dem, wofür wir sie leben und wohin wir wollen.

Da ich für mich selbst lange Jahre kein klares Ziel definiert hatte, sah ich mich irgendwann mit der Frage konfrontiert »Wozu das alles?« Darin wurzelte mein Gefühl der Überflüssigkeit meiner Arbeit und der scheinbaren Erfolglosigkeit meines beruflichen Schaffens. Immer wieder fragte ich mich: »Gibt es da wirklich nichts mehr?« Ich war zum Stillstand gekommen. Wie ein Zug in einem alten Western, der plötzlich mit Rucken und Quietschen mitten in der ausgedorrten Prärie zum

Halt kommt. Vor dem zögerlich aussteigenden Passagier erstreckt sich leeres Land, das bis zum Horizont reicht – ohne jeden Reiz.

Kurz nachdem ich mein Filmprojekt abgeschlossen hatte, wollte mich in London ein Mann treffen, um mich zum Verkauf meines Films an seine US-Firma zu überreden. Die Fertigstellung des Films war leider direkt mit dem Crash der New Economy zusammengefallen. Der Verkauf des teuren Projektes kollidierte mit einer denkbar unguten Marktlage. Viele der infrage kommenden Firmen waren plötzlich in finanzielle Schieflage geraten oder sogar bankrott, und ich hatte große Schwierigkeiten, den ursprünglich anvisierten Preis zu erzielen. Also traf ich den Amerikaner, um zu hören, was für einen Deal er anzubieten hatte. In dem poppig gestylten Foyer des Sanderson-Hotels unterbreitete mir der Mann mit einer Stimme, für deren Lautstärke es keinen Regler zu geben schien, ein Angebot: Zwei Millionen Dollar, davon eine per Überweisung auf ein Konto meiner Wahl. Die andere Million hatte er bereits dabei. Hinter ihm wedelte sein Adlatus, dessen Geheimratsecken ich nie vergessen werde, mit einem silbernen Koffer.

Ich war wie vor den Kopf geschlagen. Die Situation kam mir wie eine plumpe Szene in einem billigen Film vor. Ich sollte ihm allen Ernstes an Ort und Stelle den Streifen überschreiben, der meine Investoren und mich mehr als sechs Millionen Pfund gekostet hatte. »Die Aktienkurse stehen günstig!«, redete er mir zu. Und je niedriger der offizielle Preis, desto mehr könne er mir später auf mein Wunschkonto überweisen. Ich beobachtete den Typen mit einem tiefen Gefühl der Geringschätzung, das ich kaum verbergen konnte. Die Art, wie er sich bewegte, hatte ich schon bei Elefanten gesehen. Es war mir unmöglich, meine bösen Gedanken zu stoppen. Im Gegenteil: Ich erging mich in ihnen mit der Genüsslichkeit eines auf einer Tribüne sitzenden, unbeteiligten Zuschauers. Ich ließ ihn eine Weile zappeln, ehe ich ihm erklärte: »Ich werde auf Ihren Vorschlag nicht eingehen. Wissen Sie, wie viel der Film gekostet hat? Wie würden Sie sich fühlen, wenn Sie ein Auto für hunderttausend geliehene Dollars kaufen und es im gleichen Moment für einen Bruchteil weiterverkaufen?«

Der Mann reiste wieder ab. Kurze Zeit später erfuhr ich, dass er schwer erkrankt war. Und plötzlich empfand ich ihm gegenüber keine Verachtung mehr, sondern bedauerte es sogar, ihm meine Abfuhr auf so schäbige Weise erteilt zu haben.

Wenn ich auf die Verlockung, sozusagen per Fingerschnippen Millionär zu werden, eingegangen wäre, hätte ich gegen sämtliche Werte auf eine Art und Weise verstoßen, von der ich mich sehr wahrscheinlich nie mehr erholt hätte. Ich wäre Millionär geworden, aber ich hätte mich bezwingen lassen. Ich hätte mit einem Schlag mein Durchhaltevermögen in den Wind geschrieben, meine Integrität und Disziplin aufgegeben. Alles wäre weggewesen, was mir an mir selbst etwas wert war. Was hätte ich gefühlt, wenn ich mich im Spiegel angesehen hätte? Trotzdem erfüllt mich kein Stolz über meine Standhaftigkeit, denn mit meiner herablassenden und arroganten Haltung hatte ich den Wert des Respekts gegenüber diesem Menschen verletzt.

Wachstum geschieht nicht von alleine

Auch wenn eine Pflanze ihre volle Größe erreicht hat, muss sie weiter in Bewegung bleiben, sonst geht sie ein. Das mag banal klingen. Doch genau das gilt für alle Lebewesen, also auch für uns. Eine Pflanze setzt in jedem Moment alle ihre »Fähigkeiten« für das Wachsen ein. Sie öffnet und schließt ihre Blütenblätter. Sie wendet sich in Richtung Sonne. Würde sie damit aufhören, würde sie sich niemals mehr zu ihrer vollen Blüte und Schönheit entfalten. Tiere und Pflanzen hören nie mit dem Wachsen auf. Sie wachsen und gedeihen immer weiter, es sei denn, sie sind krank oder werden durch äußere Einwirkungen daran gehindert.

Nur der Mensch ist in der Lage, plötzlich aufzugeben, etwa weil er den Glauben an etwas verloren hat, wegen einer Enttäuschung, fehlendem Erfolg, zu viel Kritik, mangelnder Disziplin, Konzentration oder weil es ihm an Zielen fehlt. Um etwas zu erreichen, ist es nötig, immer weiter zu lernen und zu wachsen, den gesamten Weg bis zum Ziel zu gehen und durchzuhalten.

»Wenn du alle Techniken beherrschst, dann geht das Lernen erst richtig los!« Ich habe oft gehört, wie Großmeister Ko Eui-Min diesen Satz zu seinen Schülern sagte.

Nur weil du irgendwann über die Fertigkeiten verfügst, die du dir vorgestellt hast, rechtfertig das keinen Stillstand. Nur weil du erwachsen bist, darfst du dich nicht zurücklehnen. Neugierde, Wissbegierde und Aufgeschlossenheit sind Fähigkeiten, die in jedem existieren. Warum sie verkümmern lassen? Du musst weiter üben und lernen. Wendest du deine Fähigkeiten nicht an, wirst du sie irgendwann verlieren. Die mangelnde Übung und die fehlende Praxis werden nicht zu deinem Selbstwertgefühl beitragen. Die Folgen reichen von Unsicherheit bis zu Panik, wenn eine verkümmerte Fähigkeit plötzlich wieder gefordert ist. Unsere psychosomatischen Kliniken und Therapiestätten sind voll von Menschen, die ihre geistig-körperliche Bewegung irgendwann eingestellt haben. Das Leben ist kein Sackbahnhof. Der Punkt, dass man einmal etwas erlernt oder erreicht hat und damit für immer glücklich und zufrieden ist, tritt niemals ein. Vielleicht ist der Zustand der Erleuchtung so etwas, doch den erlangt man kaum mit einer bestimmten, vorgeschriebenen Methode.

Der menschliche Körper macht uns das Lernen vor. Was mein Körper mit 50 noch zu lernen in der Lage war, habe ich durch das Taekwondo erfahren. Ohnehin macht der Körper so vieles vor: Bereits als Kinder lernen wir, die Hand nach der Mutter auszustrecken. Das ist uns weder peinlich, noch haben wir irgendwelche Bedenken, diese Sehnsucht zu zeigen. Wir beginnen, uns vorwärtszubewegen, zu krabbeln. Schließlich richten wir uns auf und gehen auf zwei Beinen. Für das Kind existiert immer ein Ziel. Ein Spielzeug, etwas zum Essen oder die ausgebreiteten Arme der Eltern. Ein Kind macht sich keine großen Gedanken über den Sinn seines Tuns, über Müdigkeit, Entspannung oder über Ausflüchte, um etwas nicht tun zu müssen. Unermüdlich bewegt es sich, lernt es dazu, bis es müde und erschöpft ist.

Wenn das Kind älter wird, erwirbt es die Sprache und lernt, sich auszudrücken und zu verständigen. Eines der ersten Worte, die ein Kind in vielen Familien lernt, ist »Nein«. Es lernt eine Welt kennen, in der es nicht alles darf. Wenn die Eltern dabei ungeschickt sind, wird das Kind mit Lawinen an Verboten konfrontiert, mit zu viel Nein. Das Kind verliert den Glauben. Es wird die Möglichkeit entdecken, sich zurückzuziehen und nichts mehr zu lernen. Gibt es nichts Neues mehr, so bleiben auch die Verbote aus. Gefährlich wird es, wenn es sich an den Zustand der Faulheit und Lethargie gewöhnt. Ein Umfeld voller Bildschirme ist dafür die beste Voraussetzung.

Wie viele Menschen hören im Erwachsenenalter irgendwann auf, sich zu bewegen? Wie viele sitzen vor ihrem Schreib-, Ess-, Couchtisch oder hinter ihrer Windschutzscheibe und wundern sich über den Verfall des eigenen Körpers? Wie viele Menschen entdecken nichts Neues mehr, haben sich verschlossen und halten nicht mehr durch? Es sind häufig Menschen, die sich in ihrem einmal erworbenen Wissen eingerichtet, es in verschiedenen Schubladen abgelegt haben und die nun scheinbar ein für alle Mal wissen, was richtig und was falsch ist, und vor allem, wer an der Schalheit ihres Lebens die Schuld trägt – denn sie selbst sind es in ihren Augen nicht.

Wenn die Hand das Brett trifft

Irgendwann erreicht fast jeder von uns irgendein selbst gestecktes Ziel. Meistens nicht den Olymp der Träume. Doch zumindest haben die meisten einen gewissen Weg zurückgelegt, ehe es zu einem unvorhergesehenen Stillstand kommt. Ein Neuanfang, ein erneutes Aufbrechen wird manchmal durch eine geistige Weiterentwicklung ausgelöst, oder auch durch äußere Anlässe. Manchmal sind es tragische Ereignisse, Katastrophen, Verluste. Ich wurde gleich durch mehrere Anlässe auf die Absurdität meines Lebens hingewiesen, auf dieses eigenartige Gefühl des Stillstandes. Mir kam mein Leben wie eine ständige Wiederholung vor. Als hätte ich scheinbar alles erlebt. Etwas Neues zu erfahren, war mir nicht mehr möglich. Die Gespräche mit Freunden und Bekannten erschienen mir stereotyp. Als ob ich ständige Déjà-vus erleben würde, hatte ich den Eindruck, alles schon einmal gehört und besprochen zu haben.

Ich begann mein Gewissen zu spüren. Zweifel machten sich in mir breit, bis hin zu fassungslosen, beinahe verzweifelten Überlegungen. Warum hatte ich so viel Mist gemacht? Warum hatte ich meine früheren Ziele nicht verwirklicht? Theaterbesessen, wie ich gewesen war, hätte ich doch genügend Motivation aufbringen können, um es über eine längere Durststrecke hinaus vielleicht zu einem gewissen Erfolg zu bringen. Doch ich hatte mich von allen möglichen Verführungen ablenken lassen.

Ich kam mir vor wie ein Odysseus ohne Ithaka und Penelope. Das musste ich mir erst noch erschaffen. Nach einer Zeit des Haderns gewann ich irgendwann wieder ein positives Verhältnis zu meiner Vergangenheit zurück. Immerhin hatte mir mein früheres Leben zeitweise auch sehr viel Spaß gemacht. Es war eine aufregende Zeit gewesen, von der ich bis heute zehre. Neben vielen überflüssigen Projekten gab es auch genügend interessante. Oder solche, die mir einfach nur Spaß machten. Doch in meinem Schreck, über das, was ich von mir selbst gesehen hatte, meinen jahrelangen Stillstand, war mir eine Weile kein differenzierter Blick mehr auf meine berufliche Vergangenheit möglich.

Als ich so dasaß nach meinem Unfall, zwischen den umgeknickten Weinreben, sah ich die Ameisen krabbeln und wunderte mich auf einmal, warum man Ameisen immer sofort totschlägt. Ich sah auch ein paar Mücken und Wespen – Tiere, die mich immer nur genervt hatten –, sie tanzten im Sonnenlicht. Obwohl ich gar nicht besonders oft gestochen wurde, hatte ich diese Tiere mein Leben lang versucht fertigzumachen, sobald sie in meiner Nähe waren. Stach mich eine Mücke, brachte ich Dutzende um. Und das geschah gedankenlos, im Reflex griff ich zur nächstliegenden Zeitung und drosch auf das Insekt ein. Aus irgendeinem Grund empfand ich in diesem Moment neben dem Weinstock mit einem Mal ein Gefühl der Verbundenheit mit meinen schwirrenden Mitbewohnern. Ich sah den Schmetterling und die Blätter eines Astes, zwischen denen er sich tummelte. Seine Flügel glitzerten im Sonnenlicht. Der kleine Ast bewegte sich leicht im warmen Wind, der vom nahen Gardasee herüberwehte. Oder kann der Flügelschlag eines Schmetterlings einen Ast zum Zittern bringen? Eine Biene trank – unbeeindruckt vom Geschehen – in einer Blüte ihren Nektar. In diesen Momenten sah ich, dass ein Leben ohne mich existierte, und ich spürte: Da will ich dabei sein! Erstmals empfand ich mich wieder verbunden mit der Welt, und trotzdem fühlte ich mich herausgerissen aus allem. Ich hatte in meinem Leben zwar viele, kleine Ziele erreicht. Doch ich hatte nie über den Bereich hinter meinen Zielen nachgedacht, über ihren Sinn.

Was gab es noch? Welches war mein großes Ziel? Ich musste einsehen, dass meine Motivation, etwas zu tun, nur bis zum Auftreffen der Hand auf dem Brett gereicht hatte. Selbst meine Experimente mit Selbsterfahrungskursen und Meditationsseminaren waren nicht mehr als plumpe Versuche, mit »den Fingern den nackten Leib meiner Träume ergreifen« zu wollen – wie der libanesische Poet Kahil Gibran den Umgang mit der Selbsterkenntnis beschreibt. Und er warnt auch: »Versucht nicht, die Tiefen eures Wissens mit Messstab oder Lotleine zu ergründen. Denn das Selbst ist ein Meer ohne Grenzen und Maß.«

Mehr als alles andere hatte ich mich jahrelang von der Sensationslust an der Selbsterfahrung treiben lassen, aber nicht von dem Wunsch nach einem wirklichen, inneren Ziel: eine glückliche Verankerung in meinem Leben im Zusammensein mit allen anderen. Daran hatte ich nie gedacht und deswegen auch nichts dafür getan. Deswegen hatte ich auch den Hinweis der Seminarleiterin in Arizona, nur ich selber könne mir helfen, lange Zeit nicht begriffen. Es war darum gegangen, erst einmal mein wirkliches Ziel zu finden. Immer wieder beherrschten Projekte, Erfolg, Geltung und Geldverdienen mein Denken und Wünschen. Weil ich kein Ziel hatte, gab es gar keinen Grund durchzuhalten, und deswegen musste ich auch nicht unbezwingbar sein. Mit den Verlockungen im wirklichen Leben umzugehen und in der eigenen Welt verankert zu sein, erfordert ununterbrochenes Bewusstsein und Arbeit. Wie die Blume während eines Tages fast unmerklich ihre Blüte mit der Sonne dreht, so müssen wir selbst unser Leben immer wieder neu justieren und überprüfen, ob wir uns in unseren Handlungen noch nach unserem Ziel richten und uns in der Beachtung der Werte um unser Gedeihen kümmern. Oder ob wir anderen Verlockungen aufgesessen sind und uns zügig von unserem Ziel und uns selbst fortbewegen.

Das Ziel ist innen

Erst mein innerer Zustand der Entwurzelung führte mir vor Augen, wie sehr ich trotz all des ständig betriebenen Aufwandes eigentlich auf der Stelle trat, statt mich auf etwas zuzubewegen. Das Zielphänomen stieg vor mir am Horizont auf wie ein großer, weißer Fesselballon. Es sah aus wie die leere Spruchblase eines Comics. »Schreib was rein!«, rief meine neue Stimme. Ja, zu mir selbst kommen wollte ich gern. Aber das waren nur Worte. Wenn ich ganz ehrlich war, verstand ich sie nicht wirklich. Wo sollte ich ansetzen, ich war doch schon bei mir!? Und auch wieder nicht.

Kurz nach dem Unfall hatte ich am helllichten Tage im wachen Zustand eine Art Tagtraum. Ich fühlte mich so, als würde ich ganz leicht werden und langsam zu fliegen beginnen. Meine Gedanken und mein Körper waren eins. So konnte ich mich nur mittels meiner Gedanken und Gefühle vorwärtsbewegen. Ich spürte, dass ich eine Sehnsucht hatte, selbst mitten in diesem weißen Ballon zu sitzen. Im Gegensatz zu meiner Angst vor weißen Flächen beim Malen, fühlte sich diese Vorstellung sehr wohlig an. Im gleichen Moment befand ich mich mitten in diesem Ballon, und dort drinnen waren mit einem Mal alle Grenzen zwischen mir und allen anderen aufgehoben. Von dem Tag an gab ich es auf, Worte für mein Ziel zu formulieren, und fing an, meiner Sehnsucht zu folgen.

Das erste Erlebnis mit Ameisen und Schmetterlingen seit meiner Kindheit war ein Bild, das ich nicht mehr vergaß. Ich wollte mehr Bilder wie dieses erleben. Und ich wollte nicht mehr aus diesem Ballon heraus. So begann ich, alles abzuschaffen, was mich von mir selbst ablenkte und was abzuschaffen in meiner Macht stand. Ich schloss meine Firma, verkaufte meine Autos. Ich hörte auf, Weine zu sammeln, sondern trank sie leer. Ich entschloss mich gegen Taxi und Limousine und fuhr zum ersten Mal seit fast zwanzig Jahren wieder mit U-Bahn und Bus. Ich wollte wieder mehr normale Menschen, mehr Schmetterlinge um mich haben. Bald darauf saß ich einmal spätabends im City-CAT, dem kleinen Schnellzug, der vom Flughafen Schwechat ins Zentrum von Wien fährt. Ich wunderte mich über einen Mann mit silbrigem Haar auf der anderen Sitzreihe. Er kam mir bekannt vor. Nach einem kurzen Moment erkannte ich ihn, dieser elegant gekleidete Herr mit den grau melierten Haaren war früher einmal mein Chef gewesen, zu meiner Zeit als Manager. Er drehte den Kopf zu mir herüber. Ein paar Momente lang sahen wir uns an wie zwei Außerirdische. Dann mussten wir lachen. Wir begrüßten uns, setzten uns zueinander und sprachen ein wenig über das Leben. Auch er wollte wieder mehr Kontakt mit den Menschen haben, erzählte mir. Als wir in der Stadt ankamen, musste ich feststellen, dass ich kein Kleingeld mehr für den Automaten des Wiener U-Bahnnetzes hatte. Wie ein Schuljunge stand ich da und freute mich, während mein Ex-Chef ein paar Cents für mich hineinsteckte. Solche Erlebnisse nährten meine Seele mehr, als jedes noch so besondere Projekt es hätte tun können.

Im Taekwondo steht der Freikampf, den man mehrmals am Ende eines Trainings absolvieren muss, für das Durchhalten und das Erreichen eines Ziels. In der Vorgabe von einem Zeitabschnitt von maximal drei Minuten soll man die Techniken ausprobieren, die man während des Trainings geübt hat. Dabei muss nicht unbedingt einer gewinnen. Es dreht sich darum, die neu geübten Kicks in die Praxis umzusetzen. Auch das Durchhalten während der gesamten Dauer des Kampfes ist ein Ziel. Spätestens bei der dritten Runde wird man bemerken, wie schwer das ist. Es wird sich rächen, wenn man seine Kräfte nicht eingeteilt hat. Der Boxweltmeister Arthur Abraham hielt einmal in einem Kampf durch, obwohl ihm sein Gegner mit einer hinterhältigen Kopfbewegung den Kiefer zertrümmert hatte. Er erzählte mir einmal, dass es ihm in diesem Moment nicht mehr ums Gewinnen ging, sondern nur noch darum, durchzuhalten. Er wollte sich nicht von jemandem bezwingen lassen, der mit unfairen Mitteln kämpfte. So gewann er trotz seiner lebensgefährlichen Verletzung am Ende noch den Weltmeisterschaftskampf.

Es ist sinnlos, ab und zu mal ein bisschen respektvoll, ein wenig integer zu sein; sich gelegentlich aus Lust oder vielleicht auch aus schlechtem Gewissen ein bisschen tolerant und aufgeschlossen zu gebärden. Werte sind nur sinnvoll, wenn man sie durchhält. Das Händeschütteln, ein Lächeln, ein freundlicher Gruß sind Erinnerungsstützen für sie. Mehr nicht. Ihr Inhalt ist viel tiefer. Das Verbeugen beim Betreten des Dojangs oder die Verbeugung vor einem Kampf sollen ebenso an die Werte erinnern. Ein Kampf beginnt immer lange vor dem eigentlichen Kampf. Und er hört sehr lange danach erst auf, wenn überhaupt jemals. Er ist eine innere Haltung. In diesem Paradoxon verbirgt sich die Weisheit der Unbezwingbarkeit.

Das Fernsehen – moderne Hinterglasmalerei

In unserem täglichen Leben zeigt sich das Durchhaltevermögen eher in der Weise, wie wir miteinander streiten und konkurrieren. Es wird sehr oft damit verwechselt, Recht zu behalten. Zwei begegnen sich auf einer Straße … oder in einer Talkshow. Die Debatten in der Politik und in gesellschaftspolitischen Talkshows vermitteln oft ein Bild, als würden sich deren Teilnehmer in einer Art geistigem Armdrücken üben – mehr aber auch nicht. Immer das gleiche Hin und Her. Die da streiten sind unsere Leitfiguren. Sie vermitteln uns den Eindruck, dass der Friede und das Glück unseres Lebens davon abhängig sind, ob man eine Auseinandersetzung gewinnt oder verliert, in einer Debatte Recht behält oder sich möglichst gut aus etwas herauswindet. In meinen Fernseh-Talkshows habe ich zahlreiche derartige »Würdenträger« kennengelernt. Viele von ihnen scheinen tatsächlich zu glauben, dass unsere Welt allein von Konkurrenz und Wettbewerb bestimmt wird. Was zählt, ist Gewinnen oder Verlieren, Beachtung oder Missachtung, Erfolg oder Misserfolg. Wer das letzte Wort behält, wer am längsten redet, ist der Sieger. Dabei ist das Wichtigste, sich keine Blöße zu geben. Sonst wird man zerlegt. Wie soll man den Mut haben, etwas Riskantes oder Konsequentes zu sagen, wenn der Gesprächspartner bereits das Messer wetzt? Andererseits, wozu soll man überhaupt eine Ansicht formulieren, wenn man umgeben ist von nickenden Alleswissern, die – egal, was man sagt – signalisieren, dass sie das alles und noch viel mehr bereits wissen. Neue Erkenntnisse, geschweige denn Erfahrungen bringen solche Diskussionsrunden selten.

Und den Zuschauern bleibt nur der Part, schweigend und gebannt die von Unehrlichkeit strotzenden Auseinandersetzungen am Bildschirm mitzuverfolgen, unsere Führungskräfte dabei zu beobachten, wie sie sich um sich selbst drehen, berührungslos mit der Welt und verfangen in ihren elitären Spiegelbildern. Gewinner oder Verlierer gehen nur selten aus solchen Debatten hervor. Übrig bleiben fast immer nur schale Eindrücke.

Unsere medialen Debatten haben einen anderen Sinn, als der Weisheit letzten Schluss zu ermitteln. Sie sind gelebte Demokratie und praktizierte Freiheit. Und sie machen uns in diesem Stadium etwas transparent, was uns zum Nachdenken bringen könnte: die Verfassung unserer Kultur, den herrschenden Umgang miteinander und den Zustand der Menschen in unserem Land. Seit einigen Jahren offenbaren sie einen eklatanten Mangel von neuen Erfahrungen. In Sattheit schwelgend vergisst diese Welt, was Durchhalten eigentlich sein könnte. In jedem Fall mehr, als sich gegenseitig niederzureden. Die bewegten Bilder hinter den rechteckigen Reagenzgläsern der Monitore sind wie eine moderne Form der Hinterglasmalerei. Sie skizzieren jede Woche von neuem die Karikatur einer Gesellschaft, zu der jeder von uns gehört. Insofern beinhaltet das vom viel beschimpften Fernsehen entworfene Spiegelbild auch eine gewisse Chance – vorausgesetzt, man erkennt sich selbst darin wieder und löst sich nicht wie ein Außenstehender aus dem Gemenge heraus.

Disziplin – verändere deine Welt

Dem indischen Unabhängigkeitskämpfer Mahatma Gandhi ist es mit der Selbstbeherrschung als Philosophie und Strategie gelungen, in seinem Land eine der größten Umwälzungen zu vollziehen, die es weltweit jemals gegeben hatte. Mit seiner Philosophie des »Satyagraha« begründete er eine neue Methode des friedlichen Massenprotestes, mit der er die regierende Macht in die Knie zwang. Um gegen die englische Kolonialherrschaft zu protestieren, sah diese Methode die vollständige Kooperationsverweigerung vor. Gandhi forderte alle Inder dazu auf, nicht mehr mit den Engländern zusammenzuarbeiten. Sie sollten nichts von ihnen kaufen und keine Steuern mehr bezahlen. Notfalls sollten sie in Kauf nehmen, bestraft oder inhaftiert zu werden. Gandhi verfocht den Weg des beharrlichen Festhaltens an der Wahrheit, weil er überzeugt war, dass die Wahrheit letztlich immer siegt. Bald waren die Gefängnisse überfüllt und die Gerichte erschöpft. Administration und Wirtschaft brachen zusammen, weil die Kolonialmacht alleine dastand. Das Volk machte einfach nicht mehr mit. Gandhi begeisterte mit seiner Philosophie des »Triumphs der Wahrheit durch die Kräfte der Seele und der Liebe« Millionen Inder. Sein Kampf gipfelte in einem gewaltfreien Protestmarsch, an dem sich die Massen beteiligten. Die Engländer mussten sich zurückziehen. Voraussetzung für diese aus der Bevölkerung heraus gewachsene Umwälzung war Gandhis Idee von der Disziplin und der Selbstbeherrschung, die sich auf das indische Volk übertrug. Auch dem Vorhaben der Engländer, Indien bei der Rückgabe an die Inder in zwei Länder aufzuspalten, ein moslemisches und ein hinduistisches, verweigerte sich Gandhi. Er war überzeugt, dass unter seiner Führung ein friedliches Zusammenleben der vielen Religionsgemeinschaften des Landes möglich wäre. Indien zählt heute mit etwa einer Milliarde Menschen zu den größten und am dichtesten bevölkerten Ländern der Welt und ist ein Schmelztiegel von Religionen, Rassen und Gurus. Hier leben Moslems und Christen, Hindus und Sikhs – und unzählige weitere Glaubens- und Philosophierichtungen weitgehend friedlich zusammen. Ein Sieg der Disziplin.

Menschgewordene Saugmaschinen

Die Fähigkeit zu der Art von Selbstbeherrschung und Selbstbestimmung, für die Mahatma Gandhi ein Vorbild wurde, ist eine der größten Herausforderungen der Gegenwart. Selbstbeherrschung stellt eine realistische Option für jeden Einzelnen dar, seinem Unmut über den bestehenden Zustand der Entwertung und der Ziellosigkeit Ausdruck zu verleihen. Doch dafür bedarf es vorher einer Rückbesinnung auf die Werte. Denn betrachtet man unsere Wirtschaft, unseren Konsum und unsere Verhaltensweisen, machen sich vor allem Eindrücke von Disziplinlosigkeit, mangelnder Integrität und Achtlosigkeit breit. Eine selbstverständliche Form der Selbstbeherrschung ist es doch beispielsweise, nichts mehr zu essen, wenn man nicht mehr hungrig ist, selbst wenn das Angebot noch so verlockend ist. Oder nichts mehr zu kaufen, wenn man bereits alles hat. Diese selbstverständlichen Reaktionen sind einer Zügellosigkeit und

Gier gewichen, die in der Menschheitsgeschichte beispiellos sind. Wie menschgewordene Saugmaschinen stürzen wir uns über die Ressourcen dieser Welt und verleiben sie uns bis weit über unsere Verträglichkeitsgrenzen hinaus ein.

Die Regungslosigkeit unserer Führungsinstitutionen gegenüber dieser Situation und die Abhängigkeit ihrer Parteien von populären Aktionen gleichen der Situation einer hypnotisierten Schlange: Sie bewegt sich zwar, aber sie tanzt nach der Flöte ihres Beschwörers – der Wirtschaft. Wir haben unser Schicksal in ein wirtschaftliches Perpetuum Mobile gelegt, dessen Lenkrad immer mehr aus unserer Reichweite rückt. Und weil niemand weiß, was zu tun ist, sind wir immer unbeherrschter und konsumieren immer mehr. Auch wenn wir gar nichts davon haben. Disziplin ist heute einer der brisantesten Werte. Denn egal wo wir etwas an den Missständen dieser Gesellschaft verändern wollen – Verzicht ist immer eine der Hauptkonsequenzen. Davor haben wir Angst, weil wir uns als Opfer fühlen. Doch wir können den Spieß umdrehen und aus eigenen Stücken beschließen, auf manches von dem zu verzichten, was uns auf den Tisch gesetzt wird. Wir können uns dem Konsumterror verweigern, dann werden wir nicht länger sein Opfer sein. Das wäre ein Ansatz.

Wenn du neue Erfahrungen machen oder ein tieferes Ziel erreichen willst, musst du dich von den Einflüssen oder Hindernissen lösen, die dich daran hindern. Um diesen Schritt zu tun, benötigst du Disziplin. Es wird dir zunächst schwerfallen, weil du daran gewöhnt bist, nach allem greifen zu können. Doch bald wird dir die eigene Selbstbeherrschung neue Kraft geben. Jede Vorstellung von Freiheit liegt falsch, wenn sie den Wert eines disziplinierten Lebens negiert. Nur durch Disziplin können wir Verabredungen einhalten. Nur wir Menschen können das. Stell dir vor, verabrede dich mit einer Katze um 16.30 Uhr – das wird niemals funktionieren. Nur mit Disziplin erlernen wir eine Sprache, bereiten uns auf Prüfungen vor und führen Projekte durch. Nur mit Disziplin können wir den großen Werten unseres Zusammenlebens gerecht werden, wie etwa Pünktlichkeit, Zuverlässigkeit oder sogar Toleranz in Situationen, in denen uns nicht danach ist. Mit Disziplin widerstehen wir einem Appetit nach etwas, was uns schadet. Mit Disziplin können wir uns vielleicht sogar aus einer Sucht befreien. Der Wert Disziplin ist eine der bedeutendsten Grundlagen für ein selbstbestimmtes Handeln und ein freies, wertorientiertes Leben. Insofern ist die Disziplin eine der Grundvoraussetzungen für unsere freie demokratische Gesellschaft und für die Freiheit selbst. Die Fundamente der Demokratie sind brüchig geworden.

Welt der Verhältnislosigkeit

Vor kurzem traf ich einen guten, alten Freund. Er ist mittlerweile ein erfolgreicher Manager und einer der Führungsköpfe eines bedeutenden Unternehmens. Er hatte mich angerufen, weil er meinen Rat hören wollte zu einem Problem, das ihn seit einiger Zeit quälte: sein niedriger Verdienst. Es deprimierte ihn, dass er keine Möglichkeit mehr sah, in der Firma sein Gehalt zu steigern. Deswegen trug er sich mit dem Gedanken, den Job zu wechseln.

Während unseres Abendessens in einem Berliner Luxusrestaurant hörte ich mir seine Überlegungen an und fragte ihn schließlich. »Wie viel verdienst du denn?«

Er antwortete: »Nur eine Million.«

Einen Moment lang war ich perplex. Ich überlegte, ob er sich über mich lustig machte. Es wurde aber schnell deutlich, dass er allen Ernstes fand, dass ein Gehalt von einer Million Euro pro Jahr für ihn entschieden zu wenig war. Er war richtig ärgerlich deswegen.

Natürlich kommt alles auf die Relationen an. Es gibt Konzernbosse, die zehn Millionen oder noch mehr verdienen. Im Vergleich zu den sehr Reichen steht man als Gutverdienender immer schlechter da. Aber für ein normales luxuriöses Leben ist eine Million doch ganz schön reichlich. Der Mann hatte eigentlich ausgesorgt und könnte es sich bequem machen. Das waren meine Gedanken, die ich auch äußerte.

Er reagierte entrüstet: Das wisse er selbst, darum ginge es doch gar nicht. Ich fragte ihn, ob vielleicht ein anderes Problem dahinterstecke. Es entstand ein intensives Gespräch zwischen uns über die Verteilung von Wohlstand und den freiheitlichen Anspruch unseres wirtschaftlichen Marktes. Ich hatte überhaupt kein Problem mit der Höhe seines Verdienstes. Doch dass er mit der Höhe seines Gehaltes haderte und es als unangemessen niedrig empfand, verursachte mir Magenschmerzen.

Eine Million gilt heute etlichen Menschen nicht mehr als viel Geld, weil überall immerzu von Milliarden gesprochen wird. In einer neuartigen, diffusen Verhältnislosigkeit von Zahlen zeigt sich die Dimension der Disziplinlosigkeit unserer Zeit. Man neigt dazu, sich mit den Superreichen zu messen anstatt mit den Armen, zu denen man ja generell nicht so gerne hinsieht. Den Blick nach oben gerichtet, haben wir die Bodenhaftung verloren und häufen immer mehr materielle Güter an, um uns selbst wenigstens eine Illusion von Haftung zu vermitteln. Die Verhältnislosigkeit unserer Zeit ist die Folge mangelnder Selbstbeherrschung und fehlender Disziplin. Aus der Perspektive der übergroßen Mehrheit der Weltbevölkerung sind bereits zehntausend Euro eine astronomische Summe. Doch im Wirrwarr der Milliarden und Millionen sind uns Relation, Verständnis und Maß abhandengekommen. Die freie Marktwirtschaft gehört ins Zentrum unserer Freiheit und Demokratie. Doch das Bewusstsein für das richtige Maß der Dinge muss einen mindestens gleichwertigen Platz einnehmen.

Unter den Wohlhabenden und Superreichen gibt es tolle und faszinierende Menschen. Aber genauso unter denjenigen, die kein Geld haben. Hier dreht es sich nicht um Reichenkritik und Vergleiche zwischen Arm und Reich, wenngleich sich entsprechende Beispiele bei der Suche nach Metaphern für diese Verzerrung unerbittlich aufdrängen. Dass sich Manager heruntergewirtschafteter Banken Millionensummen auszahlen dürfen, ist ein Skandal. Das ist so, als würde man die Diebe unseres Kapitals auch noch belohnen. Solche Signale senden verheerende Botschaften an die Bevölkerung. Sie schaffen ein ätzend misstrauisches Klima.

Wenn ich im Urlaub mit Bekannten am Hafen meiner italienischen Lieblingsstadt in Ligurien spazieren gehe, gibt es immer einen Grund zu lästern. Beim Anblick der riesigen Privatschiffe kommt – ganz gleich, mit wem ich dort entlanggehe – immer irgendwann dasselbe Streitthema auf: Was für Menschen sind das, die so unglaublich viel Geld haben, dass sie sich so solche Schiffe leisten können? Ganz schnell werden böse Fragen laut: Darf man so etwas? Wofür braucht ein einzelner Mensch so viel Geld und wozu so ein Riesenschiff? Ist es moralisch in Ordnung, so ein teures Schiff zu besitzen, das die meiste Zeit ungenutzt herumsteht? Es entsteht eine Diskussion auf der Basis von angenommenen Erkenntnissen und unscharfen Meinungen. Vorurteile werden geäußert: »Schau dir die Mädchen dort oben am Deck an! Können nur gekauft sein!« Forderungen werden erhoben: »Die sollten einen Teil ihres Geldes an Charity-Projekte abgeben.« Verteidigungsreden werden geschwungen: »Unsinn, diese Leute schaffen mit ihren Schiffen Arbeitsplätze. Schau dich doch um, überall Servicebetriebe.«

Was ist das für ein neuer Boden, auf dem solche Gespräche entstehen? Neid, Missgunst? Oder ist es ein echtes Unbehagen? Man muss die Ursachen wohl tiefer suchen. Ich kenne die wegen ihres Widerspruchs zwischen Hässlichkeit und Schönheit so reizvolle Küstenstadt nun seit vielen Jahren. Um dorthin zu kommen, rasten mein Freund und ich immer am Gardasee vorbei in Richtung Ligurien. Wir fielen nach der Ankunft in Imperia sofort in unserem Fischrestaurant »Beppa« ein. Bei gutem Rotwein begannen wir zu träumen und ließen unsere Blicke über die weißblauen Fischkutter des Hafens gleiten. Die Natürlichkeit und die ursprüngliche Einfachheit des alten Mittelmeerhafens, über dem die Möwen kreisten, sich ins Wasser stürzten und kreischend mit ihrer Beute wieder aufstiegen, gaben uns das ersehnte Gefühl von Normalität und Verankerung. Seit mein Freund nicht mehr am Leben ist, hat sich in dieser Stadt viel verändert. Wirtschaftlich gesehen ging es dort wie überall in Europa dramatisch bergab. Im Hafen aber ging es steil bergauf. Die Farbe dieses Aufstiegs war weiß, weiß wie die gigantischen Yachten, die sein Aussehen heute prägen. Sie liegen nun statt der Fischkutter an den Molen. Heute sieht man vom Fischrestaurant aus oft weder das Wasser noch die Möwen. Der Blick prallt an haushohen Schiffswänden ab, in denen niemand lebt. Abgestellter Reichtum.

Einige Male habe ich Besitzer solcher Schiffe kennengelernt und ein wenig mit ihnen geredet. Die Unterhaltungen erinnerten mich an Jungengespräche aus meiner Kindheit, wenn meine Kumpels und ich unser Spielzeug verglichen: Es drehte sich immer um ein noch größeres Schiff, dessen Kauf bereits geplant war. Ich wurde das Gefühl nicht los, dass diese Ankündigungen ausschließlich dazu dienten, von der vermeintlichen Peinlichkeit abzulenken, dass noch viel größere Schiffe nebenan herumstanden.

Wie wirkt derartig zu Schau gestellter Reichtum und Macht beim normalen Bürger, der seine Informationen aus dem bezieht, was er im Vorbeigehen sieht und im Fernsehen, in der Zeitung oder im Internet erfährt? Unser Weltbild besteht aus Bruchstücken. Eines dieser Bruchstücke ist die Wahrnehmung des Reichtums oder der Armut. Die stellt der Einzelne intuitiv in Relation zu seiner eigenen Situation. In seinem Leben erfährt er, wie die Firmen mit seinem Arbeitsplatz und die Politiker mit seiner Rente oder ihrer Sozialversorgung umgehen. Der überdeutliche Reichtum in dieser Zeit bewirkt ein tief sitzendes Gefühl von Ungerechtigkeit. Die Verhältnisse erscheinen nicht mehr nachvollziehbar oder logisch. Wenn die Wirtschaft nicht mehr wächst, wie können dann die Reichen alle noch reicher werden? Ein normaler Mensch versteht das nicht, auch nicht mit viel Fantasie.

Wir haben nur selten die Zeit, uns intensiv mit einer Sache zu beschäftigen. Es gibt viel zu viele Themen, mit denen man sich auseinandersetzen müsste. Mehr Themen als Zeit. Unser Meinungsbild setzt sich daher allzu oft nur aus Bruchstücken zusammen, Informationen, die widersprüchlich, vielfältig, unterschiedlich gut recherchiert sind. Es ist schwer, in dieser Informationsflut den Blick für das Wesentliche zu wahren. Nicht selten greifen wir in unserer Orientierungslosigkeit nach einem fertigen Informationspaket und stützen unsere Meinung darauf. Eine Abwägung zwischen richtig und falsch, zwischen Gerücht, Meinung und Tatsache wird schwer. Darin wurzelt eine gefährliche Informationsverzerrung und unsere Verhältnislosigkeit in Bezug auf die Wirklichkeit. Hier lauert eine Gefahr für unser gesamtes System.

Fallbeispiel für ein unentwirrbares Zahlenchaos

Nach der Tsunami-Katastrophe im Dezember 2004 starteten die reichen Wirtschaftsnationen eine Art Wettbieten darum, wer am meisten Hilfsgelder aufbringen würde. Im Minutentakt überschlugen sich die Meldungen über immer höhere Spendensummen, die dem Anschein nach mit Leichtigkeit lockergemacht werden konnten. Es war wie bei einer Auktion: In diesem Fall hatte die wertvolle Preziose den Namen »Ansehen« und trug den Heiligenschein der Göttin »Charity«. Im Nu waren mehrere Milliarden für die Katastrophenopfer gesammelt. Motto: »Tue Gutes und rede darüber.«

Wohin die Milliarden aber konkret geschickt wurden, darüber wurde nicht mehr so zahlenklar gesprochen. Selbst nach einem halben Jahr war der größte Teil davon noch nicht einmal auf den Weg gebracht. Stattdessen debattierten Politiker über die Finanzierung der Gelder. Als ich später zu recherchieren begann, vermittelten sich mir nur bruchstückhafte Einblicke. Wo die Masse der Hilfsgelder wirklich hingewandert ist, war nicht herauszufinden. Auch an den Lebensumständen der einheimischen Betroffenen waren die Spuren finanzieller Unterstützung nicht unbedingt zu erkennen. Es regte sich der Verdacht, dass offenbar in erster Linie das Image die Motivation der Politiker für die Hilfszahlungen war und nicht unbedingt eine mitfühlende Haltung oder der aufrichtige Wunsch, Menschen in Not zu helfen.

Wenn Riesensummen so leicht lockergemacht werden können, wirkt das Wehklagen der Supermächte wegen der Milliarden, die für Rettungsaktionen von Banken aufgebracht werden müssen, doch irgendwie absurd. Kann es abhängig vom Zahlungsgrund unterschiedlich schwer sein, ein und dieselbe Summe aufzubringen? Ein förderlicher Grund ist offenbar die Imagepflege: Es kommt gut an, den Opfern einer Naturkatastrophe zur Seite zu springen und vor der Weltöffentlichkeit Mitgefühl und Hilfsbereitschaft zu demonstrieren. In Wirklichkeit sollte die zur Schau gestellte Großzügigkeit vor allem Sympathien werben. Dass große Teile der Tsunami-Hilfsgelder vermutlich sowieso im Rahmen von Dritte-Welt-Subventionen bereits eingeplant war, tut nichts zur Sache. Das merkt ja ohnehin keiner.

Milliardenzahlungen für eine selbst mitverschuldete Wirtschaftskatastrophe kommen dagegen viel schlechter an. Das ist wiederum eine Plattform, auf der die politischen Darsteller eine andere Tugend demonstrieren können: Genauigkeit in finanziellen Angelegenheiten, Sorgfalt. Erst einmal muss man erklären – das kennt jeder von uns, der schon einmal um Leihgeld angefragt wurde –, wie schwer es fällt, das Geld aufzubringen. Und schon schwirren wieder gigantische Milliardensummen durch die Medien, nur unter neuen Vorzeichen.

Angesichts der eigenartigen Rechenkünste unserer Verantwortungsträger tun sich in der Bevölkerung doch zwangsläufig Fragen auf: Wohin fließen all diese Riesensummen tatsächlich? Welche Zwischenfirmen, Geldhäuser und Agenturen kassieren dabei mit? Oder fließen sie nur von einer Hand in die andere? Wurde damit vielleicht die eine oder andere der Yacht bezahlt, die man in Mittelmeerhäfen bewundern kann?

Wenn man die Meldungen verfolgt und den Politikern glaubt, hat unsere Wirtschaftskrise innerhalb weniger Jahre bereits mehrmals begonnen, aufgehört, wieder begonnen und wieder aufgehört. Auch hier melden sich Zweifel: Sind wir nun noch in der Krise oder schon wieder nicht mehr? Neuerdings sprechen Politiker quasi von heute auf morgen von einem »XL-Aufschwung«. Kann diese größte Krise aller Zeiten so schnell verschwinden? Ist unsere Wirtschaft zu einem Ungetüm mutiert, das eingehen kann wie eine zu heiß gewaschene Jeans oder sich plötzlich ausdehnt wie ein ausgeleiertes Wollkleid?

Das alles ist so komplex, dass es nur sehr schwer verständlich ist. So kommen uns die Verhältnisse für eine ausgewogene Beurteilung abhanden. Der Glaube, dass da jemand ist, der etwas regeln kann, schwindet. Hunderte von Milliarden betragen die Summen mittlerweile, die angeblich in die wirtschaftliche Rettung der Welt gesteckt werden. Wo sind diese Unsummen hingewandert? Andererseits, wie können 100 Milliarden für mehrere Staaten überhaupt viel Geld sein, wenn bereits einzelne Personen weit über 50 Milliarden besitzen? Es ist alles ziemlich unklar.

Nach welchen Richtwerten soll man als normaler Mensch sein Gefühl für unsere Zahlenwirklichkeit einstellen? Wenn man von ein paar Hundert Euro im Monat leben muss, stellt die Welt der durch den Cyberspace jagenden Milliardensummen eine zynische Fratze dar. Unsachlich, stark vereinfachte, widersprüchliche Informationssplitter führen zu Orientierungslosigkeit und undifferenzierten Meinungen, passend eingefärbt zum jeweiligen sozialen Milieu. Was geistert nicht alles durch unsere Köpfe: Schlagzeilen, aufgeschnappte Zahlen und Zitate, Teilinformationen. Imageklumpen. Die heutige Meinungsbildung geschieht durch eine impulsive Form von Aktion und Reaktion, selten nur durch ein wirkliches Bemühen um Objektivität.

Unsere Welt ist frei. Doch unsere Freiheit strotzt von unvollständigen Mosaikbildern. Für was soll man sich denn eigentlich disziplinieren, wenn unsere Wirklichkeit gar nicht verlässlich erkennbar ist?

Die Notwendigkeit der Selbstbeherrschung

Im Laufe der letzten Jahre sind mir ernsthafte Zweifel gekommen, ob wir wirklich reif sind, unsere Form von Freiheit zu leben, ohne dass wir uns gewisse Grenzen auferlegen. Auf keinen Fall sollten wir zulassen, dass Freiheit eingeschränkt wird. Doch die Freiheit braucht Verantwortlichkeit, und die wiederum benötigt Disziplin.

Mahatma Gandhi hat nach seiner Revolution der Selbstbeherrschung einmal gesagt: »Der Mensch ist nur dann wahrhaft Mensch, wenn er der Selbstbeherrschung fähig ist, und selbst dann nur, wenn er sie ausübt.« In diesem Geiste wird Disziplin auch im Taekwondo ausgeübt. Zwar definiert jeder Disziplin für sich selbst. Sie soll weder Freiheit noch Spontaneität einschränken. Doch ihre Grundlage sind die Werte. Mithilfe der Disziplin können wir unser Werteverständnis massiv schärfen. Wir brauchen diese Messlatte.

Durch Selbstbeherrschung schenkst du dem Leben den Sinn zurück. Besinne dich auf das, was du wirklich zum Leben brauchst. Sei dir bewusst, dass die Ressourcen dieser Welt begrenzt sind. Kritisiere andere nicht, nur weil sie mehr haben als du. Kritisiere auch nicht Arme, Arbeitslose oder Ausländer, nur weil sie nicht in dein Weltbild passen. Sei dir selbst gegenüber diszipliniert. Schärfe deine Aufmerksamkeit dir selbst gegenüber, um rechtzeitig zu erkennen, was du für dich willst. Suche dir dein großes Ziel. Wenn Selbstbeherrschung und Disziplin auf dem Bewusstsein der Werte beruhen, so stellen sie eine Chance dar, dein Leben weiterzuentwickeln – und die Welt vielleicht auch ein kleines bisschen. Das ist ein Anfang. Und je mehr du dich beherrschst, desto weiter wird er reichen.

Bilde dir eine solide Meinung. »Kein kurzes Leben wird uns zuteil, sondern wir machen es dazu. Wir haben keinen Mangel an Leben, sondern wir verschwenden es«, sagte Lucius Anaeus Seneca, der römische Naturforscher, Staatsmann und Philosoph bereits vor 2 000 Jahren dazu. Es ist an der Zeit, dass wir aus Erfahrungen lernen.

Das Leben – eine einmalige Chance

Ich nahm einmal an einem Meditationsseminar teil, in dem man 14 Tage lang bewegungslos dasitzen musste. Das war eine der intensivsten Erfahrungen in punkto Selbstbeherrschung, die ich jemals gemacht habe. Die Übungstechnik hieß »Vipassana«. Das Wort kommt aus der altindischen Sprache Pali und bedeutet »Einsicht«. Die Vipassana-Meditation ist eine der ursprünglichsten Methoden der Selbstfindung. Sie wurde von Buddha etwa 500 Jahre vor Christus im Zuge seiner Forschungen entwickelt, um die Ursachen des Leidens zu kurieren. Seine Erkenntnis über die drei »Geistesgifte«, die Laster Gier, Hass und Verblendung, auf denen alles Leiden gründet, wurde zur zentralen Säule des späteren Buddhismus. Buddha, dessen bürgerlicher Name Gautama Siddhartha war, empfahl gegen diese Probleme »Gegengifte«: Großzügigkeit gegen Gier, Güte gegen Hass und Weisheit gegen Verblendung. Die Vipassana-Meditation ist eine minimalistische Technik, um zu sich selbst zu finden. Man erreicht darin den Moment des Hier und Jetzt, in welchem die Laster nicht aktiv sind, gleichwohl man sie mit seinem Bewusstsein beobachten kann, wie sie als Gedanken durch den Kopf schwirren. Die Voraussetzung für eine glückliche Weiterentwicklung im Leben ist es, die eigenen Laster und Unzulänglichkeiten zu erkennen, anzunehmen und zu akzeptieren. Nur dann ist man auch fähig, andere Menschen mit ihren Problemen zu tolerieren.

Unabhängig davon, wie lange man meditiert, ist die Vipassana-Meditation dafür eine ideale Übungstechnik. Um sich ohne Ablenkung sehen und wahrnehmen zu können, sitzt man bewegungslos im Schneidersitz da und beobachtet mit seinem Bewusstsein den Atem. Einmal pro Stunde steht man auf (außer natürlich in dringenden Fällen) und geht ein paar Minuten langsam spazieren, um den Kreislauf in Schwung zu bringen und die Gliedmaßen zu bewegen. Wenn die Aufmerksamkeit abgelenkt wurde, beispielsweise durch ein Vogelzwitschern, das Räuspern eines Mitmeditierenden oder einen vorbeifliegenden Gedanken, soll man dies wohlwollend und akzeptierend beobachten, aber dann die Aufmerksamkeit mit der leichten Hand seines Bewusstseins wieder auf den Atem zurückgeleiten.

Das Seminar fand mitten im Zentrum der Metropole Bombay in einer alten umgebauten Turnhalle statt. Ich stellte fest, nach ein paar Stunden des Sitzens mit geschlossenen Augen bekommen Geräusche eine ganz neue Dimension. Als würde die Tonspur eines unsichtbaren Filmes laufen, drang die typische Kakaphonie einer indischen Stadt durch die Fenster: das Knarren und Quietschen der Rikschamotoren, gedämpfte Hupgeräusche halb kaputter Signalhörner, Krähenschreie und das Rascheln der Palmenblätter unmittelbar vor den Fenstern der Turnhalle.

Bereits nach ein paar Stunden wurde das Meditieren für mich zur Qual. Nach zwei Tagen hielt ich es nicht mehr aus. Dröhnende Kopfschmerzen bahnten sich wie mit Axtschlägen ihren Weg durch meinen Kopf, und Fieberanfälle begannen mich zu schütteln. Mit fast 40 Grad Körpertemperatur und Schüttelfrost schickten mich der Meditationsleiter und ein herbeigerufener Arzt in einer hupenden Rikscha in mein Hotel zurück, wo ich ein paar Tabletten einwarf und sofort in einen tiefen Schlaf fiel. Der stundenlange Anblick meiner selbst, das damit verbundene Ertragen und Zulassen dessen, was ich sah, hatte mich total erschöpft. Nach sage und schreibe über 20 Stunden wachte ich wieder auf. Ich fühlte mich so frisch, wie der junge Riese aus Grimms Märchen, der nach seinem Endlosschlaf Bäume ausreißen konnte. Der Schlaf war meine Reinigung. Überraschenderweise hatte ich danach große Lust, weiterzumeditieren. Die verbleibenden zehn Tage konnte ich genießen, wie ich selten etwas genossen habe. Sie wurden zur schönsten Zeit der Reglosigkeit in meinem Leben. Ich hatte das Gefühl, nichts mehr von all den Dingen zu brauchen, von denen ich mich bisher abhängig gefühlt hatte. Das Zwitschern der Vögel drang ungefiltert in mein Bewusstsein. Ich erinnerte mich an das Rascheln der Blätter, als ich völlig verdreckt in dem Weinberg unweit vom Gardasee saß. Es war still in mir. Endlich kein unablässiger Gedankenstrom mehr, der sich durch meine Gehirnschläuche wälzte. Ich begriff zum ersten Mal, warum so viele Meditierende einen Faible für die Stille und die ruhigen Klänge von Komponisten wie Georg Deuter, Kitaro oder manche klassischen Musikstücke haben. Die Stille ist das Leben, und die Melodien spiegeln seine Bedürfnislosigkeit.

Das Leben braucht Freiheit und Verantwortung

Der wichtigste Wert ist das Leben selbst. Einfach alles rankt sich um dieses Phänomen, dass es uns als lebendige und mitfühlende Wesen gibt. Das Leben umfasst alles. Es ist dein vergänglichster Wert. Es kann jederzeit vorbei sein, schneller als dein Ruhm oder dein Reichtum, und es ist nicht mit Geld aufzuwiegen. Schütze und pflege es wie deinen größten Schatz. Und denk daran, dass du nicht allein lebst, sondern neben dir andere Menschen, Tiere und Pflanzen leben, die keinen geringeren Wert haben als du.

Das Leben lässt sich nicht kontrollieren oder kategorisieren. Es geht seinen eigenen Weg. Du kannst dich entscheiden, mitzugehen oder nicht. Wenn du das Leben kontrollieren willst, wird es dir entschwinden. Jede deiner Handlungen setzt sich im Leben fort. Um dich herum und in dir selbst.

Hörst du abends in Erinnerung an den vergangenen Tag lieber lauten oder leisen Geräuschen zu? Verhalte dich untertags so, dass du abends gerne in deinen Tag zurücklauschst. Um den wahren Wert deines Lebens zu erahnen und seinen tieferen Sinn zu erspüren, musst du dir seine Einzigartigkeit vergegenwärtigen: Nur durch dich existiert die Welt so, wie du sie wahrnimmst. Nur durch dich existieren auch die anderen Menschen so, wie du sie wahrnimmst. Der Wert, den du einem anderen Menschen beimisst, ist ein rein subjektiver, geprägt von deiner persönlichen Wahrnehmung und Einschätzung. Alle sind gleich wertvoll. Erst durch deine Wahrnehmung und das Timing deines Verstandes entsteht die Welt so, wie du sie als Mensch wahrnimmst.

Unterschätze die Kraft deines Bewusstseins nie. Nur du verfügst mit deinem Bewusstsein über die Fähigkeit, die Werte zu leben und in dein Leben zu integrieren. Und noch viel mehr. Deine Fähigkeiten sind gewaltig und möglicherweise einzigartig: Deine Intelligenz, deine Fähigkeit, mittels Sprache zu kommunizieren, die Gabe der Handlungsplanung und der Disziplin, die Fähigkeit, Mitgefühl aufzubringen und dich zu freuen.

Integrität – an was sollen wir uns sonst halten?

Heute um fünf Uhr beginnt der nächste Kampf gegen Chy-Eun, gleich zu Beginn des Nachmittagstrainings. Während unseres Spaziergangs auf dem Klosterweg fragt mich Karl, warum ich mich mit diesen Freikämpfen so unter Druck setze. Ich weiß auch nicht, wie ich ihm das erklären soll. Seit etlichen Tagen trainieren wir nun täglich hier in den koreanischen Bergen in der Nähe von Seoul. Die Taekwondo-Übungen mit Chy-Eun haben es mir einfach angetan. Zu meinem Faible für den Charme der Koreanerin kommt mein Ehrgeiz, wenigstens einmal einen konzentrierten Kampf mit dieser überlegenen Partnerin hinzulegen, einen Kampf, in dem ich nicht – wie so oft – in einer emotionalen Aufwallung, einer Explosion von Ungeduld oder falscher Profilierungssucht die Konzentration verliere, meine Disziplin aufgebe und meine Vorsätze achtlos über Bord werfe. Das Kämpfen mit Chy-Eun ist für mich in diesen Tagen zu einer Metapher für mein Leben geworden. Außerdem glaube ich, dass ich mich in die bildhübsche junge Frau ein wenig verguckt habe.

Nein, ich griff nicht nach ihrer Hand, als ich am Vorabend mit ihr in dem kleinen Restaurant ihres Vaters zu Abend aß. Ich traute mich einfach nicht. Ich war so schüchtern, dass ich mich selbst fast nicht wiedererkannte. Chy-Eun zeigte mir, wie man mit Stäbchen die in vielen kleinen Schälchen servierten Köstlichkeiten auf ein Salatblatt legt und sich daraus eine kleine Rolle zurechtdreht. Dabei kamen sich unsere Hände einige Male in die Quere. Chy-Eun zeigte mir auch, wie sie ihre Hand bei einem Handkantenschlag hält. Sie umfasste dabei meine Finger und bog sie in die richtige Haltung. Und als sie mich fragte, ob ich eine Freundin habe, sagte ich wie aus der Pistole geschossen: »Nein!« Chy-Eun lächelte mich daraufhin mit einem wissenden Funkeln in den Augen an. Wir beide wussten, dass mein Nein zu schnell gekommen war. Eine Weile aßen wir still weiter. Rein faktisch hatte ich die Wahrheit gesagt und gleichzeitig doch gelogen. Etwas später, nachdem mein Gewissen zu bohren anfing, erzählte ich ihr, dass ich verheiratet bin. Chy-Eun lachte: »Ich bin auch verheiratet. Aber ich mag dich! Das ist nicht verboten, oder?«

Jetzt lachten wir beide. Um ein Haar hätte ich Chy-Eun angelogen und mich dabei selbst verbogen. Wir erzählten uns von unseren Ehepartnern, und mit einem Mal waren wir gute Freunde. Die eigenartige Flirtspannung war verflogen.

Heute bin ich gegen Lügen eingestellt, so wie ich gegen jede Art von Falschheit bin. Ich finde allerdings nicht, dass man sich gegenseitig immer sofort alles mitteilen muss. Es dreht sich wohl um das richtige Maß und die gegenseitige Erwartung. In jedem Fall ist eine möglichst hundertprozentige Wahrhaftigkeit der einzige angemessene Umgang in jeder Form von Partnerschaft, Freundschaft und auch Geschäftsbeziehung. Andernfalls verstößt man gegen das Gesetz der Achtsamkeit und des Respekts. Auch die vertrauensvolle Beziehung zwischen Regierung und Volk oder Firma und Arbeitnehmer muss mit in diese Definition von der Integrität einbezogen werden. Integrität ist die Umsetzung aller Werte im eigenen Leben und Verhalten.

Ist die Wahrheit eine Antiquität?

Ich war eine ziemlich lange Zeit meines Lebens Spezialist darin, die Wahrheit zu verbiegen wie ein Schmied das Eisen, anstatt die Dinge einfach so zu nehmen, wie sie sind. Neben meinen privaten Beziehungen entwickelte ich im Beruf mein eigenes Verhältnis zur Wahrheit. Als Werbe- und PR-Fachmann war ich oft damit konfrontiert, ausweglose Situationen zu kommunizieren. Die Wahrheit so zu belassen, wie sie war, wäre für mich und meine Kunden manchmal sehr schmerzhaft gewesen. Ich musste also »kreativ« werden. Ich wurde dafür bezahlt, Imageprobleme zu lösen. Der Job eines PR-Managers ist wie eine Art Wirklichkeitsdoktor. Wenn meinen Kunden ihre Realität nicht gefiel, riefen sie mich an. Ich begann, mit Werbeslogans und Pressetexten neue Wahrheiten zu dichten. Ich ließ alles Unangenehme, Unpassende einfach weg und spachtelte neue Bilder darüber. So versuchte ich, für Kunden ein positives Image zu erzeugen und die Öffentlichkeit positiv für sie einzunehmen.

Der Umgang mit der Wahrheit kam mir irgendwann so vor wie der mit einer nicht mehr ganz intakten Antiquität: Laut Gesetz ist es in den vielen Ländern erlaubt, Möbel auch dann als Antiquitäten zu bezeichnen, wenn sie nur zum Teil aus altem Originalmaterial bestehen. Hierfür gibt es genaue Richtlinien. Es ist von daher in dieser Branche, die mit alten Wertgegenständen handelt, durchaus üblich, in der gesamten Welt nach alten Holzgestellen oder Scherben zu suchen, die einmal ein Möbelstück waren, und sie mit neuem Material wieder in ihre alte Form zu bringen. Das Objekt darf dann »Antiquität« genannt und entsprechend teuer verkauft werden. Dem Käufer muss das meistens nicht einmal gesagt werden. Es gilt als »restauriert«. Den Umgang mit meiner eigenen Wirklichkeit empfand ich irgendwann einmal ähnlich: Ich war ein Antiquitätenhändler von Wahrheiten geworden. Ein ziemlich wertfreies Geschäft.

Das Einverständnis und die Lüge

Selbst wenn du alleine auf der Welt wärst, würdest du um deine eigene Integrität nicht herumkommen. Integrität ist auch in Bezug auf dich selbst der Maßstab für die Werthaltigkeit deines Lebens. Beziehungen sind auf der Basis von Lügen nicht möglich. Vermeide jede Unkorrektheit. Sie führt dazu, dass du überlegen musst, ob du in einer Situation lügen sollst und damit deine Integrität verlierst. Führe ein Leben, das keine Lügen braucht. Notlügen? Sicher, es gibt immer etwas zu diskutieren. Werte sind keine Gesetze, kein in Stein gehauenes Monument. Notlügen mögen in Maßen gerechtfertigt sein, vielleicht in der einen oder anderen Ausnahmesituation, um jemanden nicht unnötig zu verletzen oder zu beunruhigen. Aber die Notlüge ist ein gefährliches Glatteis. Sie neigt dazu, als Alibi für die wirkliche Lüge missbraucht zu werden. Zu leicht wird jede Lüge plötzlich Notlüge genannt. Dazu zählen ganz besonders auch die Halbwahrheiten. Die französische Schriftstellerin Simone de Beauvoir hatte einmal die Auslassung als die hinterhältigste Lüge von allen klassifiziert. Wenn man voll glaubt, benötigt man auch die volle Wahrheit dazu.

In dem Moment, in dem die Lüge in dir aufsteigt, ist es bereits zu spät. Im Vorweg ist etwas falsch gelaufen. Die Lüge kann keine Lösung sein. Wenn du so weit bist, die Lüge auch nur zu erwägen, stimmt etwas Grundsätzliches mit der Integrität deines Lebens nicht. Lebst du deine Werte, hast du sie in dein Leben integriert? Kennst du sie überhaupt?

Wenn du jemandem etwas sagst, so hört er das. Er nimmt es in sich auf, und es wird ein Teil in seiner Welt. Er nimmt das Gesagte für bare Münze, da er vom Grunde her Vertrauen zu dir hat. Auch wenn dir etwas gesagt wird, so nimmst du das an, frei und frank. Dieses unausgesprochene Einverständnis über die gegenseitige Ehrlichkeit existiert automatisch in allen Partnerschaften und Begegnungen. Sie ist eine Grundvoraussetzung für Beziehungen und dafür, dass wir einander authentisch und ehrlich begegnen. Indem du anderen glaubst, ihnen vertraust, werden sie Bestandteil deiner Wirklichkeit. Genauso werden andere dir vertrauen, dass du die Wahrheit sagst. Mit ihrem Vertrauen wirst du selbst zum Bestandteil ihrer Wirklichkeit. Wenn eine Lüge darin enthalten ist, so ist das eine der tiefsten Verletzungen überhaupt. Wenn du lügst, so brichst du das eherne Gesetz des Einverständnisses über die gegenseitige Integrität. Genauso ist es auch in deinem Verhältnis mit dir selbst. Zu lügen ist ein doppeltes Vergehen. Du respektierst die eigene Wirklichkeit nicht und auch nicht die des anderen. Ehrlichkeit und Lüge existieren nur in einer Welt, in welcher man sich zwischen einer der beiden entscheiden muss. In einer integren Welt ist kein Platz für die Lüge. In ihr lebt die Wirklichkeit der Werte.

Die Verführung ist der größte Feind der Integrität. Lass dich nicht verführen. Nicht von Geld, nicht von Angst, nicht von Macht und schon gar nicht von der Faulheit. Lass dich auch nicht von früher ausgesprochenen Lügen und deiner mangelnden Integrität aus einer früheren Zeit unter Druck setzen und verführen. Das bringt dir nichts außer Schwierigkeiten und belastet deine Seele. Es ist leicht, zu lügen, die integre Haltung aufzugeben. Da jeder Mensch verschieden ist, können wir nicht jedem alles auf die gleiche Weise sagen. Authentizität kostet schon ein wenig Mühe. Die richtigen Worte für einen bestimmten Menschen in der betreffenden Situation zu finden, erfordert Aktivität und Engagement. Die Lüge funktioniert schneller und einfacher. Lügen ist eine passive Handlung. Ehrlichkeit ist aktiv. Die Lüge ist pauschal anwendbar, doch ihre Folgen sind unabsehbar. Ihr Preis ist sehr hoch und nicht kalkulierbar.

Als integrer Mensch hast du die Werte und die Regeln des Lebens zu deiner Philosophie gemacht. Aber lebe sie nie als starres Gesetz. Sie stellen Erkenntnisse dar, die über Jahrtausende durch Erfahrungen gewachsen sind. Im spielerischen und freien Umgang mit ihnen wirst du ihnen die Seiten abgewinnen, die deine eigenen sind. Folge dabei deinem Herzen und deinem allumfassenden Bewusstsein.

Vielleicht verspürst du bei dem Begriff »Wert« oder »Integrität« einen Widerstand, ganz so, als würden sie Regeln darstellen oder Gesetze unserer Gesellschaft. Oder du spürst Widerstand, weil du unangenehme Kindheitserlebnisse oder Ereignisse bei der Arbeit damit verbindest, in denen du reglementiert, ermahnt, bestraft oder zur Rechenschaft gezogen wurdest. Mach dir diese Vorbehalte bewusst und setze dich über sie hinweg. Gib dem Wort deine eigene Bedeutung. Formuliere einmal aus, was es für dich bedeutet. Und vergegenwärtige dir ein paar relevante Beispiele aus deinem Leben. Du selbst musst letztlich die Werte und ihre Relevanz für dich erkennen und individuell für deine jeweilige Situation definieren. Entdecke die dir innewohnende Integrität selbst.

Das Image der Integrität

Oft wird der Begriff der Integrität besonders auf Persönlichkeiten und Handlungen bezogen, die mit offiziellen Ämtern oder dem allgemeinen Berufsleben zu tun haben. Nicht selten schimpfen wir über Politiker oder Wirtschaftsbosse und deren mangelnde Integrität. Da man die Integrität so ungern in aller

Präzision bespricht, führt sie ein blühendes Dasein als Image. Unser Image von Managern beinhaltet zur Zeit, dass sie nicht sonderlich integer sind. Gleiches gilt für Politiker. Auch Einwanderer sind von diesem Bild betroffen, weil eine Pauschalmeinung grassiert, dass sie sich nicht richtig integrieren wollen und lassen.

Es ist neuerdings üblich, mit ungenauen Beschuldigungen und angelesenen Zahlen wild auf allen möglichen Gruppierungen herumzuhauen. Was soll man auch tun? Einfach so weitermachen, ohne zu schimpfen? In Wirklichkeit fehlt uns ein Gefühl dafür, wie wir sinnvoll und effektiv protestieren, was wir tun können und dürfen und was einen Sinn ergibt.

Sind wir selbst überhaupt noch integriert? Es fehlt das Gefühl für eine Verankerung in einer wertvollen Substanz, ein Ziel und ein gemeinschaftliches Gefühl der Verantwortung. Nach dem Krieg waren das die frisch geborene Demokratie und der Wiederaufbau. Jahrzehntelang wurde unsere Suche nach Halt in einem Wertesystem von der Polarisierung zwischen Ost und West, dem Kalten Krieg, und den daraus resultierenden Reibungen, Protesten und Sehnsüchten geprägt. Danach hielten uns der ungebremste Wirtschaftsboom der 90er-Jahre und die bahnbrechenden Errungenschaften der Technik in Bann. Vor allem die Neuerungen der Kommunikationstechnologie, von den audiovisuellen Medien bis hin zum Handy, verursachten in kürzester Zeit umwälzende Veränderungen und sorgten dafür, dass unser Bedürfnis nach Sinn nicht beachtet wurde. Jetzt sind wir plötzlich globalisiert. Wir beginnen uns mit Menschen aus der ganzen Welt zu vermischen. Das haben wir so gewollt, und deswegen müssen wir auch die Konsequenzen tragen.

Wenn man die gesamte Zeitspanne nach dem Zweiten Weltkrieg betrachtet, weit über 50 Jahre, so gab es lediglich in den

60er- und 70er-Jahren eine Atmosphäre, in der Intellektuelle ein breitenwirksames Podium fanden und anstießen, dass wir uns nachdrücklich mit dem Sinn des Lebens, unseren gesellschaftlichen Zielen und den Werten beschäftigten. Die Folgen des RAF-Terrorismus und seiner Bekämpfung, die ungelöste Nah-Ost-Problematik, die Attentate islamistischer Terroristen und Amerikas Reaktion darauf sowie das Streben nach Geld und Ruhm haben jedoch jene aufkeimende Sinn- und Wertekultur von damals im Keim erstickt. Zynische Phrasen wie »Leiden auf hohem Niveau« und »Geiz ist geil«, Modebegriffe wie »Nachhaltigkeit« und »commitment« grassieren im Sprachgebrauch und stellen hohle Formeln dar, die wir ohne ein tieferes Verständnis für ihre wirkliche Bedeutung verwenden. Das Image vieler wichtiger Worte ist gleich ihr Inhalt geworden. Doch die Integrität ist kein Image. Sie ist ein inhaltlich hochkomplexer Wert in unserem Zusammenleben. Anstatt nach neuen modischen Labeln für seinen Inhalt zu suchen, sollten wir dafür sorgen, dass dieser Begriff nicht ständig überstrapaziert wird und zu einer leeren Hülle verkommt.

Die Bedeutungslosigkeit der eigenen Meinung

Unsere Individualität wird maßgeblich durch unsere innere Haltung und Meinung bestimmt. Die Bedeutung unserer eigenen Meinung steht und fällt damit, wie wir uns als Individuen von anderen abheben und unterscheiden. Doch im digitalen Zeitalter sind wir heute einer Art Inflation der Meinungen und Informationen ausgeliefert. In unserer Wahrnehmung verliert unsere eigene Meinung inmitten der Milliarden Statements der digital-medialen Welt zunehmend an Bedeutung, ganz wie ein Wassertropfen im Meer. Wohin soll sich unsere eigene Meinung denn noch richten? Und wozu irgendeiner Meinung besonderes Gewicht beimessen, wenn sich selbst die Meinungen unserer Leitfiguren quasi auf ein Fingerschnipsen hin wieder ändern können? Richten wir uns nach Gesichtern und Köpfen? Nach Chat-Foren im Internet oder nach Parteien?

Auch das Tempo ist heute um ein Vielfaches schneller, was die Prozesse der Meinungsbildung unkalkulierbarer denn je macht. Unsere objektive Meinungsbildung kommt nicht mehr mit. Die Meinungs-Tsunamis, wie sie etwa von den Integrationspredigern entfacht werden können, zeugen davon, wie leicht große Massen verführbar sind. Es bleibt uns nicht mehr die Zeit, sich sinnvoll mit all dem zu beschäftigen. Zu schnell schwappen immer wieder neue Meinungen über uns herein. Es fehlt ein Koordinatensystem für unsere Orientierung, wie zum Beispiel ein breites Verständnis für Werte.

Die Unschärfe und Untiefe des Umgangs mit unseren Meinungen wird zunehmend zu einem gefährlichen Boden für Entwicklungen, die wir nicht mehr unter Kontrolle haben. Die Folgen sind unabsehbar. Aus solchen Fehlentwicklungen können in der Zukunft möglicherweise Einschränkungen unserer Freiheit resultieren. Sie stellen eine Bedrohung unserer Lebensqualität und der freien Gestaltungsmöglichkeit unserer Gesellschaft dar.

Ohne eine Neuorientierung und Zielbestimmung kann unsere Demokratie schnell in eine akute Gefahr geraten. Wir müssen den in Freiheit schwelgenden Internetgemeinden eine klare Richtung aufzeigen, die dafür sorgt, dass unsere Integrität und unsere Werte gewahrt bleiben. Dabei darf die Freiheit nicht eingeschränkt werden. Doch wir sollten ein klares Ziel vorgeben, wohin wir mit all diesen Errungenschaften der Kommunikationstechnologie wollen. Welche Bedeutung sollen sie in unserer Gesellschaft haben und welchen Stellenwert in der nahen und fernen Zukunft? Für das Tempo und die Unberechenbarkeit, in welcher Images entstehen können, und für die gewaltige Gefahr ihres Missbrauchs hat unsere Welt ausreichend tragische geschichtliche Erfahrungen gemacht. Höchste Zeit, dass wir uns das bewusstmachen und uns darum kümmern, dass sich die alten Fehler nicht in einer modernen Cybermutation auf schreckliche Weise wiederholen.

Keine Notlügen mehr!

Integrität bedeutet, die Werte in sein Leben zu integrieren und aktiv umzusetzen. Wenn man diese Möglichkeit undogmatisch anwendet, bietet eine integre Lebenseinstellung ein Selbstregulativ, durch das auch die Ruderführer unserer Gesellschaft ihre Rhetorik in Richtung Glaubwürdigkeit weiterentwickeln und schärfen könnten. Ein integrer Politiker und Manager darf keine falschen Wahlversprechen oder Prognosen machen. Mit seiner Courage, die Wahrheit zu sagen, würde er das Bewusstsein für die Werte schärfen. Er sollte insbesondere stimmenwirksame oder populistische Statements in Talkshows vermeiden und sich um die Vermittlung ernsthafter Thesen und um die Vermittlung von Authentizität und Wahrheit bemühen. Keine Notlügen mehr!

Ein sich über die Werte definierender Politiker würde so eine wirkliche Verantwortung in der Partnerschaft mit seinen Wählern, den Bürgern ausüben. In einem Klima der gelebten Werte würde sich auch die pauschale Politikerschelte schnell reduzieren. Der Politiker muss nicht für immer und ewig die Unperson der Nation bleiben. Welch andere Chance haben wir, als die, uns tiefer mit den Werten und Inhalten unseres Lebens zu beschäftigen und sie zurückzuintegrieren? Vielleicht mag der gedankliche Ansatz ein wenig utopisch wirken. Er wird aber umso realer, je mehr Menschen mitmachen. Eigentlich entspricht er unserer Natur. Es ist normal, die Wahrheit zu sagen, und nicht etwa umgekehrt.

Integrität hat nichts damit zu tun, wie ein Mensch aussieht, welches Amt er innehat und auch nicht, wie wenig oder wie viel er verdient. Der Anspruch der Integrität ist an jeden zu richten. An Sozialhilfeempfänger genauso wie an diejenigen, die wegen ihres Wohlstandes leicht aus unserer Welt abheben. Wir sollten nicht den Fehler machen, ganze Berufsgruppen oder Branchen zu brandmarken und ihnen mangelnde Integrität vorzuwerfen. Nur weil jemand Manager oder Politiker ist, kann man ihm keine Vorwürfe machen. Nur weil die Medien manchmal Unsinn produzieren, ermangelt es ihnen nicht gleich generell an Integrität. In all diesen Bereichen arbeiten unzählige Menschen mit Leidenschaft, sie bewältigen ein immenses Arbeitspensum mit dem Herzen auf dem richtigen Fleck. Wahrscheinlich gibt es derer viel mehr, als es nichtintegre Menschen gibt. Die Integrität ist ein so umfassender Wert, dass er einer tiefgreifenden Betrachtung bedarf. Es ist das Image, welches zur Gefahr wird, weil uns darüber die tiefere Bedeutung unserer Werte nicht mehr genug bewusst ist. Leider macht immer mehr das oberflächliche Bild von Handlungen das Image der Integrität aus und nicht der dahintersteckende Inhalt. Wir leben in einem System, in dem es bis in den letzten Winkel an einem tieferen Verständnis für den Wert der Integrität mangelt, obwohl sich ein jeder für integer hält.

Die Integrität von uns allen

Unser Anspruch der Integrität lässt sich nicht durch Gesetze, Überwachungsmöglichkeiten und Kontrollformen ersetzen, ganz gleich, wie massiv sie eingesetzt werden. Im Gegenteil, zu viele Regeln schränken unseren Lebensspielraum ein. Sie erzeugen eine Entfremdung von unseren Werten und machen uns eben gerade glauben, sie ließen sich dadurch ersetzen. Ein Regelwerk voller Kontrollmechanismen vermittelt die Illusion, dass wir wegen der vielen Kontrollen selbst nichts mehr tun müssen.

Zu viele Regeln beschädigen unser Bewusstsein für die eigene Verantwortung und untergraben unsere Bereitschaft für eine aktive, selbstständige Lebensführung. Wirtschaft und Politik haben einen dramatischen Nachholbedarf in punkto Integrität. Diese Dringlichkeit kann man gar nicht genug betonen. Das glorreiche Wort »Demokratie« bedeutet nicht, dass dieses System automatisch die Werte integriert und praktiziert. Aber ihr Image impliziert den weit verbreiteten Irrtum, dass man sich um nichts mehr kümmern muss.

Wenn wir unsere gesellschaftliche Verfassung kritisch betrachten, erscheint der Begriff »Demokratie« wie ein Schutzschild, hinter dem vielerorts die Verantwortung für die Gemeinschaft aufgegeben wird und jeder nur noch auf sein eigenes Wohl bedacht ist. Auch das ist ein Zeichen mangelnder Integrität. Es scheint keine gemeinsamen Probleme mehr zu geben, sondern nur noch die eines jeden Einzelnen. Dabei richtet sich der Anspruch der Integrität an jeden Einzelnen und alle Gruppen im gleichen Maße. Er richtet sich an diejenigen, die die Stimmenwirksamkeit ihrer Entscheidungen und Äußerungen über Vernunft und Logik stellen und daher nicht die Probleme anpacken, die wirklich dringend gelöst werden müssen. Der Anspruch der Integrität verweist auch auf jene, die ihre Karriere, ihre finanziellen Einkünfte und unternehmerischen Entscheidungen über das Wohl der Gemeinschaft stellen, in der auch sie leben und ohne die sie niemals existieren könnten. Er richtet sich auch an diejenigen, die über all diese Institutionen und Firmen berichten und nicht zuletzt an die Leser solcher Berichte. Jeder ist verantwortlich, jeder ist zuständig. Die Gemeinschaft ist nie der Alleinschuldige. Die dumpfen und unheimlichen Nachwehen eines der wert-losesten und unmenschlichsten Systeme der Geschichte, des Dritten Reiches, sprechen auch darüber Bände: Keiner war schuldig, keiner will etwas gewusst haben – stammen wir von Lügnern ab?

Lernen wir selbst aus der schlimmsten Erfahrung nichts? Intellektuelle und Künstler, die früher Organe der Ermahnung und Erinnerung waren, finden in unserer durch Einschaltquoten und Werbevolumen bestimmten Medienwelt nur noch selten ein Primetimeforum. Wie viel Werbung wäre wohl ein Philosoph wert, wie viel ein Künstler? Beiden müsste man länger zuhören, als es dauern würde, bis die Quotenmessungen massive Kapriolen anzeigen würden. Intellektuelle und Künstler führen, was ihre Öffentlichkeitswirksamkeit anbelangt, heute ein Dasein in der Nische – oder im Hochkommerz, wenn sie von der Vermarktungsindustrie entdeckt worden sind. Letztere bewertet allerdings kaum den Inhalt ihrer Kunst, sondern deren Image und damit lediglich die Marktwirksamkeit.

Oscar Wilde sagte einmal, dass der Zyniker ein Mensch sei, der »von jedem Ding den Preis kennt, aber von keinem den Wert«. So gesehen bestünde unsere marktwirtschaftliche Gesellschaft fast nur noch aus Zynikern.

Es dreht sich heute doch tatsächlich nur noch um den Preis und die Profitabilität von Produkten und übrigens auch von Arbeitsplätzen. Ihr inhaltlicher Sinn oder ihr wahrer Wert sind kaum mehr relevant. Egal ob dies eine zufällige Entwicklung ist oder eine gezielte: Es ist in jedem Fall eine, die nur durch Verantwortungslosigkeit, Disziplin- und Respektlosigkeit der Mandatsinhaber unserer Gesellschaft entstehen konnte. Sie offenbart den Totalausverkauf unserer Werte.

William Shakespeare legte seiner Figur Brutus im Drama »Julius Cäsar« eine treffliche Aussage in den Mund: »Der Missbrauch des Amtes liegt vor, wenn Macht sich vom Gewissen trennt.« In der tieferen Übertragung dieses Ausspruches haben nicht nur Menschen in öffentlicher oder auch privatwirtschaftlicher Funktion ein Amt inne. Auch das Leben selbst, unser Miteinander und die Gemeinschaft mit der Natur sind Ämter. Ämter, die wir alle bekleiden. Der römische Senator Brutus bezieht seine Äußerung auf die politische Situation im alten Rom. Brutus wird von einer regierungsfeindlichen Lobby mit vielen Tricks und Schlichen zum Tyrannenmord an seinem Freund Gajus Julius Cäsar aufgestachelt. Das stärkste Druckmittel der Verschwörer ist Brutus' eigene Eitelkeit und seine Verführbarkeit hinsichtlich seines persönlichen Machtzugewinns. In seinem inneren Entscheidungskampf stellt Brutus fest, dass er selbst Cäsar eigentlich nur als jemanden kennt, dessen »Verstand nicht vom Trieb beherrscht« ist, also als einen integren Menschen. Vor seinem Gewissen kann Brutus keinen Grund für einen Mord erkennen. Um den Mord dennoch vor sich selbst zu rechtfertigen, redete sich der Senator die Gründe dafür theoretisch ein. Er entwirft in seiner Fantasie ein Szenario davon, was passieren könnte, wenn Cäsar sein Amt plötzlich missbrauchen würde. So trennt er sich selbst, fast ohne es zu bemerken, von den Grundsätzen seines eigenen Gewissens. Obwohl der Senator selbst definieren kann, was Machtmissbrauch ist, belügt er sich selbst so überzeugend, dass er sich scheinbar reinen Gewissens zu der grausamen Tat durchringen kann. Selbst seine Ehefrau, die intuitiv spürt, welche Veränderung in ihrem Mann stattfindet, lügt er an, weshalb er sie später verlieren wird. Sie nimmt sich aus Verzweiflung das Leben. Brutus missbraucht nicht nur sein politisches Amt, sondern obendrein auch das Vertrauen seiner Frau. Ihm ist die Wahrheit ja bewusst. Er sieht, dass seine Frau sie ebenso spürt. Und trotzdem verleugnet er sie. Brutus wirft damit auf katastrophale Weise das gesamte Gebäude seiner Werte, also seine Integrität, über Bord und stürzt das römische Reich ins Chaos. Kriege und schlussendlich die verheerende Auflösung des römischen Imperiums sind die Folge. Wir können heute lediglich noch ein paar seiner Ruinen bewundern.

Wertvoll
leben

Der Atem als Brücke

Während der Morgenmeditation sitzen wir in einer alten Halle des buddhistischen Klosters. Der Mönch erklärt uns die Technik. Hier wird die Meditation genauso praktiziert, wie ich es bei meinem Vipassana-Seminar in Bombay lernte. Ich freue mich auf die bevorstehende Stunde des ruhigen Sitzens, Atmens und Wahrnehmens dessen, was ist. Seit damals habe ich begonnen, das Atmen als kleinen Trick im täglichen Leben anzuwenden. Es hilft mir oft über Situationen hinweg, in denen ich nicht mehr weiterweiß oder mich die Ungeduld überkommt. Das Atmen ist unverfälscht und lässt sich nicht manipulieren. Es ist ein eindeutiger Wegweiser. Es baut mir eine Brücke über den einen oder anderen Moment, in welchem ich die Werte am liebsten in hohem Bogen über Bord werfen möchte. Wie soll ich jemandem gegenüber respektvoll sein, der mich beleidigt? Muss man wirklich immer Respekt aufbringen? Man muss die Grenzen nur immer wieder neu definieren.

Wenn dir jemand auf der Straße sagt, du seist ein Arschloch, so kannst du ruhig denken, dass er selber eines ist. Aber du musst es ihm nicht unbedingt sagen. Überlege, ob du dich auf die gleiche Ebene begeben willst. Setz dich einer solchen Situation auch nicht einen Moment länger aus als nötig. Verschärfe die Situation nicht. Geh einfach weg. Gehe dorthin, wo du dich wohl- und geachtet fühlst.

Doch mit Weggehen ist es auch nicht immer getan. Das weiß ich aus eigener Erfahrung. Nachdem ich beschlossen hatte, mein Leben zu verändern, übte ich mich eine Weile im Davonlaufen. Ich entfernte mich radikal aus allen möglichen Situationen, in denen ich mich nicht wohlfühlte. Es kam sogar vor, dass ich während eines Essens mit Bekannten plötzlich aufstand, mich verabschiedete und, ohne weitere Erklärungen abzugeben, davonging. Einmal wollte ich im indischen Goa Urlaub machen. Doch die ersten beiden Tage waren von geballtem Unwohlsein geprägt. Ich wusste nicht, was ich dort sollte, kam mir fehl am Platz vor. Meine Enfield, dieses klassische indische Motorrad, das ich so liebte und bei jedem Goa-Tripp mietete, sprang nicht an. Ich war ganz versessen darauf, das wohlig sonore Blubbern des 500-Kubikzentimeter-Motors zu hören, das vermutlich genauso klingt, wie wenn Engel furzen. Aber ich konnte die Maschine einfach nicht zum Laufen bringen. Ich ärgerte mich so sehr, dass ich mich nicht mehr beruhigen konnte. Weg, nur weg von hier! – war das Einzige, was ich noch denken konnte. Wutentbrannt buchte ich meinen Flug um und flog wieder nach Hause.

Diese Art von Weggehen aus unbequemen Situationen war zu einer wichtigen Strategie in meinem Alltag geworden. Solch radikale Manöver befreiten mich einerseits. Doch gleichzeitig waren sie enorm anstrengend und hatten häufig negative Konsequenzen zur Folge. Ohne es zu bemerken, hatte ich angefangen, vor Situationen zu fliehen, auf die ich mich vielleicht besser hätte einlassen sollen. Mein Unwohlsein war mir zum Alibi für ein unmögliches Verhalten geworden, das nicht selten einfach egogesteuert war. Immerhin schärfte ich in dieser Phase mein Bewusstsein für die feinen Unterschiede meines Befindens.

Auch mit der Integrität stand ich in dieser Lebensphase des Umbruchs auf Kriegsfuß. Wie sollte ich integer sein, nachdem ich mich in meinem Leben bereits derartig aufgeführt hatte, dass mein Gewissen ohnehin schon rabenschwarz war? Der Umgang mit Lügen und Halbwahrheiten war für mich Normalität gewesen. Ehrlichkeit und Wahrheit dagegen fühlten sich manchmal so an, als wäre ich als Liebhaber von Rotwein und gutem Whiskey dazu verdammt worden, nur noch Weihwasser trinken zu dürfen. Ich empfand es wie einen Entzug.

Jahrelang war es meine Aufgabe gewesen, Probleme ganz und gar oberflächlich und mit Hilfe meiner Kreativität und meines Einfallsreichtums in den Griff zu bekommen. Grenzen hatte es praktisch kaum mehr gegeben. In meinem beruflichen Haifischbecken musste ich neben all den anderen Fischen schließlich auch etwas hermachen. Es war mir zur Gewohnheit geworden, beiläufig Metropolen zu erwähnen, wo ich kürzlich gewesen war, oder Bemerkungen über berühmte Leute einfließen zu lassen, die ich getroffen hatte. Die Neigung, meine Wirklichkeit zurechtzubiegen, attraktiver zu machen, reichte in alle Bereiche hinein. Werte waren für mich damals nicht viel mehr als Worte, mit denen man intelligente Reden schwingen kann. Selbstredend bezeichnete ich mich trotzdem als integer, vertrauenswürdig und respektvoll zugleich und empfand mich auch so.

Das Atmen ist für mich zu einer der schönsten Techniken geworden, in mir selbst zu forschen und die verführerischen Momente zu überbrücken, in welchen ich zu vorschnellen Reaktionen oder Handlungen neige. Wenn ich mein Bewusstsein auf den Atem lenke, hat dies einen ähnlichen Effekt, wie wenn ich aus einer unangenehmen Situation weggehe. Der Vorteil ist, dass der Aufwand geringer ist. Außerdem findet dabei keine Flucht vor mir selbst statt, sondern eher umgekehrt: eine Begegnung mit dem Leben in mir. Einen Moment lang den Atem zu beobachten, gibt mir in Situationen Raum zurück, in denen es eng geworden ist. Es entsteht Zeit zur Orientierung.

Der Wert deines Lebens

Wenn du einmal nicht weiterweißt, beobachte deinen Atem. Wenn du willst, jetzt in diesem Moment. Schließe die Augen, damit du nicht abgelenkt bist. Nein, nicht weniger atmen! Atme weiter, lass es einfach atmen. Bleibe dabei respektvoll und achtsam. Jetzt nimm dein Bewusstsein an die Hand und versuche zu beobachten, wie dein Atem fließt. Spürst du das Wohlgefühl dieser Einfachheit? Der Wert des Atems ist an keiner Börse der Welt notiert. Im Umgang mit dem Atem musst du die Zeit loslassen, denn der Atem kennt keine Zeit.

Merkst du, wie schwer es dir fällt, nichts zu tun und nur zu atmen? Du willst ihn verändern, leicht anhalten, ein bisschen forcieren oder es beim Bewusstatmen besonders gut machen. Das sind die ersten Anzeichen von mangelndem Respekt dir selbst gegenüber, und der Atem rächt sich augenblicklich dafür, weil du dich schlechter fühlen wirst.

Wie willst du anderen gegenüber tolerant sein, wenn du es dir selbst gegenüber nicht bist? Die gleichen Probleme treten immer wieder auf, ebenso wie der Atem sich jedes Stück von dem, was du von ihm weggedrückt hast, wiederholt. Wie willst du deine Träume bewusst realisieren, wenn du schon Probleme hast, dich selbst zu tolerieren? Oder willst du deine Erlebnisse einfach achtlos verschlingen wie Cheeseburger; willst du deine Träume verwirklichen und sie abstellen wie eine Yacht, die man nur ab und zu mal präsentiert, als Erinnerung daran, was du alles besitzt … Nimm deinen Umgang mit deinem Atem als Sinnbild für deinen Umgang mit deinem Leben.

Der Atem kann ein bemerkenswerter Helfer beim Umsetzen der Werte sein. Er nimmt sich, was er braucht, aber nie zu viel. Er kennt keine Raffgier. Keine Beurteilung. Er ist rein. Er kennt keine Entwertung, stattdessen schafft er immerzu Wert. Er zeigt dir, wo du mit dir stehst. Versuche, einfach so zu atmen, wie es dich atmet, statt auf deinen Atem Einfluss zu nehmen. Überlasse dich deinem Atem und überlasse dich deinem Leben.

Wähle dir einmal eine Situation aus, die dich nervt: Beobachte dich in diesem Gefühl. Dann lasse das Gefühl los und lenke deine Aufmerksamkeit ganz entspannt wieder auf den Atem. Nach ein paar Momenten lasse deine Aufmerksamkeit zum Gegenstand deines Anstoßes zurückgleiten: Du wirst sehen, dass dein Unmut nicht mehr so wichtig ist. Vielleicht hat er sich sogar ganz aufgelöst. Die Fähigkeit, den Atem entspannt beobachten zu können, ist ein Spiegel für die Weise, wie du im Leben entspannt bleiben kannst. Die Beobachtung des Atems ist eine der schönsten Möglichkeiten, sich von dem Agitieren der Umwelt unabhängig zu machen. Den Atem zu beobachten ist eine der einfachsten Techniken, um zu sich selbst zu finden. Das Wichtigste dabei ist, sich immer wieder im Loslassen zu üben. Dazu gehört, dass man die eigenen aufsteigenden Gefühle und Gedanken achtet, akzeptiert, dass man sich innere und äußere Wahrnehmungen bewusstmacht. Erst dann ist man in der Lage, sie wieder loszulassen und zum Atem zurückzukehren.

Die Meditation oder der Atem sind Hilfsmittel, um dich selbst besser kennenzulernen. Dich selbst vollständig zu kennen, ist unbedingt erforderlich. Nur wenn du dich selbst komplett kennst und akzeptierst, kannst du auch andere komplett wahrnehmen. Andernfalls finden nur Begegnungen von Teilpersönlichkeiten statt. Der Rest wird von der Show kompensiert, die unsere derzeitige Welt prägt. Es ist unmöglich, etwas zu akzeptieren, dessen man sich gar nicht bewusst ist. Es sind diese halben Sachen, die nicht zu Ende gedachten Begebenheiten und Konsequenzen unserer Handlungen, welche die großen Probleme unserer Welt immer monströser werden lassen. Bei uns selbst anzufangen, ist daher eine der letzten Chancen dieser Zeit.

Diese ganz einfache Meditationsübung des Atembeobachtens ermöglicht ein authentisches Teilnehmen an der Lebensgemeinschaft mit anderen und ein intensives Zusammensein mit ihnen. Selbst wenige Minuten der Übung helfen bereits. Die Effektivität des Atems als Werkzeug in der Arbeit an dir selbst und in deinem Leben liegt darin begründet, dass du nichts dazutun musst, um zu atmen. Du musst nirgendwo hingehen und dich zu keinem Kurs einschreiben. Der Atem ist die Metapher für das Leben, in welchem die Dinge ebenso unvorhergesehen und von alleine passieren. Es atmet von alleine, immer, unentwegt, so lange du lebst, ob du willst oder nicht. Soweit ich weiß, ist es noch keinem Menschen gelungen, bewusst mit dem Atmen aufzuhören. Es funktioniert auch nicht, dem Atem einen anderen Rhythmus aufzuzwängen. Der Atem ist deine Menschlichkeit. Er ist das dir innewohnende Kraftwerk der Toleranz und des Respekts. Es fließt von alleine vor sich hin, wie das Leben und seine Begegnungen mit den Menschen, ob du nun etwas dazutust oder nicht.

Wenn du jetzt deinen Atem beobachtet hast, so hast du ein wenig meditiert. Bewerte dieses Erlebnis nicht. Erinnere dich stattdessen an das Erlebnis der unabhängigen Entspanntheit, von der du vielleicht einen Moment lang ausgefüllt warst. Erinnere dich immer wieder daran zurück und versuche, dieses Gefühl am Leben zu erhalten. Du kannst es auf alle Situationen im Leben übertragen. Experimentiere damit. Verbinde den Atem mit den Werten deines Lebens.

Egofalle und Gewissen

Nach der Morgenmeditation versammeln wir uns in der Pagode des Sang-Gaesa Klosters im Kreis. Jeder darf dem leitenden Mönch Fragen stellen. Sabom-nim Ko Young-Jae, der junge Meistersohn von Großmeister Ko ist der Einzige, dem es gelungen ist, eine Stunde lang ganz reglos dazusitzen. Ich bin deswegen etwas neidisch auf ihn. Er hockt seelenruhig in seinem Trainingsanzug neben dem Mönch, der eine lange, beige Wollkutte trägt und den Kopf kahl geschoren hat. Für einen Moment lang spukt es in mir: Sollte ich mir auch mal eine Glatze schneiden?

Es ist immer noch frisch am frühen Tag, deswegen habe ich meine Jacke nicht ausgezogen. Nachdem mich im Moment keine konkrete Frage beschäftigt, überlege ich – und schließlich kommt mir in den Sinn, mal von einem praktizierenden Meditationsmeister hören zu wollen, was er zu dem Phänomen des Egos sagen würde. Der Mönch sieht mir direkt in die Augen und lächelt leise: »Das Ego ist derjenige, der fragt.«

Wieder einmal spüre ich meinen Atem klemmen. Ich schon wieder? Für ein paar weitere Momente lang lässt der Mönch seine Augen in mich hineinfallen. Ich erinnere mich an eine Zeit, in welcher ich Ämter innehatte. Ein Gewissen kannte ich zu dieser Zeit nicht. Der Ausspruch von Shakespeare wäre daher bei mir sicher auch anwendbar gewesen, denn es war eine Zeit, in der ich mein Ego ständig mit glänzenden Etiketten und Äußerlichkeiten stützte.

Einmal trat ich einen Job an, für den ich tolle Visitenkarten mit geprägtem Schriftzug erhielt; darauf stand: »*Executive Vice President*«. Ich war Präsident! Dank der Tatsache, dass ich mich problemlos in alles Mögliche hineinversetzen konnte – auf der Schauspielschule hatte ich das ja gelernt –, dauerte es nur Sekunden, und ich fühlte mich auch so: stolz wie ein Präsident. Sogar meine Sekretärin und jahrelange Weggefährtin in der Achterbahnfahrt meines Berufslebens, jene Fee in meinem Büro, die mich später dazu gebracht hatte, Bürowasserfällen etwas Positives abzugewinnen, war stolz. Sie ließ mir mehr Visitenkarten drucken als sonst. Eigentlich fand ich diese Kärtchen immer überflüssig, normalerweise stand ja nie etwas Besonderes drauf. Aber Präsident – das war schon was.

Als frischgebackener Präsident begann ich, die kleinen Kärtchen so eifrig zu verteilen, als ginge es darum, etwas zu gewinnen. Ich hatte das Gefühl, den Durchbruch in den beruflichen Hochadel geschafft zu haben. Alle waren stolz auf mich. Meine Familie, meine Freunde. Ich versuchte, meine neue Rolle zu erspüren und stellte fest: Als Präsident ist man ein eher getragener Typ; man gibt sich nicht mehr so ganz so locker-salopp, eher so, als hätte man schon eine gewisse Gelassenheit erreicht. Ich brauchte nicht lange, um ein – wie mir schien – dazu passendes, gnädig-mildes Lächeln einzuüben. Es war eigenartig: Anscheinend hauste in mir auch ein Präsident, der nun plötzlich zum Vorschein kam. Woher sollte ich all dieses Benehmen und dieses neue Selbstgefühl denn sonst schöpfen? Schlagartig behandelten mich alle mit Respekt.

Umso größer war meine Vorfreude, als ich auf eine Konferenz ins Ausland reisen musste. Mehrere Tausend Manager aus der ganzen Welt wurden für diesen Megakonvent erwartet, und ich packte einen besonders dicken Stapel Visitenkarten in meinen Koffer. Gleich bei meiner ersten Begegnung mit einem der Kollegen drückte ich ihm ein Papierkärtchen in die Hand. Doch die Reaktion war nicht die erhoffte, denn auch er reichte mir eine Karte, auf der »Präsident« stand. Nach einigen weiteren Anläufen stellte ich zu meiner Enttäuschung fest, dass auf dem Event fast nur Artgenossen herumliefen. Der Respekt war verflogen. Das Klima auf dieser Veranstaltung war alles andere als kollegial, vielmehr sah ich mich als Präsident unter Präsidenten mit starkem Konkurrenzdenken konfrontiert. Ich war nichts Besonderes mehr, sondern einer von vielen, die sich gegenseitig schmal lächelnd begegneten, während sie sich abschätzig beäugten. Die ganze Konferenz geriet zu einer schwerfälligen Versammlung von Egomanen. Eine seltsame Welt. Ich fühlte eine eigenartige Isoliertheit. Es war, als würde ich auf einem schmalen Gipfel balancieren, von dem man leicht abstürzen konnte.

So versuchte man in dieser Sphäre automatisch, sich so wenig wie möglich zu bewegen. Den Standpunkt zu wechseln, fiel unter diesen Bedingungen schwer.

Für eine Weile gelang es mir, die Ernüchterung über die Zwänge und Unflexibilität meiner neuen Position mit Vitaminspritzen für mein Ego zu kompensieren: Ich konnte First Class fliegen, wurde auf tolle Yachten eingeladen, hochrangigen Würdenträgern vorgestellt und mit Limousinen herumchauffiert. Irgendwann wurde das jedoch langweilig, und ich wollte das alles nicht mehr, daher legte ich meine Kärtchen weg und verlor damit auch diese Form von Ansehen.

Als ich im Taekwondo viel später nach neun verschiedenen Gürtelstufen den ersten Schwarzen Gürtel und damit den 1. Dan verliehen bekam, erfasste mich plötzlich ein merkwürdiges Gefühl. Da war doch so ein feuriges Brennen in mir, ein Ich-bin-toll-Gefühl … Kannte ich das nicht irgendwoher? Es war fast eine Art Déjà-vu: Mein Präsidenten-Ego war zurück! Es war genau wie früher. Was für eine verführerische Fata Morgana! Für einen Moment lang überlegte ich tatsächlich, ob ich den Schwarzen Gürtel ablehnen sollte, weil ich Angst hatte, wieder in mein altes Fahrwasser zu geraten. Doch bis heute habe ich es, glaube ich, ganz gut geschafft, den Dämon meines Egos in die Schranken zu weisen.

Die Augen des Mönchs sind wieder da. Hat er bemerkt, was in mir vorgegangen ist? Ich schaue zu Meister Ko und sehe sein mildes Lächeln. Der Mönch sagt: »Du bist nicht alleine, hab keine Angst. Es geht uns allen so!«

Traue dir selbst nicht immer ohne weiteres über den Weg, denn oft bist du es gar nicht. Das Ego ist ein virtuoser Fallensteller. Ein verschlagener Strippenzieher deiner Gefühlswelt. Du fällst über sein gestrecktes Bein, bevor du dich versiehst. Aber er ist auch ein Schwächling. Besinne dich auf deine Werte, zuallererst den deines Bewusstseins, und du wirst ihn besiegen. Sei dir selbst gegenüber skeptisch in Momenten, wenn du dich über äußere Positionen und Reaktionen freust. Frage dich, warum es dir guttut, wenn man dir besondere Hochachtung schenkt oder dich lobt. Freut sich nur dein Ego oder bist es wirklich selbst? Ein Hinweis auf die Aktivität des Egos ist zumeist der Grad deiner Identifikation mit einer Situation. Er spiegelt sich in deinen Gefühlen wider: Willst du unbedingt Recht haben, bist du enttäuscht, suchst du Streit, lässt du dein Gegenüber ausreden, willst du dich mit ihm messen? Aber auch in positiven Gefühlen zeigt sich das Ego. So wird Liebe manchmal mit dem himmelhoch jauchzenden Egogefühl einer besonderen Aufmerksamkeit verwechselt, Zufriedenheit mit Geld oder mit Shoppen, mit gestillter Gier oder dem Wunsch, berühmt zu sein. All dies sind Beispiele für die Masken deines Egos. Sie werden dich nirgendwo anders hinbringen, als weit weg von dir selbst.

Ein völlig überladener Teller

Ich bin wirklich kein besonderer Meister im Zähmen meines eigenen Egos. Selbst in der Kantine beim Essen lauerte es schon wieder auf mich. Nach dem Gespräch über das Ego sitzen wir mit dem Hauptmönch beim Frühstück.

»Na, du willst dir wohl von Chy-Eun wirklich schon wieder einen auf die Nase geben lassen, nachdem du das alles hier gegessen hast!«, sagt Karl. Ich habe mir meinen Teller heillos vollgeladen. Voller Gier und Angst, dass es nicht möglich ist, sich ein zweites Mal etwas zu nehmen, bin ich schon wieder in die nächste Falle getappt. Wir sitzen an einem zehn Meter langen Holztisch. Ich habe mir gerade ganze Scharen von glatzköpfigen, buddhistischen Mönchen daran vorgestellt und fühlte mich selbst bereits als einer von ihnen, als ein ergebener Suchender des Lebenssinns. Doch Karls Bemerkung hat mich ernsthaft verärgert. So sehr, dass ich zu keinem frischen Gedanken mehr fähig bin.

»Vielleicht wird's dir hochkommen!«, stichelt Karl weiter. In Korea isst man bereits zum Frühstück diese warmen, scharfen Sachen, die auch mittags und abends auf den Tisch kommen. Zu spät habe ich daran gedacht, dass es in diesem buddhistischen Kloster Sitte ist, aufzuessen, was man sich auf den Teller lädt. Andernfalls würde man als gierig gelten. Und mit meiner neurotischen Angst, zu kurz zu kommen, habe ich mich dieses Mal nicht erst mit dem Kampf, sondern bereits mit dem Essen übernommen. Meine Laune sinkt bleischwer auf den Tiefpunkt. Es ist zum Davonlaufen! Obendrein, erklärt mir Ko Young-Jae, muss man zügig essen. Denn wenn der Hauptmönch aufsteht, sollten alle fertig sein und sich ebenfalls erheben. Das gebietet der Respekt. Mich macht das fuchsteufelswild. Vor allem ärgere ich mich über mich selbst, weil ich doch eigentlich von diesen Sitten wusste. Hätte ich nicht selbst denken können?

Ich würge mein Essen herunter und schiele nach jeder Gabel zum Hauptmönch hinüber. Schweigend sitzen wir alle an dem langen Tisch. Besonders meditativ komme ich mir momentan nicht vor mit den Halden von scharfem Gemüse, die ich in mich reinstopfe. Eine Trainingspartnerin ist nett zu mir und nimmt mir ein kleines Portiönchen von dem Berg ab. Auch Karl ist so gnädig und tunkt seine Gabel in meinen Teller. Jetzt ist der Chefmönch fast fertig. Keiner der zwanzig Leute, die ihr Taekwondo verbessern wollen, redet noch, denn es zeichnet sich mein persönliches Drama ab: Der Mönch bewegt sich. Er rafft die Falten seiner Kutte zusammen. Was soll ich nur machen? Plötzlich erhebt er sich. Alle anderen stehen abrupt auf, doch er winkt ab und fordert uns auf, wieder Platz zu nehmen. Dann geht er in aller Ruhe zur Essenausgabe. Er nimmt sich zwei Teller und lädt sich zwei ungeheuer große Portionen auf. Als er wieder am Tisch sitzt, beginnt er zur Verwunderung der anderen in einer Gemächlichkeit zu essen, die an Zeitlupe grenzt. Er beginnt ein Gespräch auf Koreanisch mit Meister Ko. Mein ganzer Verzehr-Stress fällt mit einem Schlag von mir ab. Ich schaue zu Karl und den anderen, und ein Hochgefühl steigt in mir auf. Mein Blick begegnet den Augen des Mönches. Er zwinkert mir zu. Dann beginnt er schallend zu lachen. Karl haut mir auf die Schulter, und jeder Ärger ist verweht.

Diese Angewohnheit, mir möglichst viel auf den Teller zu laden, ist entweder eine übertragene Angst meiner Eltern aus den Hungersnöten des Zweiten Weltkrieges, oder die Unsitte rührt daher, dass ich als der Älteste von fünf Geschwistern den anderen immer etwas abgeben musste, wenn nicht mehr genügend auf dem Tisch stand. Ich habe diese Angewohnheit mein ganzes Leben nicht ablegen können, weil sie mir gar nicht bewusst war. So habe ich sie sogar auf andere Lebensbereiche übertragen. Dieses Gefühl der Unersättlichkeit wurde prägend für meine Lebensweise. Ich war nie zufrieden. Ich schaute immer zu den anderen, wurde neidisch, wollte das Gleiche haben. Selbst im Taekwondo-Training ertappte ich mich nicht selten dabei, wie ich zu denjenigen schielte, die bessere Kicks machten als ich. Sofort orderte ich beim Meister ein paar Einzelstunden, um mindestens so gut zu werden. Was mir bei diesem Getriebensein verlorenging, war der Genuss.

Durch die Selbstverantwortung, die ich im Taekwondo zu praktizieren begann, lernte ich, mein Leben als ein Amt zu betrachten, mit dem ich korrekt umgehen kann oder auch nicht. Wenn ich integer lebe, geht es mir gut. Sonst nicht. Shakespeares Diktum beziehe ich deswegen nicht nur auf politische oder wirtschaftliche Ämter, sondern auf das gesamte Leben. Die Verantwortung gegenüber dem eigenen Leben ist vergleichbar mit den Pflichten, die ein Amt mit sich bringt. Ich alleine habe die Macht über mich. Wer sonst? Nur vor meinem eigenen Gewissen muss ich rechtfertigen, wie ich lebe und was ich tue. Wenn sich diese unermessliche Macht, die ich über mein eigenes Leben habe, von meinem Gewissen trennt, so betreibe ich Missbrauch am Amt meines eigenen Lebens und gebe die Integrität mir selbst gegenüber auf.

Arbeit – Relikt aus vergangenen Zeiten?

Wie wichtig Integrität ist, habe ich schon als kleiner Bengel einmal erfahren. Mein Vater war dabei, ein Haus zu bauen. Um mich unruhigen Kerl bei Laune zu halten, gab er mir die Aufgabe, auf seiner Baustelle krumme Nägel zu suchen. Für jeden, den ich geradeklopfen würde, versprach er mir einen Pfennig. Ich war im siebten Himmel und verschwand augenblicklich für ein paar Stunden lang auf Nimmerwiedersehen. In der Nähe hatte ich kürzlich beim Spielen einen Schrottplatz mit einem alten Depot verrosteter Nägel entdeckt. Ich glaube, es waren mehrere Tausend Nägel, die ich in einen stinkenden Müllsack stopfte und durch die Straße zur Baustelle schleppte. Als ich ankam, standen dort wild gestikulierende Menschen herum. Sie fingen an zu rufen, als sie mich sahen, und liefen mir entgegen. Ich fühlte mich mit all meinen Nägeln wie ein Sieger: Jetzt war ich reich! Ich konnte mir jedes Spielzeug kaufen, das ich wollte. Nach einer ersten Berechnung würde ich es auf mindestens 80 Mark bringen. Erst langsam dämmerte mir, dass man sich Sorgen um mein Verschwinden gemacht hatte. Und die Nägel gehörten eigentlich dem Besitzer des Schrottplatzes. Ich musste sie wieder zurückbringen, und Geld gab es erst einmal keins. Damit geriet mein Wertverständnis kurzzeitig völlig aus den Fugen. Ich hatte doch geliefert, was mein Vater verlangt hatte.

Erst als ich vehement darauf bestand und nach einem heftigen Streit zwischen meinem Vater und meiner Mutter, legten sie mir ein paar Groschen auf einem Sparbuch an.

Mit meiner dreisten Idee verstieß ich bereits als kleiner Bub ein klein wenig gegen den Wert der Integrität. Insgeheim wusste ich nämlich ganz genau, dass mein Vater sein Versprechen nur auf die Baustelle bezogen hatte. Er wollte mich mit etwas beschäftigen, das war mir sehr wohl klar. Er wollte meine Leistung bezahlen, das Geradeklopfen der Nägel, nicht nur den geraden Nagel selbst. Doch ich hoffte, mit meinem Trick schnell zu viel Geld zu kommen. Damals kam ich zum ersten Mal in den direkten Kontakt mit einem Wert. Ich lernte kennen, was Arbeit heißt.

Die mangelnde Motivation von Millionen Menschen, ihre Arbeit zu tun, wurzelt nicht nur in ihrem schlechten Verdienst, sondern auch darin, dass ihnen der Wert ihrer Arbeit nicht mehr klar ist. In von profitgeilen Investoren geprägten Betrieben fehlt vielerorts das menschliche Gefühl wertvoller Gemeinsamkeit. Das Füreinander ist dem Eigennutz von auf Rendite geeichten Unternehmern gewichen. Es fehlen Mitgefühl und Herzlichkeit. Die große Frage: Wofür das alles?, drückt bleischwer auf die Motivation von Millionen Menschen. Sie verdienen nicht genug Geld. Der Sinn ihrer Arbeit verschwindet in der zunehmenden Virtualität unserer Welt. »Virtualität« bedeutet, dass etwas nicht so ist, wie es aussieht und wirkt. Es führt kein Weg darumherum, der Wirklichkeit unserer Welt ins Auge zu sehen: Für Manager sind Arbeitnehmer zu einer anonymen, negativen Größenordnung geworden. Sie kosten in erster Linie Geld. Zu den größten Vitaminspritzen für Aktienkurse an den Börsen gehören daher obszönerweise die Bekanntmachungen von Unternehmen, die ihre Gesundung durch das Streichen von Arbeitsplätzen betreiben zu wollen. Die menschliche Arbeit hat sich für viele in das Gegenteil dessen verkehrt, was sie einmal war: vom Wertvollen ins Wertlose. Der Wert war einmal in der kollektiven Anstrengung begründet, ein gemeinsames Ziel erreichen zu wollen. Er wurde repräsentiert vom Verantwortungsgefühl der Gründerväter. Heute begründet sich die Wertlosigkeit in der Perversion, dass ein Unternehmen als umso erfolgreicher gilt, je weniger Menschen möglichst viel Profit machen. Was das Unternehmen produziert, ob seine Produkte den gemeinschaftlichen Werten dienen und überhaupt benötigt werden, ist schon fast egal. Der Irrsinn gipfelt darin, dass gerade die überflüssigsten Produkte die höchsten Profitmargen erzielen: Finanzprodukte beispielsweise. Das meiste Geld macht man mit dem Geld selbst. Der Wert als solches hat sich vom Inhalt abgekoppelt und multipliziert sich von alleine weiter, allerdings auf Kosten der Substanz.

In einem Einkaufszentrum erlebte ich vor kurzem, wie die Hälfte der 20 Kassen von Automaten ersetzt wurde. Zufälligerweise kaufte ich dort am ersten Tag der Umstellung ein. Es war eine gespenstische Szenerie. Als ich meinen Einkaufswagen auf die Bezahlstelle zuschob, arbeiteten statt der 20 Kassiererinnen nur noch elf. Zehn saßen an ihren alten Kassen und eine weitere sollte den Kunden an den neuen Kassenautomaten helfen. Nicht weit von ihr standen mehrere Manager und feierten ziemlich wortkarg, an Prosecco-Gläsern nippend, ihre Innovation. Sie wussten scheinbar nicht, worüber sie sich unterhalten sollten, und wirkten daher wie funktionsuntüchtige Maschinen. Mit ausdruckslosen Gesichtern beobachteten sie die Kassiererinnen bei der Arbeit. Eine von ihnen kannte ich, sie half mir dabei, den Automaten zu benutzen. Ich fragte sie, wo all die anderen Kassiererinnen wären. In dem Moment wandte sie ihren Kopf von mir ab und sagte leise: »Sie sind alle entlassen worden, aber dazu darf ich nichts sagen. Gehen Sie bitte weiter. Wissen Sie, das hier sind unsere Chefs, und ich habe ein Kind, das ich ernähren muss.«

Als ich am selben Abend einem Freund davon erzählte, war der ganz begeistert. Das sei doch toll, sagte er. Für die verlorenen Arbeitsplätze würden neue, wertvollere Jobs entstehen. Ich fragte ihn, ob er wisse, welche das seien. Das wusste er aber nicht, und er erzählte mir etwas Allgemeines von den Technologien der virtuellen Welt. Jedenfalls dürfe man die neuen Errungenschaften nicht einfach verteufeln, sie hätten auch sehr viel Gutes.

Das stimmt, ja. Im Internet lässt sich wunderbar recherchieren, man kann sich Botschaften zuschicken, und darüber hinaus können wir ununterbrochen per Handy telefonieren. Doch mit der Zahl neuer Kommunikationsmöglichkeiten hat die Qualität dessen, was wir durch den Äther trompeten, nicht zugenommen. Welche neuen Arbeitsplätze die alten ersetzen, ist einfach nicht klar. Auch nicht, was mit den entlassenen Menschen passiert. Außer dass sie neuen Statistiken zugeordnet werden. Und dass sie im Meer der Zahlen ihre Identität verlieren.

Fortschritt – Welt der Verständnislosigkeit

In vielen Bereichen hat sich der Fortschritt zu einer Gefahr für die Menschen entwickelt. Es mag sein, dass technologische Errungenschaften, die auf der einen Seite Menschen arbeitslos machen, auf der anderen Seite hochwertigere Arbeitsplätze schaffen. Doch wer versteht diese Zusammenhänge, wenn sie nicht konkret kommuniziert werden? Und eine andere Frage ist: Benötigen wir das alles überhaupt? Ist es wirklich sinnvoll? Manches vielleicht ja. Vieles aber vielleicht nicht. Warum werden wir über solche Entwicklungen nicht von langer Hand aufgeklärt? Wir wollen in diese Überlegungen eingebunden sein! Die Kommunikation ist zu einem Kardinalproblem geworden. Es scheint so, dass nicht einmal der Wille vorhanden ist, sich auf

Augenhöhe zu begegnen. Der normale Bürger kann nicht hellsehen, was Manager oder Politiker möglicherweise langfristig im Visier haben. Man muss schon mit ihm darüber sprechen, und zwar in einem gleichberechtigten Dialog. Dafür müssen Ziele erklärt werden, deren Plausibilität man versteht. Im Hinblick auf solche sinnvollen, nachvollziehbaren Ziele könnte eine motivierte Zusammenarbeit entstehen, weil man begreift, warum es nötig ist, eine Durststrecke zurückzulegen. Ohne ein Verständnis, warum diese oder jene Technologie eingeführt wird, Arbeitsplätze vernichtet werden oder die Natur zerstört wird, kann nur Protest entstehen. Und in solchen Fällen sollte auch möglichst viel Protest entstehen. Jeder, der behauptet, man dürfe nicht protestieren, hat dringend einen Nachhilfekurs in Sachen freiheitliche Demokratie nötig.

Ohne echtes Verständnis dafür, wie moderne Maschinen unser Zusammenleben verbessern, werden wir ihnen immer eine Mitschuld an der Entseelung unserer Welt geben. Viel zu oft bewegen sich Forschung und Technik an der Wissbegierde der Menschen vorbei. Manches finden wir toll, weil es cool aussieht. Anderes wieder weniger, oft aus unsachlichen oder unlogischen Gründen. Unser Beurteilungsvermögen prallt am Image der Errungenschaften ab, und es versinkt im Schlamm schwer zu beurteilender Informationen. Fortschritt ist wichtig, doch werthaltig ist er nur mit einem tieferen Ziel, das unserer Gemeinschaft in dieser Welt dient. Und das müssen wir verstehen, sonst können wir es nicht unterstützen. Nachdem die Tendenz aber in die andere Richtung geht, sind Stolz und Würde eines für den Fortschritt arbeitenden Menschen aussterbende Werte.

Protestiere gegen die Entwertung menschlicher Arbeit, indem du dein Bewusstsein schärfst und deine Intelligenz einsetzt. Vergegenwärtige dir das Ausmaß der Situation und ihre Wirkung auf die Welt, auf ihre Menschen und deren Lebensqualität.

Versuche die Konsequenzen zu erfassen und zu empfinden, wie schmerzhaft sich das anfühlt. Verfange dich dabei aber nicht in hastiger Kritik. Übe Mitgefühl mit den Schwächen der Verantwortlichen. Indem du dein Verständnis für die Zusammenhänge verbesserst, wirst du dich weniger als Opfer des Systems fühlen, sondern Ideen entwickeln, was du dagegen tun kannst. Fange immer bei dir an. In deinem Leben. Du musst nicht unbedingt Produkte kaufen, durch die unsere Welt noch mehr zerstört wird. Du hast Courage, sie ist dir angeboren, einem jedem von uns ist sie angeboren. Also setze sie auch ein, und äußere dich. Entschließe dich dazu, ein wertbestimmtes Leben zu führen, im Kleinen, mit deinen Freunden und Mitarbeitern. Nutze keine automatischen Kassen, wenn ihr Sinn sich in der Profitabilität erschöpft. Gib anderen mit deinen Werten ihren Wert zurück.

Vergiss vor lauter Arbeit und Lust auf Geld nicht die Arbeit an dir selbst. Schau genau hin, ob du noch in deinen Werten verankert bist. Oder sind Gier (mangelnde Selbstbeherrschung), Frust (mangelndes Durchhaltevermögen), Erfolgssucht (mangelnde Verantwortlichkeit) mit dir durchgegangen? Ob du ein Unternehmer bist, ein Chef, ein Politiker oder ein Angestellter – es wird sich rächen, wenn du deine Arbeit nicht nach den Werten ausrichtest. Gestalte deine Arbeit so, wie du es entsprechend deinen Werten für richtig hältst. Doch mache dir diese Werte auch in aller Tiefe klar! Nur dann wirst du auf deine Arbeit zurückblicken können wie auf ein schönes Naturerlebnis nach einem langen Spaziergang. Wenn du für eine Firma arbeitest, vergleiche die Werte der Firma mit den deinigen. Wenn du Arbeitnehmer beschäftigst, wirst du ihre Motivation erhöhen, wenn du immer darauf achtest, dass du und deine Firma die gleichen Werte wie deine Arbeitnehmer umsetzen. Die Bedeutung eines gemeinsamen Zieles, das über deinen bloßen Verdienst hinausreicht und auch deinen Arbeitnehmern dient, kann gar nicht genug betont werden. Du bist mit ihnen zusammen. Als Arbeitnehmer musst du dich umgekehrt genauso für das gemeinschaftliche Ziel engagieren. Wenn du mit dem Ziel der Firma nicht einverstanden bist, so überlege, ob du dir vielleicht eine andere Stelle suchen solltest. Oder willst du dein Leben mit etwas verbringen, was dich gar nicht interessiert? Definiere dir selbst ein eigenes, kleines Ziel, das du mit deiner Arbeit erreichen willst. Lasse dein Ziel wachsen!

Der Sinn von blauen Flecken

Eine der Hauptursachen für die Probleme unserer Zeit liegt im Ursprung unserer Motivation. Von frühester Kindheit an werden wir auf Erfolg, Geld und glänzende Imagewelten getrimmt. Gleichzeitig wird uns eingetrichtert, dass das Leben ein Kampf ist, in dem wir uns beweisen müssen. Wir müssen immer weiter, immer höher. Das Glück ist nie dort, wo wir gerade sind, sondern immer woanders. Wie Roboter, denen eine Sicherung durchgebrannt ist, drehen wir uns nur noch um uns selbst. Wir suchen die Konkurrenz, die Reibung, den Krieg und den Kampf. Gleichzeitig ist uns dieser Missstand nicht gänzlich unbewusst. Wir empfinden eine beständige Sehnsucht nach einer abstrakten Art Erlösung. Alleine das sollte uns eigentlich signalisieren, dass unser Weg nicht der richtige ist. Wir müssen dafür nicht deutlich formulieren können, wohin uns die Sehnsucht zieht. Der französische Schriftsteller Jean-Paul Sartre hatte das Dilemma einmal so beschrieben: »Der sensible Mensch leidet nicht aus diesem oder jenem Grunde, sondern ganz allein, weil nichts auf dieser Erde seine Sehnsucht stillen kann.«

Für mich brachte die Einfachheit, die ich irgendwann zu entdecken begann, eine Wende in meinem Leben. Mit ihr wurde meine Sehnsucht ruhiger. Was ich suchte, fand ich nicht irgendwo und auch nicht morgen oder am anderen Ende der Welt. Ich entdeckte es in der Einfachheit in mir selbst. Das Überraschende dabei war, dass sie jederzeit greifbar war. Nur hatte ich sie durch meinen Aktionismus nie bemerkt. Meine Prägung, die aus Erziehung, Schule und dem Torpedofeuer der Informationsgesellschaft bestand, hatte mich glauben gemacht, dass alle Lösungen für Probleme außerhalb von mir liegen. Wenn uns pausenlos gesagt wird, dass sich alles, was wir erreichen können, woanders befindet, als wo wir selbst sind, dann glauben wir nur noch schwer daran, dass wir es erreichen können und es vielleicht näher liegt, als wir denken. Einer unserer größten Irrtümer liegt in der Motivation unseres Tuns.

Einmal lud mich der Meister an seinen Tisch im Dojang, wo er mit einer elegant gekleideten Frau und einem jungen Burschen ein Vorgespräch führen wollte. Beide waren begierig darauf, Taekwondo zu lernen. Es ist nicht ungewöhnlich, dass Frauen diesen Kampfsport lernen. Seit ich trainiere, stehe ich eigentlich immer neben fast so vielen Frauen wie Männern. Meister Ko fragte die gut aussehende Dame provokativ, wie sie denn auf die Idee gekommen sei, sich in so einem Training blaue Flecken zu holen, und ob nicht Pilates oder Arobic besser für sie wäre.

Sie schaute ihn kampflustig an und meinte: »Ich fürchte mich nachts auf der Straße und will nicht vergewaltigt werden.«

Dann fragte er sie: »Wie oft bist du denn schon vergewaltigt worden?«

»Noch nie.«

»Gab es schon einmal eine Situation, wo es nahe daran war?«

»Nein.«

»Kennst du Frauen, denen man so etwas zugefügt hat, oder Männer, die das tun?«

»Nein, bis jetzt Gott sei Dank nicht.«

Meister Ko hob seine Stimme an: »Also wozu willst du es dann lernen. Es ist doch Zeitverschwendung!«

Dann legte der junge Mann, der offenbar ausländischer Herkunft war, los: »Mir geht es auch darum, mich wehren zu können, wenn ich auf der Straße überfallen werde!«

»Wie oft bist du denn schon überfallen worden?«

»Noch nie.«

»Kennst du jemanden, hast du Freunde?«

»Nein!«, rief der junge Mann. »Aber man liest immer wieder davon, dass Ausländer angegriffen werden!«

Meister Ko schaute ihn nachdenklich an. »Und was machst du, wenn du nie angegriffen wirst? Hörst du dann wieder auf mit dem Taekwondo?«

Der Junge wurde stutzig. Er schaute mich an, dann die Frau.

Daraufhin verordnete der Meister den beiden, ihre Motivation eine Woche lang zu überdenken. Dazu gab er ihnen eine Frage mit auf den Weg: »Es könnte ja sein, dass ihr Taekwondo nie anwenden müsst. Wozu lernt ihr es dann?«

Eine Woche später kamen beide zurück und begannen leidenschaftlich Taekwondo zu trainieren. Die Frau raunte mir im Training zu: »Natürlich mach ich das, weil es mir Freude macht!« Und der Junge grinste mich an: »Scharfer Typ, dieser Meister!«

Die Frau und der junge Kroate hatten innerhalb einer Woche ihren Standpunkt geändert. Ihre Motivation war nicht mehr das Kämpfen, sondern das Lernen.

Kämpfen zu lernen, damit man sich besser prügeln kann, kommt mir heute so vor, wie das Managen zu lernen, um möglichst schnell viel Geld zu verdienen. Kinderzirkus. Oder wegen der Macht und des Ruhms in die Politik zu gehen. Die Motivation sitzt oft auf dem falschen Fleck. Wozu all diese Torturen? Es muss sich um ein tieferes Ziel drehen. Eine richtige Motivation hat mit dem Leben selbst zu tun. Dabei kann man sich nicht von der Gemeinschaft abspalten. Ein Ziel ist wertvoll,

wenn es auch dann bestehen bleibt, wenn man die für das Erreichen des Ziels erlernte Fähigkeit nie anwenden muss. Der blaue
Fleck im Training hat nur einen Sinn, wenn man ein Ziel an-
peilt, für das man keine blauen Flecken braucht.

Die Sucht, alles zu bewerten

Irgendwo draußen haut wieder einer auf diesen wuchtig klingenden Riesengong. Ich blicke zu Karl herüber. Der Mönch hat
jetzt aufgegessen, und ich bin auch fertig geworden mit meiner
Riesenportion. Obwohl ich die meisten Leute hier nicht besonders gut kenne, fühle ich mich mit ihnen allen sehr vertraut. Ich
erinnere mich an die morgendliche Stunde heute früh, als Karl
und ich spazieren gingen. Wir beide waren nicht verabredet gewesen, aber plötzlich gingen wir auf dem Pfad hinter dem Kloster nebeneinander her. Wir sprachen nicht viel. Zu intensiv war
die Stimmung, dieses Aufwachen der Welt. Es übertönte jedes
gesprochene Wort. Mein Blick wanderte zwischen den Bäumen
umher, turnte an wackelnden Ästen entlang und spähte durch
sie hindurch zu den Vögeln, die am Himmel kreisten. In was für
einer Ruhe und Anmut all diese Lebewesen lebten …

Die Natur stand im krassen Widerspruch zu mir: Ich verglich
mich ständig mit anderen. Allen Ernstes überlegte ich ein paar
Momente lang, ob Karls Hinweis auf mein Gehtempo angemessen war. Er hatte mich gebeten, nicht so schnell zu gehen, und
das hatte mich genervt. Wie einen Schwarm Mücken musste ich
meine aufgescheuchten Gedanken verjagen. Früher hätte ich
gleich einen Streit daraus gemacht. »Also bitte, ich gehe, wie ich
will!«, hätte ich gesagt.

Ich wäre vielleicht extra schnell gegangen oder besonders
langsam. In mir drinnen existiert eine Instanz, die ununterbro-

chen die einen Dinge gut und die anderen schlecht bewertet. Das meiste davon ist absoluter Unfug und schlicht überflüssig. In der Natur herrscht Friede. Dort gibt es keine Bewertungen. Doch in mir beharrt immer etwas darauf, alles ins Verhältnis zu mir zu setzen und zu bewerten. Tagaus, tagein kämpfe ich mit allen möglichen Gefühlen im ständigen Bestreben, irgendwie glücklicher zu werden. Millimeterweise bewege ich mich vom Fleck und bin dabei anscheinend so unbeholfen, dass ich einen Freund brauche, um auf eine wunderschöne Blume in einem Unkrautbüschel aufmerksam zu werden. Oder um mein Schritttempo der Situation anzupassen. Ich brauche einen Meister, weil ich auch mit 50 noch nicht unfallfrei auf meinem Weg zum Ziel gehen kann. Ich bin nicht gerade respektvoll mir selbst gegenüber und habe Mühe, alle meine Unzulänglichkeiten zu akzeptieren.

Heute Morgen blieb ich schließlich stehen. Sollte Karl doch weitergehen, was machte das aus? Ich schaute die Pflanzen an, spürte den Wind und drehte meinen Kopf hinüber zum anderen Ende des Tales, hin zu diesem Weg, der nach oben verläuft und plötzlich im Himmel verschwindet. Gegen was um Himmels willen kämpfe ich an, fragte ich mich.

Wir alle befinden uns in einem ständigen Kampf um die Bewertung der Situationen unseres Lebens: Recht zu behalten, mehr Geld zu haben, schöner zu sein als ein anderer, reicher, erfolgreicher. Wir streiten um irgendwelche Themen und Meinungen, obwohl die Lösungen direkt auf der Hand liegen. Es ist, als drehe es sich bei uns nicht um ein Ziel, sondern als wären wir stecken geblieben in einer eigenartigen Bewegungslosigkeit, die wir mit der Geschäftigkeit unseres ständigen Urteilens zu kaschieren versuchen.

Zusammenleben – eine aktive Beziehung

Nachdem ich mittels Taekwondo, Meditation und Therapie eine Weile an mir herumgedoktert hatte, beschloss ich irgendwann, meine neue Lebensphilosophie probeweise an meiner alten Realität zu überprüfen. Ich wollte sehen, wie leicht ich meine neuen Werte in die Praxis umsetzen kann. Obwohl ich eigentlich keine besonders große Lust mehr darauf hatte, rang ich mich dazu durch, wieder Fernsehshows zu produzieren. Ich wollte ausprobieren, wie ich reagierte, wenn ich mitten im Geschehen steckte: Würden meine Werte über Bord schwappen?

Bereits bei einem ersten Vorgespräch für die inhaltliche Planung einer Talkshow schwante mir nichts Gutes: Der zuständige Manager des Fernsehsenders betonte ständig – scheinbar beiläufig –, dass wir die Themen für die Sendungen gemeinsam beschließen würden. Dagegen hatte ich grundsätzlich nichts. Im Gegenteil: Es ist selbstverständlich, dass der Auftraggeber das letzte Wort bei der inhaltlichen Ausrichtung eines Produktes hat. Doch die betont beiläufige Art und Weise der Erwähnung, gepaart mit auffälliger Häufigkeit, aktivierte in mir die roten Warnleuchten. Dabei war mir der Mann eigentlich sympathisch. Ein charmanter, intelligenter Typ. Vielleicht stimmte die Chemie doch nicht ganz? Nein, das konnte es nicht sein.

Nachdem sich nicht klären ließ, bis wann die inhaltliche Abstimmung für eine Sendung abgeschlossen sein musste, leuchteten meine roten Signallichter noch intensiver. Meine Redakteure mussten schließlich irgendwann wissen, zu welchem Thema wir produzieren sollten. Sie benötigten Zeit, um inhaltliche Qualität sicherzustellen. Immer, wenn ich das Thema ansprach, wiegelte der Manager ab: »Das kriegen wir schon hin …«

Mit der Überlegung, dass mir vielleicht mein eigenes Ego einen Streich spielen wollte, unterließ ich es, zu insistieren. Ich beschloss, das Projekt durchzuziehen. Einverständnis in grundlegenden Aspekten einer Zusammenarbeit ist die Voraussetzung für eine friedliche Beziehung und ein befriedigendes Ergebnis. Doch wir gingen ohne Einverständnis an den Start. Er hatte seine Ansicht, wie das Ganze laufen sollte, und ich meine. Es war eine Art »Zwei-Verständnis«. Ich schüttelte dem Manager um des lieben Friedens willen und aus falscher Gefälligkeit die Hand. Wir beendeten das Gespräch in scheinbarem Einvernehmen: »Super, alles in Ordnung! Auf gute Zusammenarbeit!«

Bereits in diesem ersten Gespräch war ich nicht ehrlich und gab meine Integrität mir selbst gegenüber auf. Die ersten Wochen liefen dennoch gut. Es entwickelte sich eine sehr enge Zusammenarbeit. Immer mehr hing ich mit ihm und seinen Mitarbeitern am Telefon. Der ungewöhnlich hohe Abstimmungsaufwand überstieg schnell meine ursprünglichen Vorstellungen und meine Kapazität. Die Integrität mir selbst gegenüber hätte es geboten, mehr auf meine Intuition und mein Bauchgefühl zu hören.

Wenn ich mir mein Verhalten in diesem Projekt ansehe, muss ich mir eingestehen, dass mein erster Wirklichkeitsversuch mit den Werten gescheitert war.

Verantwortlichkeit: Gegenüber meinen Mitarbeitern und der Qualität der Sendung hätte es mein Sinn für Verantwortung geboten, vorher alle Bedenken bis ins letzte Detail auszuräumen.

Respekt und Achtsamkeit: Hier hatte ich vielleicht ein wenig zu beflissen respektvoll und achtsam dem Manager gegenüber sein wollen. Das Ganze hatte sich gegen mich gewendet. Mir selbst gegenüber hatte ich Respekt und Achtsamkeit dafür total vernachlässigt, weil ich mein Bauchgefühl missachtet hatte.

Ziel: Ich hatte keine klare Zielbestimmung vorgenommen. Dazu hätte die Planung aller Unwägbarkeiten gehört. Ich hätte definieren müssen, wie lange ich diese Sendung im Idealfall machen will: Ein Jahr, zwei, fünf oder zehn? Bei einem solchen

Zeitraum spielt nicht nur das Ergebnis eines Projektes eine große Rolle, sondern auch die Frage, wie viel Lebensqualität man sich als Produzent in dieser Phase erhalten kann. Aus Erfahrung wusste ich bereits, wie anfällig ein ungeklärtes Abstimmungsprocedere ein Projekt für Intrigen machen kann. Warum hatte ich nicht entsprechend meiner Erfahrungen gehandelt? Der Grund waren Angst und Ungeduld. Ich war zu undiszipliniert gewesen und hatte nicht daran geglaubt, dass der Vertrag zustande kommen würde, wenn ich weiter auf einer Klärung dieses Problems bestehen würde. In punkto Zielbestimmung hatte ich auf der ganzen Linie versagt.

Bewusstsein: Nachdem mir vieles von dem, wovon ich hier erzähle, bereits während des Geschehens bewusst wurde, ist es unerklärlich, warum ich nicht wenigstens im Arbeitsprozess noch nachzubessern versuchte und konsequent handelte.

Glaube: Ich war ein wenig blauäugig, hatte geglaubt, es würde schon gutgehen. Der Glaube an etwas gehört immer genauestens überprüft. Es macht keinen Sinn, an etwas zu glauben, was offensichtlich nicht funktionieren kann, vor allem wenn man die entsprechende Erfahrung bereits gemacht hat. Auch trotz meines Glaubens werde ich es in meinem Alter nicht mehr hinkriegen, wie Bruce Lee durch die Luft zu fliegen. Genauso wenig lösen sich Abstimmungsprobleme von alleine, ganz gleich, wie sehr man daran glaubt oder darauf hofft.

Disziplin: Die Regeln der Zusammenarbeit genauestens zu klären, hätte mehr innere Disziplin erfordert.

Durchhaltevermögen und Unbezwingbarkeit: Obwohl ich eigentlich alles wusste, hatte ich mich auf halbem Wege selbst aufgegeben. Ich hätte entweder abbrechen oder meine Vorstellungen bis zum Letzten klar zum Ausdruck bringen müssen. Unbezwingbarkeit hat auch etwas mit Courage zu tun. Doch sie hat extreme Konsequenzen in beide Richtungen: für einen selbst und für das Gegenüber.

Auch den Wert des Lebens hatte ich missachtet: Nachdem das Leben das wichtigste und gleichzeitig unberechenbarste Element in meinem Dasein ist, war es geradezu absurd gewesen, mich unter ungeklärten Bedingungen auf eine ungewisse Zusammenarbeit einzulassen, bei der ich gleichzeitig eine deutliche Verschlechterung meiner Lebensqualität in Kauf nehmen musste.

Schließlich hätten mir die Werte auch Alternativen angeboten: Ich hätte aufgeschlossen und tolerant sein und mich den Problemen des Managers aufschließen können. Dabei hätte ich natürlich über meinen eigenen Schatten springen müssen (Standpunkt wechseln!). Die Voraussetzungen waren da gewesen, hatte ich doch ein weitreichendes Bewusstsein für die Probleme. Aber ich hatte dem Manager die konkrete Frage, wie er normalerweise Abstimmungsprozesse abhält, nicht gestellt. Ich hätte mich für seine internen Probleme interessieren können, seine hierarchische Verankerung – vielleicht saß ihm ja der Chef im Nacken – und für seine menschlichen Seiten. Ein Abend bei einem Glas Wein wäre hilfreich gewesen.

Eine andere Möglichkeit wäre gewesen, bewusst zu tolerieren, dass bei diesem Projekt fließende Abstimmungen gewollt waren. Dann hätte ich später nicht an meinem eigenen inneren Widerstand dagegen gelitten. Mich dazu durchzuringen, wäre eine realistische Möglichkeit gewesen. Ich hätte den heiklen Punkt mit meinem Partner vom Sender thematisieren und mich aktiv darauf einstellen müssen. Dafür hätte er die Verantwortung für die Konsequenzen der von ihm ausdrücklich gewünschten Abstimmungsweise, in diesem Fall die akute Zeitknappheit, tragen müssen. Wenn ich all dies so durchgezogen hätte, wäre die folgende Zeit weniger problematisch gewesen.

Viel später versuchte ich ein paar Mal, mit ihm darüber zu sprechen. Doch es war bereits zu spät. Gespräche brachten uns kaum noch weiter. So wie wir nebeneinanderher gearbeitet und uns aufgerieben hatten, war es schwierig, nachträglich noch einen gemeinsamen Anknüpfungspunkt zu finden. Denn für uns beide spürbar war bereits eine Grundlage zerstört, ohne die man eine vernünftige Beziehung nicht führen kann: der gegenseitige Respekt.

Das immer wieder neue Bewusstmachen, in welchem Zustand sich das eigene Wertesystem befindet, kann den Weg aus vielen Beziehungsproblemen weisen. Warum sollte man nur bei Autos regelmäßige Inspektionen vornehmen und bei sich selbst nicht? Doch zu oft scheuen wir uns vor den Konsequenzen einer wirklichen Auseinandersetzung mit den eigenen Werten in einer Beziehung oder in einer Lebenssituation. Die Werte sind oft direkter, als wir es wollen: Sie fordern uns auf, eine Tätigkeit zu beenden, eine Beziehung aufzugeben, einen Ort zu verlassen. Man wird möglicherweise konsequent handeln und sich aus einer Situation entfernen müssen, wenn man den Geboten seiner Werte Folge leistet. Das zu tun, würde der Wert der Unbezwingbarkeit einfordern. Beziehungen aller Art erfordern Aktivität und Courage.

Ein-Verständnis ist kein Zwei-Verständnis

In der Liebe ist es nicht viel anders. Hier wirkt alles nur viel intensiver wegen der intimen Nähe zueinander. Daher ist auch die Gefahr einer tiefen Verletzung sehr viel größer. Von Beginn einer Liebesbeziehung an existieren bestimmte Vorstellungen. Fast unbewusst manifestieren sich Erwartungen von der gemeinsamen Beziehung. In der Honeymoon-Phase schlagen diese Erwartungen Wurzeln. Die Beziehung wächst daran wie eine Pflanze. Das Gefühl der Liebe taucht in der Anfangsphase die partnerschaftliche Nähe in ein sanftes Licht. Während die Liebenden ihre eigenen Bilder voneinander entwickeln, wächst die Beziehungspflanze unmerklich weiter vor sich hin. Dabei werden die Werte zu Beginn fast intuitiv gelebt. Unausgesprochen. Respekt, Vertrauen, Glaube, Aufgeschlossenheit – alles ist lebendig. Doch mit der fortschreitenden Beziehung verschieben sich die Bilder voneinander. Wenn man die gegenseitigen Erwartungen und Projektionen nicht miteinander klärt, gerät die Pflanze des Zusammenlebens in Gefahr.

Zu den unverrückbaren Vorstellungen einer Liebesbeziehung gehört das Ideal, dass man sich treu ist. Die seelische und körperliche Intimität wird mit niemand anderem geteilt. Mit diesem automatischen und unausgesprochenen Ein-Verständnis beginnen die meisten Liebesbeziehungen. In der Praxis können sich aber schnell unterschiedliche Vorstellungen entwickeln. Der eine Partner definiert Treue vielleicht so eng, dass der andere für niemand anderes mehr Augen haben soll. Der andere Partner aber findet Herumschauen völlig normal. Er empfindet die Kommentare des Partners als eifersüchtig und fühlt sich eingeengt. Und schon ist das Virus der Zerstörung in die Pflanze eingedrungen. Wenn solche Situationen nicht bereits früh mit Respekt, Achtsamkeit und (Gefühls-)Disziplin geklärt werden, verursacht dieses Virus eine unheilbare Beziehungskrankheit. Das Hauptproblem liegt auch hier nicht in einer unterschiedlichen Auffassung. Die ließe sich regeln. Aber nur wenn beide Partner sich dabei mit gegenseitiger Toleranz und Akzeptanz begegnen. Das Kernproblem ist, dass die Partner aus Verlustangst in einem diffusen Zwei-Verständnis verharren.

Niemals wird ein anderer Mensch genauso sein wie du willst oder wie du es erwartest. Bleibe tolerant und akzeptiere den anderen als unabhängiges Wesen, das sein Herz mit dir teilt. Wenn deine Sorge nicht nachlässt, kommuniziere sie deinem Partner. Achte immer darauf, respektvoll zu bleiben. Nur weil dich irgendein Gefühl attackiert, gibt es dir nicht das Recht, dieses Gefühl auf den Partner zu übertragen. Bleibe aufgeschlossen für deinen Partner.

Vielleicht irrst du dich in ihm, vielleicht lernst du ihn neu kennen. So, wie ihr euch kennengelernt habt, werdet ihr nicht für immer sein. Ihr werdet euch immer wieder neu entdecken. Die Reise endet nie, weil sich alles ständig weiterentwickelt. Tauscht euch also gegenseitig aus, immer wieder, und bleibt dabei respektvoll, aufgeschlossen und tolerant. Treten dabei schmerzliche Gefühle auf oder Befürchtungen, so teilt sie euch gegenseitig mit. Bleibt dabei im Herzen und hört auf, zu argumentieren, Recht haben zu wollen. Kein Argument hält der Liebe stand.

Das Image der Beziehungen

Von manchen Beziehungsformen haben wir so genau gezeichnete Vorstellungen, dass wir uns gar nicht mehr überlegen, was sie überhaupt bedeuten. Allen voran betrifft das die Liebesbeziehung und die Freundschaft, die berufliche Beziehung oder die zwischen Staat und Bürger. Das innere Verständnisgebäude einer solchen Beziehung ist tief von den Werten geprägt: Respekt, Treue, Nähe, Ehrlichkeit und Verlässlichkeit sind maßgebliche Eigenschaften unserer gängigsten Beziehungsformen.

Die Grundwerte stellen eine so selbstverständliche Basis unserer Beziehungen dar, dass Panik und Entsetzen aufkommt, wenn sie infrage gestellt, geschweige denn verletzt werden. Was in einer Liebesbeziehung die Treue ist und in der Freundschaft die Ehrlichkeit und Verlässlichkeit, ist in der Geschäftsbeziehung eine weiterentwickelte Form von Loyalität und Integrität. Man geht automatisch davon aus, dass der Partner seine Kompetenzen nicht überschreitet, dass er Vertraulichkeit wahrt oder beispielsweise Spesen nicht über ein vertretbares Maß abrechnet. Mit der Verletzung der unausgesprochenen Gesetze von Beziehungen beschädigt man die Würde des Partners. Solche Handlungen widersprechen jeglichem Werteverständnis.

In der Beziehung zwischen Staat und Bürger existieren eine ganze Reihe von Grunderwartungen, die laufend enttäuscht werden: Der Bürger erwartet vom Politiker ein perfektes Management, dass er alles im Griff hat, das Land in eine goldene Zukunft führt und für sichere Arbeitsplätze sorgt. Und der Politiker erwartet, dass der Bürger versteht, dass nicht alles so einfach ist, wie es aussehen mag. Diese Beziehung leidet unter der Wucht der gegenseitigen automatischen Erwartungen. Sie sind seitens des Bürgers derartig immens, dass sie gar nicht erfüllt werden können. Aber leider begehen die Politiker den Fehler, all diese Erwartungen ständig befriedigen zu wollen – und mit ihren schnell dahingesagten Versprechen teilweise sogar zu schüren. Sie rechtfertigen sich, verbiegen sich. Sie wollen so kochen, wie es dem Bürger schmeckt, und denken sich nichts Eigenes mehr aus, womit sie ihn überraschen können. Durch das demokratische Prinzip der Legislaturperioden und Wahlen sind sie zu Erfüllungsgehilfen von Erwartungen im Periodentakt verkommen. Es mangelt den Politikern an Selbstbewusstsein, Mut und Weitsicht und den Bürgern massiv an Eigenverantwortung.

Überall und ständig kommt es zu Situationen, in der die gegenseitigen Vorstellungen von der gemeinsamen Beziehung miteinander kollidieren. Die Erwartungen sind oft zu komplex, als dass man sie immer rechtzeitig abchecken könnte. Der Anspruch an Perfektion in Beziehungen wäre daher falsch. Aufgeschlossenheit gegenüber Fehlern und ein gesunder Blick kann über die ersten, kleinen Zerwürfnisse hinweghelfen. Es ist aber in jedem Fall nötig, sein Bewusstsein für das Problemfeld zu schärfen. Die Tatsache, dass wir unseren inneren Imagebildern häufig hilflos ausgeliefert sind, stellt ein großes Problem in unserem Zusammenleben dar. Das Bewusstsein für die Komplexität und die unberechenbare Lebendigkeit unserer Beziehungen ist verlorengegangen. Wir denken, eine Beziehung funktioniert fast von alleine. Doch das tut sie nicht. Sie erfordert Übereinstimmung und eine beidseitige Kenntnis der Vorstellungen voneinander.

In vielen Beziehungen kommt es gar nicht erst zu einem solchen Einverständnis. Man lebt bereits vom Beginn an nebeneinander her und zelebriert lediglich das Image der Beziehung. Gerade in der Beziehung zwischen Staat und Bürger kann man diese Verselbstständigung pausenlos beobachten. Hat jemals öffentlich eine respektvolle Aufklärung der gegenseitigen Erwartungen unserer Gesellschaft an ihre Immigranten und unserer Immigranten an ihre neue Gesellschaft stattgefunden? Soweit ich es verfolgt habe, ist dies nicht der Fall. Es wurden hauptsächlich Forderungen und Beschwerden formuliert. Ich bezweifele, dass zu Beginn der Beziehung unserer Gesellschaft zu vielen Immigranten ein Einverständnis über die Parameter des gewünschten Zusammenlebens existierte. Wir haben Leute aus anderen Ländern zu uns geholt und haben sie dann sich selbst überlassen. Die Reaktion war so, wie sie in jeder normalen Beziehung stattfinden würde: Rückzug in die Gemeinschaft anderer Betroffener, Vereinsamung, Isolation, Bau von Schutzwällen aus Argumenten, Gefühlen, Gesetzen und abstrusen Moralvorstellungen.

Unsere aktuellen Beziehungen mit sozialen Gruppierungen und Schichten aller Art bedürfen einer umfassenden Aufarbeitung. Ohne eine solche werden weiterhin Imagemauern errichtet, die als Schutz gegen mögliche Verletzungen dienen sollen. Durch diese Klischees und Bilder, die wie Maskeraden wirken, sind wir immer weniger in der Lage, unsere Beziehungspartner zu erreichen – und umgekehrt. Wir entfernen uns immer mehr voneinander, anstatt uns gegenseitig unsere Seele und unsere Bedürfnisse zu offenbaren: Ein Zusammenleben mit geöffneten Herzen ist unsere einzige Chance. Zusammen-leben benötigt ein gegenseitiges Einverständnis.

Image – Feind des Zusammenlebens

Jeder Mensch ist anders. Weil wir nicht wissen, was uns mit dem anderen blüht, gehen wir schnell in Habtachtstellung, wenn wir aufeinandertreffen. Sobald wir uns sehen oder auch nur hören, machen wir uns bereits ein Bild voneinander. Alleine die Art, wie wir das Wort »Bild« verwenden, deutet auf die Verselbstständigung unserer imagegesteuerten Haltungen gegenüber anderen hin: Wir sprechen beispielsweise von einem »falschen Bild«, das wir von jemandem haben oder uns machen. Die Formulierung, dass wir ein »richtiges Bild« von jemandem haben könnten, existiert im allgemeinen Sprachgebrauch dagegen nicht. Wir sprechen von einem »Feindbild«, nicht aber von einem »Freundbild«. Durch die Anwendung des Wortes »Bild« auf menschliche Beziehungen ergeben sich zumeist Bedeutungen, in welchen das Bild etwas Fremdartiges ist. Es ist in jedem Fall anders als wir selbst.

Eine Image-Projektion auf unser Gegenüber führt zu einer Art Wirklichkeitstausch. Für eine falsche Realität, die anfangs meistens verlockend frisch und interessant wirkt, wird die echte aufgegeben. Einer der verführerischsten Aspekte einer Imagewelt ist, dass man sie nach eigenem Wunsch verändern, gestalten und auffrischen kann. Mit der wirklichen Realität geht das nicht. Die wirkliche Realität ist nur lebbar, wie sie ist.

Wenn jemand, der seine Realität gegen eine Imagewelt einge-tauscht hat, einem anderen Menschen begegnet, entsteht ein Problem: Der andere Mensch wendet sich vielleicht an die wirk-liche Realität des Betroffenen. Der fühlt sich aber nicht ange-sprochen, weil er ja in seiner Imagewelt lebt. Er fühlt sich miss-verstanden. Wenn beide Partner in Imagewelten leben, wird das Ganze noch komplexer. Sie treffen eigentlich gar nicht mehr selbst aufeinander. Aber sie tun so, als wäre das der Fall, indem sie Signale ihres Images aussenden. In diesem Zusammenhang hat der Stellenwert der Mode und imagebehafteter Trendpro-dukte enorm zugenommen. Manche Menschen empfinden die für ihr Image richtige Kleidung und Ausstattung wie eine Be-dingung zum Glücklichsein. Das führt zu einer Art gespiegel-tem Nebeneinander, das mancher fälschlicherweise mit Zusam-menleben verwechselt. Tatsächlich wurzelt aber genau darin das zunehmende Gefühl der Vereinsamung vieler Menschen sowie die grassierende gegenseitige Beurteilung und Aburtei-lung, die zu tiefen Verletzungen führt.

Wertvolle Kommunikation

Zusammenleben ist Aktivität. Es besteht aus ständigem aufein-ander Zugehen, sich öffnen und sich zeigen. Das Fatale an der Imagebildung zweier Menschen ist meistens, dass mindestens einer der beiden glaubt, etwas Wirkliches zu denken, wenn er über den anderen beispielsweise oberflächlich urteilt: Der ist erfolgreich, integer oder ein Gewinner. Er geht dabei nicht nur dem Image seines Gegenübers auf den Leim, sondern auch sei-nen eigenen oberflächlichen Bildern von diesen Begriffen.

Gewinnen, Erfolg oder Integrität sind stark imagegeprägte Begriffe. In der Öffentlichkeit gilt jemand, der viel Geld hat, automatisch als erfolgreich, und einer, der arm ist, nicht. Manager gelten als Gewinner und Arme als Verlierer. Dabei haben weder Reichtum noch Armut in ihrer eigentlichen Bedeutung etwas mit Erfolg oder Misserfolg zu tun. Trotzdem haben sich die Begriffe verselbstständigt. Die Namen sehr reicher Menschen werden bereits in Kombination mit ihren Imagebegriffen erwähnt, wie etwa »der Millionär Peter Meier«. Man spricht öffentlich aber nicht von »dem Armen Ludwig Huber« oder »dem Kleinwagenbesitzer Alfred Rieger«, ist es doch viel oppurtuner, vom »Jaguar-Fahrer Albert P.« zu sprechen. Diese unbewusste Anwendung von Begriffsimages ist eine Respektlosigkeit gegenüber Individuen, die – unabhängig von ihren sozialen und wirtschaftlichen Status – ein Recht auf ihre eigene Identität haben. Auch ein sehr reicher Mensch kann unter dem massiven Gefühl der Erfolglosigkeit leiden, gleichzeitig haben Arme und Randgruppen ebenfalls ein Recht darauf, dass ihnen die Gesellschaft ein Gefühl des Erfolgs zuerkennt, wenn sie es erleben. Da dies aber in unseren Vorstellungen nicht angelegt ist, werden Arme abgestempelt. Der »erfolgreiche Reiche« und der »unglückliche Arme« sind verzerrte Bilder unserer Gesellschaft. Diese imagegesteuerte Intoleranz stellt eine Gefahr zu einem neuen, latenten Rassismus dar, der aus sprachlich geprägten Imagewelten heraus erwächst. In der automatischen Anwendung solcher begrifflicher Klischees werden immerhin ganze Gruppen unbewusst ein- oder ausgeschlossen und damit diffamiert. Bezeichnenderweise werden bei den positiven Klischees die Schwächeren ausgeschlossen und umgekehrt. Unsere Bilder haben sich von den Grundwerten abgekoppelt und ihr eigenes Universum entwickelt. Nur eine Kommunikation, die das Dickicht dieser klischeehaften Begriffe meidet und sorgsam mit imagebehafteten Begriffskombinationen umgeht, ist eine wertvolle Kommunikation. Sie muss der eigentlichen Bedeutung der verwendeten Worte Rechnung tragen. Andernfalls ist die Kommunikation oberflächlich, verzerrend und wirklichkeitsfremd. Sie schadet unserem Zusammenleben.

Image kennt keinen Respekt

Es gibt eine Sehnsucht nach tieferen Inhalten, aber kein tieferes, gemeinschaftliches Ziel. Würden wir für uns als Gemeinschaft werthaltige Ziele und Inhalte definiert haben, so würde ein jeder seine Imagewelten automatisch in Relation zu seinem Ziel setzen. Mit ziemlicher Sicherheit würden wir uns auf ein Ziel einigen, mit dem es uns gutgeht und das uns sicher nicht mit einer gefühllosen Welt von Images konfrontiert. Wir würden konsequenterweise ein bildergesteuertes Leben als solches ablehnen. Images sind nicht zielführend, wenn wir uns weiterentwickeln wollen.

Würden wir über ein gemeinsames Ziel verfügen, so besäßen wir ein Regulierungssystem im Umgang mit unseren Vorurteilen. Während die überbordende virtuelle Welt und die immer größer werdenden Lawinen aus Neuigkeiten und Meinungen über uns hereinstürzen, könnten wir uns immerhin noch an unseren Zielkoordinaten entlangtasten, so wie sich Autofahrer im Schneetreiben anhand der Katzenaugen auf den Schneestangen am Straßenrand orientieren. Es würde automatisch alles ins Verhältnis zum Ziel gestellt werden. Die Ermangelung eines für unser Leben wertvollen Ziels ist die Hauptursache für die Furcht der Menschen, einen Schritt nach vorne zu machen. Vor allem bei jungen Menschen beobachte ich diese eigenartige Teilnahmslosigkeit immer häufiger. Es ist vielen von ihnen egal, wie sehr wir zu gläsernen Bürgern werden, wie stark wir in Klischees leben oder Selbstständigkeit und Individualität an die virtuelle Welt abgeben.

In meinem ersten Taekwondo-Training war es die Frage des Meisters, »Du willst doch Taekwondo lernen, oder?«, die mich zuerst etwas schockierte und dann plötzlich fokussierte. Ja, es stimmte, ich wollte es lernen. Nur hatte ich mir das noch nicht eingestanden. Ich hatte gezaudert, weil ich mich als zu alt empfand. Ich fragte mich noch, wohin ich meinen Schritt überhaupt richten sollte. Mit dem Ziel hatte ich die Richtung plötzlich und konnte gleich mehrere Schritte tun.

Infolge der allgemeinen Orientierungslosigkeit bleiben alle sitzen. An ihren Bildschirmen klebend, laufen sie wertlosen Bildern hinterher, die – fernab von jeder menschlichen Zivilisation – durch den Cyberspace geistern. Leider existiert keine Instanz, die sich um eine Aufklärung darüber bemüht, was hier für Mechanismen stattfinden und wie all dies unsere Psyche und unsere Individualität beeinflusst. Unzählige Menschen sind davon direkt betroffen. Selbst nach längeren Recherchen bin ich auf keine Universität, größere Bildungsinstitution oder politische Einrichtung gestoßen, die dieses Thema mit Nachdruck angeht. Eine breitenwirksame Aufklärung findet nicht einmal ansatzweise statt. Währenddessen driften Millionen von Menschen in eine Imagewelt ab, die im Begriff ist, den letzten Rest unserer Werte zu zerstören. Eine unbewusste Imageprojektion ist ein gewaltsamer und zerstörerischer Eingriff in das Privatleben eines Menschen oder ganzer Gruppen. Sie ist eine Art Wirklichkeitstotschlag. Das Fatale daran ist, dass dieser Vorgang unbewusst geschieht. Wenn er bewusst wäre, käme er wenigstens einem gezielten, feindlichen Akt gleich, und man wüsste sofort, wogegen man sich zur Wehr setzen müsste. Doch so gibt es keinen greifbaren Feind. Vielleicht rührt daher das Gefühl der Hilflosigkeit, das viele Menschen zunehmend empfinden. Welchem Verantwortlichen soll man denn seine Meinung dazu sagen?

Am schwersten wiegt schließlich das Verschwinden der Vergleichsmöglichkeit: Wer sein Image erkennen will, muss die

Wirklichkeit kennen. Wenigstens ein Stück Erinnerung daran sollte vorhanden sein. Wie will einer, der sein Leben lang nur in Eliteuniversitäten ausgebildet wurde, in einer bodenständigen Auseinandersetzung bestehen? Wie wollen sich all die Menschen, deren Hauptkommunikationsmittel von Kindheit an das Chatten ist, in echten Begegnungen bewähren? Braucht es solche menschlichen Begegnungen vielleicht irgendwann nicht mehr? Wollen wir das? Wie soll das funktionieren, wenn so jemand auf der Straße von einem anderen als Idiot beschimpft wird? Wie soll er bei seinem Defizit an menschlicher Reife noch den Respekt wahren? Image ist eine wertfreie Zone. Es kennt keinen Respekt. Die Gefühle solcher Menschen werden bei der ersten Bewährungsprobe explodieren oder implodieren, weil sie nicht darin geübt sind, sie zu handhaben. Wie will einer, der den Unterschied zwischen Rot und Grün nicht kennt, wissen, wann er über die Straße gehen darf? Betroffen von dieser Erfahrungsblindheit sind besonders die Menschen, die die meiste Zeit vor Computerspielen und Fernsehern verbringen, vom Ruhm, Reichtum, der Lottomillionen und dem Glück in der Zukunft träumen und ein soziales Umfeld haben, in dem ebenso gelebt wird. Es sind viele Menschen, vielleicht die meisten. Wenn das Opfer einer Image-Vergewaltigung allerdings einmal bemerkt, was mit ihm geschehen ist, so reagiert es heftig. Wütend, frustriert, aggressiv – und nicht selten traumatisiert. Denn es ist nicht leicht, sich einzugestehen, lange Zeit an sich vorbeigelebt zu haben. Wer weiß, wann und wie ein solches Erwachen in unserer Gesellschaft einmal geschieht und was die Folgen sind.

Klein wie eine Sternschnuppe

In den 90er-Jahren lebte einmal ein Geschöpf, das einst als »schönste Frau der Welt« in den Olymp der Träume gehoben worden war: Margaux Hemingway, die Enkelin des Schriftsteller Ernest Hemmingway. Sie war die Erste, deren Model-Vertrag die Eine-Millionen-Dollar-Grenze überschritten hatte. Ihr Manager schwärmte mir eines Tages von der großen Begabung des berühmten Models als Sängerin vor. Der Mann war selbst derartig begeistert, dass er um vier Uhr nachts bei mir anrief: »Sie singt, jetzt! Auf einer Hollywood-Party! Willst du sie haben?«

Ich sollte das ganze Ausmaß ihres Imagemartyriums persönlich zu spüren bekommen, denn nachdem ich sie bereits für einen Gesangsauftritt engagiert hatte, stellte sich heraus, dass sie überhaupt noch nie öffentlich gesungen hatte. Doch die Presse war schon voll mit der Sensation: »Die Hemingway singt!« In Wirklichkeit kannte Margaux nicht einmal ein einziges Lied. Als mich ihr Manager angerufen hatte, hatte sie auf einer Geburtstagsparty »Happy Birthday« geträllert. Sie war für etwas verkauft worden, zu dem sie weder in der Lage war, noch was sie wirklich gewollt hatte. Entsprechend intensiv und problembeladen wurde unsere Zusammenarbeit. Wir saßen im gleichen Boot: Ich hatte unwissentlich eine Lüge promotet, und sie war das Opfer. Wir freundeten uns an, und sie erzählte mir die traurige Geschichte von ihrer Familie, ihrer Alkoholabhängigkeit und den Qualen der Entziehungskuren. Worunter sie am meisten litt, war ihr Image. Sie war vom Ruhm ihres Großvaters derartig durchdrungen, dass es der ursprünglich eher introvertierten Beauty geradezu unmöglich war, nicht selbst an die Irrlichter ihres eigenen Images zu glauben. Sie war in ihrer Zeit die erste Vertreterin einer ganz neuen Generation von Fashionmodels. Margaux Hemingway war allein wegen ihres Aussehens und ihres Ernest-Hemingway-Images raketenhaft zu einer Ikone aufgestiegen. Sie war eine künstliche Starfigur in einer Zeit, als Kinostars alter Couleur langsam verblichen. Der Rummel um die junge Hemingway hatte in den 80ern gewissermaßen den beginnenden Star- und Imagerausch der 90er vorweggenommen. Ohne jemals eine eigene inhaltliche Leistung hervorgebracht zu haben, wurde Margaux Hemingway zum Vorboten eines Megatrends: Models wurden plötzlich Superstars genannt. Sie verkörperten eine Illusion vom Glücklichwerden durch Glanz, Geld und eine Form von Ruhm, für die es keinen wirklichen Inhalt mehr brauchte. Ihr Schein war so hell wie der eines Blitzes, der die Augen für Minuten blendet, obwohl er nur für den Bruchteil einer Sekunde auftaucht. Ihre Blütezeit glich der einer Sternschnuppe.

Mit Mühe, vielen Tricks und Arbeit rund um die Uhr konnten Margaux Hemingway und ich den drohenden Skandal abwenden. Ich hatte ihr einen kleinen Konzertsaal gemietet, in dem ein Flügel stand, und bei meiner alten Gesangslehrerin aus der Schauspielschulzeit einen Gefallen eingelöst. Innerhalb von 48 Stunden Marathon-Gesangstraining machten wir aus der berühmten Amerikanerin eine Sängerin, die zumindest ein einziges Lied singen konnte. Ein paar Tage nach ihrer Ankunft stand sie auf der Bühne und sang vor laufenden Kameras dieses Lied. Und die Welt glaubte, der Premiere einer großen Sängerin beizuwohnen. Solche Tricks und Notrettungsmanöver waren meine Spezialität. Sie waren genau die Dosis Wahnsinn, die mich später so zum Glühen brachte, dass ich den Kontakt zu meiner eigenen Wirklichkeit verlor.

Als mir Margaux kurz vor ihrer Abreise mit gebrochener Stimme ihre eigene Lebensgeschichte erzählte, waren ihre Augen mit Tränen gefüllt. Doch sie konnte nicht weinen. Sie konnte ihre Tragik fühlen, nicht aber fassen, weil sie nicht mehr bei sich selbst war. Sie bat mich, mit ihr weiter zusammenzuarbeiten und ihr als Imagespezialist bei der Korrektur ihres Images zu helfen. Sie wolle, dass die Öffentlichkeit sie selbst sehe und weniger den verhassten Namen ihres Großvaters. Ich musste ihr erklären, dass sie den Namen »Hemingway« nicht loswerden könne. Daraufhin entgegnete sie mir, dass sie selber gar nicht wisse, wer sie überhaupt sei.

Manchmal bin ich mir in jener Zeit wie ein Stuckmeister der Wirklichkeit vorgekommen. Ich bekam einen Kasten Versatzstücke aus Echt und Unecht hingestellt. Daraus sollte ich Bilder zusammensetzen, die alle Welt zu glauben bereit war und die sich einprägten. Ich war zutiefst berührt von der Begegnung mit Margaux. Trotz ihrer Offenheit und Ehrlichkeit mir gegenüber konnte sie sich selbst nicht finden. Sie kam mir vor wie eine offene Wunde, die nicht heilen kann. Wir telefonierten und trafen uns ab und zu, und ich wurde eine Art Ratgeber für sie. Doch Margaux trug zu schwer an ihrer Image-Last. Eines Morgens erhielt ich einen Anruf, es war wieder vier Uhr nachts, als ich erfuhr, dass sich Margaux Hemingway in ihrer Wohnung in Los Angeles das Leben genommen hat. Mit einem Cocktail aus Tabletten und Drogen hatte sie ihrem heillos verhedderten Leben ein Ende gesetzt. Die Meldung über den Tod des einstigen Stars war so klein wie eine Sternschnuppe. Man nahm sie kaum wahr.

Image – ein modernes Tabu

Image kann die Wirklichkeit nicht ersetzen. Selbst wenn wir ihren Namen geändert hätten, wäre Margaux Hemingway die Gleiche geblieben. Auch wenn ich mir eine Zusammenarbeit noch so positiv vorstelle – sie wird nie besser sein, als sie wirklich ist. Man kann sich eine Beziehung nicht schönreden. Genau jene Es-wird-schon-werden-Haltung, auf die ich mich mit dem Manager meiner letzten Fernsehshow eingelassen hatte, führt in eine Sackgasse. Die Aussage impliziert die Existenz einer Gutwelt, in welcher alles von alleine funktioniert. XL-Aufschwung und Co: Die Wirklichkeit lässt sich nicht beschwören. Wenn man zu zweit auf einem Weg geht, muss man die Reise koordinieren, sonst könnte man kollidieren. Das gilt auch für Staat und Bürger. Wir glauben schneller an ein Imagebild als uns lieb ist. Der Weg von dort zurück ist beschwerlich. Er kann nur zu zweit begangen werden. Das setzt Toleranz, Respekt und Aufgeschlossenheit beider Seiten voraus, was meistens schwierig ist, weil bereits Verletzungen stattgefunden haben. Die Illusion ist zur Vergewaltigung geworden. Denn vielleicht fühlt sich derjenige, der als glücklich gilt, gar nicht so. Vielleicht fühlt sich ein Armer zufrieden und glücklich oder sogar als Gewinner. Ihm reicht, was er hat, wogegen dem Reichen vielleicht nie genügt, was er alles erringt. Wie mag es sich aber für einen Armen anfühlen, der glücklich ist, wenn seine Außenwelt entgegen seinem eigenen Selbstverständnis ständig Mitleid mit ihm hat, nur weil er arm ist? Er wird frustriert sein und böse auf diejenigen, denen ihr Image von ihm wichtiger ist als er selbst und die ihn daher nicht richtig sehen können. Vielleicht fühlt sich der Erfolgreiche gar nicht erfolgreich, weil er trotz Erfolg und Geld unglücklich ist. Vielleicht ist er verzweifelt, weil er sich im Gegenteil so fühlt, als hätte er an seinen Träumen und Idealen vorbeigelebt, so wie es mir irgendwann ergangen ist. Margaux Hemingway, das glamouröse Millionen-Dollar-Girl, ist daran zerbrochen. Weitere bekannte Opfer der Verschiebung zwischen Image und Realität sind Prinzessin Diana oder Michael Jackson. Die Friedhöfe füllen sich mit Imageleichen.

Imageverblendung ist eines der modernsten Tabus. Wer will schon zugeben, dass er sich selbst verloren hat und seine Wirklichkeit nicht lebt. Das Tabu führt zu psychischen Fehlentwicklungen in der Persönlichkeit. Die Krankheit ist nur schwer reparabel, weil eine Therapie – ähnlich wie bei einer Sucht – das

Einverständnis und die Einsicht des Betroffenen voraussetzt. Warum sollte ein Betroffener an sich arbeiten wollen, der denkt, sein Image ist die Wirklichkeit? Das Problem sollte als krankhafter Zustand angesehen werden. Man sollte dem weit verbreiteten Leiden einen Namen geben, damit es kommunizierbar wird. Und man sollte die Zahlen derjenigen, die wegen dieser Ursache in Behandlung stehen, statistisch aufarbeiten und veröffentlichen. Das Problem muss ins öffentliche Bewusstsein dringen. Es ist die Verantwortung unserer Gesellschaft, ein Auge auf die Entwicklung eines solchen »Realitätsmangelsyndroms« zu werfen und für Aufklärung zu sorgen, während die Flutlichter der Imagebilder weiterhin durch die weit geöffneten Schleusen der virtuellen Welt unsere Wirklichkeit blenden.

Kampfschrei der Wirklichkeit

Die Versuche, meine Lebensqualität zu optimieren und die Werte für mich zufriedenstellend umzusetzen, reichen nun bis nach Korea. Hier im Umfeld dieses buddhistischen Klosters und seiner Hügellandschaft fühle ich mich wie zu Hause. Doch selbst hier an diesem friedlichen Ort, in dem Meditationsraum der Klosterpagode ganz in der Nähe dieser unglaublichen Megacity Seoul, befinde ich mich wieder im Kampf mit mir selbst. Jetzt geht es plötzlich wieder darum, dass ich mir und den anderen beweisen will, einen anständigen Kampf mit Chy-Eun hinlegen zu können. Ich will meine klägliche Show von gestern wiedergutmachen, zeigen, was ich draufhabe. Ja, in diesem Kampf werde ich endlich unter Beweis stellen, dass ich es kann: Diszipliniert, frei und selbstbestimmt werde ich dieses Mal einen wunderbaren Freikampf kämpfen. Relaxt und sicher, dank des jahrelangen Trainings, werden mir meine Kicks von der Hand gehen. Warum ich mich für diesen neuen Kampf gemeldet habe, weiß ich genau. Es ist der drängende Wunsch, den Eindruck, den ich gestern hinterlassen habe, zu zerstreuen. Ich will mein Image korrigieren. Perfekt will ich sein, einfach spitze. Ich will nicht wie ein Idiot in Erinnerung bleiben, der in seiner eigenen Schweißlache ausrutscht. Ja, da ist schon wieder dieses Bohren, nicht verlieren zu können, der Horror vor Misserfolg und Blamage. Dieser Drang, gewinnen zu müssen. Ich bin wütend, stinksauer auf mich, weil es mir so schwerfällt, meine Erfahrungen in Handlungen umzusetzen. Dabei erinnere ich mich an die Anfänge meines Taekwondo-Trainings, als ich zum ersten Mal seit Jahren in meinem Leben wieder schreien musste.

Als schüchterner Neuling im Taekwondo dachte ich eine Weile, dass ich um diese Schreie herumkommen würde, die alle ausstießen, wenn wir unsere Übungen machten. Wenn es hoch herging, glich unser Dojang akustisch einem Tollhaus. Viele der Fauststöße nach vorne wurden von rhythmischen Schreien begleitet. Die Fortgeschrittenen verfügten bereits über solch eingeschliffene Schreitöne, dass ich nach kurzer Zeit mit geschlossenen Augen erkennen konnte, wer gebrüllt hatte. Da war ein Rechtsanwalt, der einen seltsamen Eunuchenschrei von sich gab, wenn er loskickte. Ein anderer, Manager von Beruf, artikulierte bei seinen Sprüngen eigenwillige Silben und verband sie mit einer Art Jaulton. Einem kräftig gebauten Computeringenieur entfuhren für gewöhnlich Urschreie der raueren Art, und eine Ärztin, die seit langem mit ihrer Tochter bei uns trainierte, legte einen Brüller an den Tag, dass einem allein davon bereits angst und bange wurde. Mir kam das Schreien anfangs peinlich und affektiert vor. So hoffte ich, nicht aufzufallen, wenn ich schreilos inmitten all der anderen herumsprang. Doch lange Zeit gingen meine schweigenden Kampfversuche nicht gut. Während einer Übung rief der Meister plötzlich: »Halt! Christian, komm bitte nach vorne!«

Ich musste meine Kicks vormachen. »Haaalt! Warum schreist du nicht? Bei jedem Kick ein Kampfschrei. In den Poomsen die Kampfschreie an der richtigen Stelle!«

Zaghaft begann ich, die Kicks mit kleinlauten Schreien vorzumachen. Dabei passierte etwas Wundersames: Die Schreie wurden lauter, und mit jedem Mal wurde mein Kick exakter und höher. Der Fauststoß wurde akkurater, und durch die gleichzeitige Bewegung formte sich mein Schrei zu einem Laut, der tief aus meinem Inneren kam. Vor allem bemerkte ich, dass ich nach jedem Schrei tief einatmen musste. Irgendetwas in mir erinnerte sich an meine Zeit als Baby. War ich am Ende mit einem Kampfschrei auf die Welt gekommen? Das musste es sein! Wieso sonst brüllen Säuglinge wie am Spieß, kaum dass sie das Licht der Welt erblicken? Klar, sie sind erschrocken, weil sie sofort sehen, jetzt muss gekämpft werden, ein Leben lang!

»Du hast ein lautes Organ, weiter so – aber zu Hause aufpassen!«, vernahm ich schließlich die Stimme meines Lehrers. Ko Eui-Min liebt es zu frotzeln, und ich kann das gut ab.

Völlig außer Atem sah ich mich um und schaute in 25 grinsende Gesichter. Mir war klar, dass mich die anderen nun ebenfalls an meinem Schrei erkennen konnten. Und sofort ging es wieder los. Mein Schrei fügte sich in den Chor ein, und heute kann ich im Training keine Bewegung mehr machen, ohne einen kernigen Schrei auszustoßen.

Ein Schrei löst verschiedene Reflexe aus: Er bewirkt ein Ausatmen, die gleichzeitige Anspannung des Zwerchfells und eine Spannung im gesamten Körper. Im Taekwondo werden die Gedanken, diese Milliarden herumfuchtelnden Stimmen im Gehirn, durch das Schreien plötzlich verscheucht. Die unbearbeiteten Gefühle lösen sich und fließen mit den Bewegungen nach draußen. Solange ich nicht schrie, hatte ich eine Bewegung lediglich vorgeführt. Erst durch den Schrei verschmelze ich förmlich mit der Kampfbewegung, die ich vollziehe.

Der Kampfschrei balanciert auf diese Weise Körper und Geist, und er verscheucht die eigene Furcht. Er ist ein Synonym für vollständige Entschlusskraft. Der durch ihn erzielte innere Zustand einer klaren Willensrichtung unterstützt den eigenen Mut und den Glauben an mich selbst. Vor allen Dingen fokussiert er auf die Handlung, die ich vorhabe und von der ich weiß, dass ich sie tun muss oder dass sie richtig ist, obwohl ich vor ihr Angst habe.

Ich wusste jahrelang, dass es viel zu tun gab, wenn ich glücklicher werden wollte. Doch ich tat nie etwas, weil ich zu feige war. Ich verschob immer alles auf morgen, auf übermorgen. Irgendwann vergaß ich meine Vorsätze. Ich überdeckte sie mit Aktionismus und der pausenlosen Verkomplizierung meines Lebens, die ich so virtuos beherrschte. Es musste ja alles kompliziert und schwer beherrschbar sein, damit das Leben einen Sinn macht. Mit dieser Konditionierung marschierte ich jahrzehntelang durch die Welt und wunderte mich darüber, dass es nie leichter wurde. Als ich den Kampfschrei lernte, wurde mir klar: Jetzt muss ich durchgreifen. Bei mir selbst. Es geht nicht mehr so weiter. Wäre es möglich, mühelos Bretter durchzuschlagen, aber den gordischen Knoten meines Lebens weiter undurchtrennt zu lassen? Nein. Doch wo angreifen, wo beginnen? Ein gewaltiger Berg türmte sich vor mir auf.

Die Kunst zu teilen

Pflanzen brauchen keine Meister. Sie kommen ohne Lehrer zurecht. Ohne Regierung und ohne Vorgesetzten. Die Blume braucht keinen Fernseher, das Laubblatt keine drei Musikanlagen. Der Wind kommt ohne Ratschläge zurecht. Aber ich brauche den Meister, um das Schreien zu lernen, den Freund, der mir eine Blume zeigt, die Gegnerin, um meine eigene Überdrehtheit zu bemerken, oder die Seminarleiterin, die mir so etwas Grundlegendes beibringt wie die Tatsache, dass ich mir nur selbst helfen kann. Ich habe jetzt verstanden, was das heißt. Es bedeutet, dass auch noch so viele Ratgeber nicht in der Lage sind, den entscheidenden Schalter in mir umzulegen, der mich auf einen neuen Weg führt. Das muss ich schon selbst tun. Wie aber soll ich den Kampf gegen all meine inneren Dämonen gewinnen? Noch heute hole ich manchmal tief Luft, es schnürt mir den Hals zu, und meine Brust wird ganz eng, wenn ich an die Dimension der damals anstehenden Entscheidungen denke. Ich spüre den Wind, dessen Luft ich tief in mich aufnehme. Er teilt mit mir, was er für mich hat: den Sauerstoff, die Luft. Und während ich daran denke, fühle ich Respekt. Die Natur beherrscht das respektvolle Teilen perfekt. Es kostet sie nicht den geringsten Aufwand. Ohne Sonne keine Pflanzen, ohne Wind kein Pollenflug, ohne Tiere keine Natur. Ohne Natur keine Tiere und vor allem auch kein Mensch. Die Natur teilt mit uns. Aktiv, nicht zufällig. Mein Leben dagegen wird bestimmt von den vielen Abhängigkeiten, von den Bedingungen unseres Zusammenlebens und der Möglichkeit, mich aus den Ressourcen dieser Welt zu ernähren. Ausgerechnet in einem Restaurant in Seoul las ich zu meiner Überraschung ein Zitat von Albert Schweitzer: »Das Glück ist das Einzige im Leben, was sich verdoppelt, wenn man es teilt.«

Es funktioniert nur zusammen mit den anderen Menschen, mit denen wir zusammenleben, nicht ohne sie. Auch meine Weiterentwicklung wird nur zusammen mir anderen Menschen funktionieren. Ich kann mich nicht heraustrennen. Meine Experimente, aus unbequemen Situationen zu flüchten, anstatt mich in ihnen zu verharken, haben mir ein neues Gefühl der Selbstbestimmtheit gegeben. Aber trotzdem werde ich immer mit anderen zusammenleben müssen. Es ist meine Entscheidung, wie. Seit ich Taekwondo trainiere, ist das Teilen für mich zu einer Schlüsselerfahrung geworden. Während der Übungen teilen wir den gemeinsamen, sehr begrenzten Platz, die Luft zum Atmen, unsere Aufmerksamkeit – eigentlich fast alles. Teilen bedeutet auch Teil-nahme, was wiederum Verantwortung, Aufgeschlossenheit, Respekt und Lernfähigkeit erfordert. Ich kann nicht teilnehmen, ohne mich zu bewegen, ohne etwas zu lernen. Soll ich im Training einfach teilnahmslos herumstehen? Dies nicht zu tun, gebietet der Respekt vor den anderen Übenden im Dojang. Das Leben ist wie eine riesengroße Trainingsstätte. Wenn ich drin bin, kann ich mich der Teilnahme nicht entziehen und einfach die anderen alles tun lassen. Das wäre eine verantwortungslose Einstellung. Wenn ich mich aus dem System des Zusammenlebens auskoppele und aufhöre, aktiv zu sein, meinen Weg nicht mehr gehe, löse ich mich vom Leben und aus der Gemeinschaft. Zwar gehört es zu unseren Eigenarten, dass wir unberechenbar und unzulänglich sind, dass wir ausscheren. Aber diese ständigen Überraschungen gehören zum Leben. Sie fordern unsere Aufgeschlossenheit und unsere Disziplin, um wieder in die richtige Spur zurückzusteuern.

Wir sind uns des Teilens als solchem nicht mehr bewusst. Die Demut vor dem Gemeinsamen ist verlorengegangen, weil wir nebeneinander leben und nicht zusammen. Doch ein Nebeneinanderherleben ist mit unseren Bedürfnissen, mit unseren Herzen und Talenten nicht vereinbar. So werden wir nur unglücklich. Was sollen wir denn dann mit unseren Gefühlen, unseren Instinkten, Sinnen und dieser Wundergabe der sprachlichen Kommunikation? An wen all dies richten, wenn wir niemanden mehr berühren? Nur noch iPhones oder die neueste Mode vergleichen? Ein Leben nebeneinander führt zum Kampf, so wie es mir mit dem Manager meines Fernsehprojektes erging. Mit ihm gab es kein Teilen. Das hätte Respekt vorausgesetzt, und der ging uns schnell verloren. Jeder von uns agierte von seiner eigenen Insel aus. Wir beharrten stumm und wortlos auf unseren Vorstellungen.

Während eines zweiwöchigen Aufenthalts in einem ukrainischen Dorf habe ich einmal erlebt, wie einfach und ursprünglich Zusammenleben sein kann. Das Wort »Zusammen – leben« kann schlicht bedeuten, gemeinsam dafür zu sorgen, dass man überlebt, zufrieden ist und, indem man teilt, von den wichtigsten Dingen des Lebens genug bekommt. Die Hausfrau, die im Garten Hühner hat, bringt in der Früh ein paar Eier zum Nachbarn, der Kühe hat. Eier werden gegen Milch getauscht, Gemüse gegen Fleisch. Obwohl die Infrastruktur in dem Dorf einen beinahe mittelalterlichen Charakter hatte, war ich sehr beeindruckt davon, dass die Menschen hier in einer Form glücklich sind, die mir vollständiger vorkam, hautnaher am Leben und weit entfernt von Imageverhaftungen. Jeder teilte ganz selbstverständlich mit dem anderen. Eine Ente zu essen, hatte einen ganz besonderen Wert, weil sie eigens für das Mahl geschlachtet wurde. Jeder kannte diese Ente und den Nachbarn, von dem sie kam. Da so etwas nicht jeden Tag geschah, war die Ente etwas Besonderes. Ihr Wert definierte sich nicht durch den Preisvergleich im Supermarkt oder ihre Zubereitungsweise zu einem raffinierten Nouvelle-Cuisine-Gericht. Er wurzelte in der Kenntnis der Herkunft, dem Bewusstsein über das Teilen und dem besonderen Anlass. Der ideelle Wert von Lebensmitteln erschien mir in dieser Welt unvergleichlich höher, als bei uns, wo man sich die Enten unter Dutzenden eingeschweißten Tiefkühlprodukten herausgreift. Übrigens ist es genau dieser ideelle Wert eines Produktes, mit dem uns die sprießenden Bio-Supermärkte zu verführen versuchen. Sie handeln mit dem besonderen Image der Produkte, die dann aber oft nicht die entsprechende Qualität aufweisen.

Den Menschen in dieser Gegend war das Außergewöhnliche

ihrer Lebensqualität nicht unbedingt bewusst. Doch ihre Werte hatten sie sich auf eine so gesunde Weise erhalten, dass man sich etwas davon abgucken könnte. Ein Junge erzählte mir beim Abschied mit leuchtenden Augen von seinem größten Wunsch: ein iPhone, sein größter Traum. Mehr, als sich das einmal leisten zu können, wollte er nicht von seinem Leben. Die Imagebilder waren also auch dort bereits im Anmarsch.

Ein anderes Mal arbeitete ich an der Produktion eines Filmes in Istanbul. Wir drehten einige Szenen im Galata-Tempel der Sufis mitten im Stadtzentrum. Jeden Tag, wenn ich mich vom Hotel auf den Weg zu dem legendären Bauwerk machte, begegnete ich unzähligen Deutschen, die in Istanbul Urlaub machten und Sehenswürdigkeiten besuchten. Wie überalterte Schulklassen drängten sie sich durch die Straßen, deren Asphalt bereits frühmorgens von der Hitze flimmerte. Das Bemerkenswerteste an ihrem Anblick war ihre Bekleidung: Karierte Shorts, häufig verblichen und zerknittert, schnitten in die Gesäßfalten wie zu enge Unterhosen. Ungepflegte Füße mit zackigen Zehennägeln ragten aus birkenstockähnlichen Riemensandalen heraus. Unförmige, verwaschene T-Shirts hingen über dicken Bäuchen. Einmal erlebte ich, wie ein Einheimischer, ein elegant gekleideter türkischer Geschäftsmann, an so einer Gruppe vorbeikam. Einige Deutsche blieben stehen, gafften ihn an und schüttelten den Kopf. »Das Geld für seinen geschniegelten Anzug macht der sicher bei uns«, hörte ich einen von ihnen sagen. Später trank ich zufällig im gleichen Laden mit dem Geschäftsmann einen Kaffee, und er sagte in fließendem Deutsch zu mir: »Ich habe das gehört. Wissen Sie, wenn wir uns bei euch genauso respektlos aufführen würden, würde ein Aufschrei durch euer Land gehen!« Dann schüttelte er das Erlebnis lachend ab und erzählte mir noch, dass in seiner Firma – einem Reisebüro – viele Deutsche arbeiten und dass er die Deutschen gerne mochte.

In meiner PR-Agentur beriet ich neben Firmen auch Persönlichkeiten mit politischen Interessen. Eines Tages kamen mehrere Vertreter einer Partei in mein Büro. Sie waren bekannt dafür, dass sie sich besonders für bestimmte Randgruppen und deren Integration in Deutschland einsetzten. In mehreren ergreifenden Gesprächen schilderten mir diese Leute die Probleme ihrer Partei. Das größte Problem wäre das Image, meinten sie. Immer, wenn sie sich für diese Randgruppen einsetzen, entwickelten sich die Umfrageergebnisse zu Ungunsten ihrer Partei. Gleichzeitig war ihnen aber an einer Unterstützung für diese Menschen gelegen. Nach einer Weile war ich ziemlich gut informiert über die Problematik und die ziemlich hoffnungslose Situation dieser speziellen Gruppierung in unserem Land, derer sich die Partei annahm. Natürlich wollten die Abgesandten genau das von mir, was schließlich irgendwann der Grund dafür wurde, dass ich meine Agentur zumachte: Sie wollten, dass ich das Image der Partei und dieser Randgruppen aufpolierte, damit sie vor der Öffentlichkeit besser dastünden. Obwohl ich es versuchte, konnte ich diesen Leuten leider nicht helfen. Ich scheiterte an ihren unverrückbaren Imagebildern in der Öffentlichkeit. Es gab keine Möglichkeit, durch diese dicke Mauer durchzudringen, selbst nicht mit Tricks.

Die Erkenntnis, dass bei uns Menschen leben, die nur wegen ihres Images keine Hilfe bekommen, und unsere Gesellschaft dort überhaupt nicht mehr hinblickt, hatte mich tief bewegt. Dass sich solche Menschen nur wegen unserer eigenen Wirklichkeitsentfremdung in einer fast hoffnungslosen Situation befinden und in diesem Klima der Ignoranz zu einem Leben am Rande des Abgrundes verdammt sind, kann ich bis heute nicht vergessen. Unser Umgang mit Minderheiten ist zu respektlos. Die Weise, wie wir Imagebilder auf sie werfen und sie unreflektiert wirken lassen, entbehrt jeden Wertebewusstseins. Das ist verantwortungslos.

In Koreas Städten ist es eher üblich, essen zu gehen, als zu Hause zu kochen. Bei den ersten Abendessen, denen ich beiwohnte, lernte ich, dass das gemeinsame Speisen ein bedeutendes Ritual in koreanischen Gemeinschaften ist. Man sieht selten Menschen alleine essen. Vor dem Betreten eines typisch koreanischen Restaurants muss man die Schuhe ausziehen. Man setzt sich an niedrige Tischchen auf kleine Kissen am Boden, der im Winter oft von einer Fußbodenheizung angewärmt ist. Beim Essen gibt es in Korea keine Wartezeiten. Kaum dass man dasitzt, steht schon eine Kellnerin da und stellt ein paar der typischen Beilagen wie Kimchi und anderes eingelegtes Gemüse auf den Tisch. Später werden die bestellten Köstlichkeiten in kleinen Schälchen oder in einem Tischkocher serviert. Man nimmt sich aus gemeinsamen Behältern seine Portionen heraus und teilt sich das, was auf dem Tisch steht. Kritisch wird es gegen Ende des Essens. Es ist in Korea nicht üblich, länger in einem Restaurant an einem Tisch zu sitzen, als man zum Essen braucht. Zudem bezahlt immer eine Person für alle. Es gilt als schlechter Stil, die Rechnung zu teilen. Wenn die Person, die bezahlt, gehen will, haben sich alle anderen Gäste mit ihr zu erheben. Statt die Rechnung zu teilen, gilt es als Kodex, dass die Person, die beim letzten Mal eingeladen hat, das nächste Mal nicht bezahlen muss. In Korea besteht der zwischenmenschliche Umgang aus einer Verkettung von gegenseitigen Gefälligkeiten, aus einem ständigen Geben und Nehmen und Teilen und lässt praktisch gar keine andere Möglichkeit als die des Zusammenlebens zu.

Die Formen unseres Zusammenlebens sind so vielfältig wie es Menschen gibt. Deswegen benötigen wir die Freiheit, so zu leben, wie wir wollen. Doch Freiheit darf nicht in Anarchie ausarten. Allein mit Freiheit können wir das Wunderwerk des Zusammenlebens nicht bewerkstelligen. Wir brauchen Koordinaten für den Raum unserer Freiheit. Der Anspruch des Teilens im Zusammenleben hat vordergründig nichts damit zu tun, dass einer etwas von seinem Geld den anderen abgeben sollte. Diese platte Sichtweise erstickt ein tieferes Verständnis für das Teilen im Keim. Jeder soll haben können, was er will und wie viel er will. Er hat auch das Recht, sein Geld für sich zu behalten, ohne dass er dafür schief angeschaut wird. Im Licht der Werte bedeutet Teilen die respektvolle Teilnahme an der Gemeinschaft, ein Selbstverständnis, sich als Teil im Zusammenleben zu empfinden und seine Verantwortlichkeit dafür auszuüben. Es ist eigenartig, dass jeder Mensch etwas gewinnen will und dass viele glauben, dies nur zu können, indem sie sich absondern und im Alleingang ihr eigenes, geheimes Spiel spielen. Mehr haben zu wollen, als man hat, impliziert ein Selbstverständnis, dass man zu wenig hat. So gesehen leiden vielleicht gerade viele der Menschen, die eigentlich mehr als genug haben, an Realitätsfremdheit. Im Zusammenleben und dem damit verbundenen ständigen Teilen, sind wir nicht nur für uns alleine da, sondern auch für die anderen. Nur im Zusammenleben treffen wir auf uns selbst. Und erst dann gewinnen wir wirklich.

Es bringt überhaupt nichts, wenn du wegen deiner Wut über irgendwelche Ungerechtigkeiten oder Missstände gegen Arme oder Reiche, Politiker, Manager, deine Chefs oder fiese Freunde aufbegehrst. Du musst tiefer sehen. Vor allem weiter! Unter welchen Umständen leben diese Menschen, warum bist du gegen sie, woher kommt die Gereiztheit in dir wirklich? Wo ist dein Teil daran? Und was kritisierst du eigentlich genau?! Schau zuerst bei dir nach. Sind vielleicht ein eigener Missstand und dein daraus resultierender Frust die Ursache für deinen Unmut? Konzentriere dich auf dich, projiziere deine Gefühle nicht auf andere Menschen, sei menschlich! Das heißt offen. Für den Schutz der Menschlichkeit sind die Werte da. Versuche selbst anzufangen, die Werte zu leben, und infiziere andere damit. Sei ein Vorbild. Poche nicht sinnlos auf deinen Rechten herum. Mache keine Doktrin aus ihnen. Diese Einstellung wäre der Tod der Werte. Andere ungewollt über ihre Pflichten zu belehren, würde dem Wert der Achtsamkeit widersprechen. Kümmere dich besser um dich selbst und sei anderen darin ein Vorbild. Lass die anderen sein, wie sie sind. Teile den gemeinsamen Platz mit ihnen respektvoll. Achte sie und sei verantwortlich für dich und die Gemeinschaft. Unsere Welt verfügt über einen begrenzten Raum. Ihre Rohstoffreserven reichen nicht unendlich lange. Unsere Ernährung ist abhängig von der Natur, in der wir leben. Auch die Tiere, die wir essen, benötigen einen Lebensraum, um zu wachsen und zu gedeihen. Die meisten züchten wir in Großkäfigen und Fabriken. Wie weit wollen wir diese Entwicklung zulassen? Soll weiterhin jeder Mensch jederzeit, wann er will, so viel Fleisch essen dürfen, wie er gerade Lust hat? Sollen weiterhin Autos verkauft werden dürfen, egal wie viel Gift sie ausstoßen, obwohl es bereits anders geht?

Improvisation – Chance für das Neue

Bei meinem gestrigen Freikampf mit Chy-Eun hatte ich schon wenige Sekunden nach dem »Go« des Meisters das Gefühl, als würde es sich um etwas anderes drehen, als nur um eine harmlose Übung. Meine Übungspartnerin griff mich in einer vehementen Weise an, die mir völlig neu war. Ich fühlte mich völlig überfahren, und ich reagierte darauf impulsiv. Wir begannen, derartig aufeinander einzudreschen, dass ich nach wenigen Momenten spürte, wie mir meine Kondition ausging. Ich verlegte mich reflexartig auf die Defensive. Für einen Moment fragte ich mich, ob ich Chy-Eun etwas getan hatte, ob sie mich fertigmachen wollte. Erschrocken bemerkte ich, dass der Meister den Kampf nicht abbrach, so wie er es sonst sofort tut, wenn etwas aus dem Ruder läuft. Aus den Augenwinkeln konnte ich sehen, dass er auf der Seite stand und uns zusah. Also musste ich mich der Situation stellen. Zum Einstieg in meinen Gegenangriff stieß ich einen möglichst martialisch klingenden Kampfschrei aus. Chy-Eun schrie zurück. Mich beeindruckte ihre Kampfkraft und unmittelbare Präsenz derartig, dass meine Gefühle mit mir durchzugehen drohten. Die Erkenntnisse aus mehreren Trainingsjahren und die gesammelten Lehren des Meisters jagten durch meinen Kopf. Ich tat jene tänzelnden Schritte, die ich trainiert hatte, versuchte, den Standpunkt zu wechseln, den Kicks auszuweichen und in gute Positionen für meine Techniken zu kommen. Doch es ging alles viel zu schnell. Meine Gegnerin kämpfte mit voller Präsenz. Sie verletzte mich nicht, und sie hatte sich unter Kontrolle. Aber ihre unerbittliche Dynamik ließ mir keine Zeit, an etwas Gelerntes zu denken oder mir eine Strategie zu überlegen. Ich war gezwungen, zu improvisieren. Wie aber geht das?

Die oberste Regel beim Taekwondo ist, sich nicht zu verletzen. Weder seelisch noch körperlich. Doch die Angst davor ist ständig präsent. Die Selbstbeherrschung der Gefühle ist in solchen Situationen ein ehernes Gesetz. Mangelnde Kontrolle über die eigenen Gefühle führt zu einem unkonzentrierten Training. Fehlende Gefühlsdisziplin ist die häufigste Ursache für Fehler und Verletzungen. In diesem Freikampf hatte ich mich gleich zu Beginn von meinen angestochenen Gefühlen hinreißen lassen. Kaum hatte sie losgelegt, hatte ich heftig reagiert: »Spinnt sie? Der wird ich es zeigen!«

Ich hatte wie ein Berserker reagiert, und genauso hatte sie auf mich gewirkt. Dabei erklärte sie mir später bei unserem Abendessen, dass sie immer mit voller Präsenz kämpfe. Doch sie wäre immer kontrolliert geblieben. Das ist eigentlich genau das, was wir beim Freikampf üben sollen: hundertprozentigen Einsatz, aber kontrolliert, dosiert und ohne sich dabei wehzutun. Der Kampf war wie die Wirklichkeit und zwang mich zu improvisieren.

Improvisation ist das Gegenteil vom Handeln nach einem starren Rezept. Es ist sicher kein Ausflippen der Gefühle oder Loslassen der Zügel. Improvisation ist eine der Triebfedern des Lebens und des Erfolgs. Ihre Basis ist die Erfahrung, die Frage und die Offenheit. Ohne Erfahrungsbasis gelingt die beste Improvisation nicht. Man stelle sich nur einmal jemanden vor, der sich an ein Klavier setzt und zu improvisieren beginnt, ohne dass er jemals Klavier gespielt hat. Ohne dass er sich mit dem Instrument auseinandergesetzt hat und mit der Musik, die sich darauf erzeugen lässt. Seine Hände werden bald schmerzen. Vielleicht wird sogar das Klavier beschädigt. Wenn jemand anderer im Raum war, wird der eilig das Weite suchen. Improvisation kann nur auf der Basis gemachter Erfahrungen und ständigen Übens funktionieren. Wer nicht improvisiert, der gibt dem Neuen und damit der Entwicklung seines Lebens keine Chance.

Eine Situation, die Improvisation erfordert, beinhaltet zumeist entweder eine Gefahr oder eine Chance. Im Taekwondo wird der Unterschied zwischen Gefahren und Chancen als relativ klein angesehen. Eine Gefahr kann eine Chance beinhalten und eine Chance eine Gefahr. Die Harmonie zwischen Körper und Geist ist in solchen Situationen so notwendig wie in kaum einer anderen. Passt die vorgesehene Handlung zu den eigenen Zielen? Öffne dich dem Neuen, indem du aktiv und wachsam bleibst. Dein gesamtes Leben lang. Die meisten Menschen bleiben stehen, weil ihnen die Erfahrung fehlt oder weil sie ihrer Erfahrung nicht vertrauen. Ihnen fehlt der Glaube. Sie zaudern und haben Angst. Ihre Lebensdynamik mündet im Stillstand. Ähnlich reflektiert es der Zustand unserer Gesellschaft: Millionen Menschen pochen auf ihre Rechte und weisen die Schuld anderen oder der Regierung zu. Die weist sie der Wirtschaft zu, welche wiederum auf von ihr unabhängige Gründe verweist. Das Leben dieser Menschen steht still und mit ihnen die Entwicklung der Gesellschaft. Jeder weiß, dass seine Forderungen nicht realistisch sind, vor allem nicht, wenn er sich selbst nicht einbringt mit seiner gesamten Fähigkeit zum Standpunktwechseln. Etwas anderes ist Improvisation nicht.

Wenn du in eine Situation gerätst, die neu für dich ist, bist du gezwungen zu improvisieren. Wenn du nicht improvisierst, lässt du dich von der Situation beherrschen. Wenn du handelst und improvisierst, befreist du dich von den Paradigmen dieser Situation. Im Kleinen begegnen dir solche Momente jeden Tag. Du setzt automatisch deine verschiedenen Erfahrungen ein, um die neuen Situationen zu lösen. Gleichzeitig machst du sofort neue Erfahrungen. Für die Improvisation benötigst du Courage und Wissen. Verlasse dich darauf, dass du genügend davon in dir hast!

Chy-Eun attackierte mich mit voller Intensität während des gesamten Kampfes. Sie ließ keine Sekunde lang locker. Selbst wenn sie sich für einige Momente zurückzog, spürte ich, wie sie mich taxierte und ihre gesamte Aufmerksamkeit auf mich gerichtet hatte. Das machte mich ängstlich und wütend zugleich. Ich musste improvisieren, denn die erlernten Techniken konnte ich nicht in aller Ruhe planen und anwenden. Sie mussten nun im Affekt und in einem schnellen Austausch funktionieren. Das Einzige, was ich planen konnte, war eine Taktik. Doch das hätte ich vor dem Kampf tun müssen. Während des Kampfes ließ mir Chy-Eun keine Zeit dafür. Ich wusste genau: In dem Moment, in dem ich angreife, gebe ich mir zwangsläufig eine Blöße. Entscheide ich mich für einen Kick mit dem rechten Bein, so ist meine linke Hüfte ungeschützt und erreichbar für einen Kick von Chy-Eun. Ich musste also sehr schnell sein oder ein Täuschungsmanöver landen. Meine Gegnerin war aber viel schneller und flinker als ich. Ihre Reflexe funktionierten so schnell, dass ich ihre Kicks manchmal gar nicht richtig mit den Augen wahrnahm. Gleichzeitig wuchs in mir der Druck, selbst ein paar tolle Kicks hinzulegen, während ich mich vorläufig darauf beschränkte, auf ihre Hiebe zu warten und dabei freie Stellen bei ihr zu entdecken, in die ich reinhauen konnte. Doch auch das gelang mir fast nicht. Denn kaum hatte Chy-Eun einen Treffer gelandet, war sie schon wieder zwei Meter zurückgewichen. Deswegen beschloss ich zu handeln: Jetzt, nein, beim nächsten Mal knalle ich ihr einen Seitenkick in die Hüfte! Ich sprang nach vorne und, ja, das war eben so ein Moment: Sofort hatte sie mir einen solchen Hieb in der Magengrube versetzt, dass ich mich für ein paar Momente krümmte und keine Luft mehr bekam. Es ist unvorstellbar, einen solchen Kick in einem wirklichen Kampf ohne Schutzwesten abzubekommen. Er würde zu ernsthaften Verletzungen führen. Mich machte dieser Treffer von ihr so sauer, dass ich sofort noch einmal einen Angriff versuchte. Das Resultat war, dass ich in meine eigene Schweißpfütze platschte und Chy-Eun mir die Hand reichte. Nur, weil ich gewinnen wollte, empfand ich diesen Kampf als eine herbe Niederlage. Ohne diesen Druck wäre er ein spannendes Erlebnis gewesen.

Wir lernen alles, nur das Leben nicht

Nach meinem gestrigen Kampf mit Chy-Eun saßen wir noch in einer kleineren Gruppe mit dem Meister bei einem Glas Bier und seinem geliebten Seegras zusammen. Ich erzählte davon, wie ich diesen heftigen Kampf erlebt hatte. Bald sprachen wir über wirkliche Kämpfe, über die Chancen bei Straßenkämpfen und über die Schicksalhaftigkeit, die ihnen innewohnt. Um die wirklich harten Kicks und Schläge zu üben, hatten wir viel Zeit an den Sandsäcken verbracht, doch mit Partnern lassen sich diese Techniken wegen der hohen Verletzungsgefahr nur bedingt ausprobieren. Zum einen dienen die Partnerübungen der Anwendung von zuvor trainierten Kampftechniken, daneben lernen wir durch sie Respekt vor der eigenen Kraft und der des Gegners. Mein Selbstbewusstsein wuchs bei diesen Übungen stark. Ich bemerkte zum ersten Mal in meinem Leben, dass selbst ich dünner, schlaksiger Mensch eine enorme Wucht entwickeln kann. Besonders freute mich immer, wenn mir Bewegungen gelangen, die mir vorher unmöglich erschienen waren. Aber parallel wuchs auch meine Demut – die vor meinen eigenen Möglichkeiten und vor denen anderer. Wenn man die Wucht des eigenen Schlages einmal am Übungspartner erlebt hat oder den Kick des Gegners am eigenen Leib verspürte, will man ihn in Wirklichkeit gar nicht mehr selbst ausüben, geschweige denn einstecken. Mit der zunehmender Perfektionierung der Kampftechnik begreift man die Aussichtslosigkeit, die jeden echten Kampf begleitet: Es verlieren immer beide. Der eine leidet an der Niederlage und möglicherweise an seinen Verletzungen, der andere wird ebenfalls malträtiert sein und zusätzlich an den Folgen seines Sieges zu knabbern haben.

In der Erziehung in den Schulen und später den Universitäten lernen die Menschen zwar die Grundrechenarten, Lesen, Schreiben, die Wissenschaften und alles Mögliche andere, aber sie lernen nicht das Leben. Nach nicht selten weit mehr als einem Jahrzehnt des Lernens werden wir in die Welt entlassen und stehen – was unsere Lebenserfahrung anbelangt – als blutige Anfänger da. Wie jemand, der in den Kampf geschickt wird und noch nie auch nur irgendeine praktische Übung dafür gemacht hat. Umso leichter gehen wir auf unserem Lebensweg Verführungen in die Falle. Auf jede kleinste Herausforderung zu einem Kampf steigen wir ein. Wir lernen den Umgang mit dem Leben erst zu einem Zeitpunkt, in welchem wir längst grundlegende Erfahrungen gemacht haben sollten. Dadurch werden andere Menschen in Mitleidenschaft gezogen. Dass so viele Menschen in unserer Gesellschaft das Leben erst so spät lernen, hat negative Konsequenzen. Es verschärft den Druck. Wir müssen nicht nur arbeiten, sondern auch noch zum ersten Mal die Erfahrungen sammeln, die uns erst für den Umgang miteinander reif machen. Der gewaltige Druck, sich bewähren zu müssen, lässt aber wenig Spielraum für solche grundsätzlichen eigenen Lebenserfahrungen. Entsprechend »jugendlich« ist der Umgang miteinander oft noch in späten Erwachsenenjahren. Wir reagieren beleidigt, schlagen zurück, lassen uns von unseren Gefühlen leiten. So, wie ich im Kampf mit Chy-Eun: unüberlegt und unvernünftig.

Auch der Verführung des Reichtums erliegt man ohne fundierte Lebenserfahrung schnell. Diejenigen, die es sich leisten können, lassen sich so gut ausbilden, dass sie dank ihrer Beziehungen später sofort in höheren Positionen in Wirtschaft oder Politik einsteigen. Viele dieser Menschen lernen dann nichts mehr dazu, weil sie ohnehin nie aus Erfahrungen gelernt und kaum je wirklich tiefgreifende Erfahrungen gemacht haben.

So grassiert ein vorsintflutlicher Umgang miteinander: wie du mir, so ich dir, streichen, rausschmeißen, rächen, draufhauen, diffamieren, hetzen. In seelischer Hinsicht befinden wir uns – etwas überspitzt ausgedrückt – auf einem beinahe steinzeitlichen Niveau. Emotional und moralisch haben wir vermutlich in den letzten Jahrtausenden nicht viel dazugelernt. Wer hat auch nur eine Ahnung, wie stark seine Worte verletzen können, wie leicht eine Handlung den Zusammenhalt der Gemeinschaft sprengt? Und woher soll man eine Ahnung haben, wenn man dazu noch nie eine Erfahrung gemacht und einem keine Großmutter davon erzählt hat?

Das frühere, traditionelle Umfeld, in welchem Kinder und Jugendliche das Zusammenleben im gemeinschaftlichen Alltag der Familien und Freundescliquen lernten, ist der virtuellen Welt und in vielen Fällen einem geordneten, schöngeistigen Kinderzirkus gewichen. Die Natur, Parks und Straßen sind weiträumig von spielenden Kindern bereinigt. Innerhalb ihrer vier Wände, das besagen Untersuchungen, verbringen die meisten Kinder, ebenso wie ihre Eltern, viel Zeit vor dem Bildschirm.

Einmal beobachtete ich in einem Berliner Luxusrestaurant eine Mutter, die ihrem Baby im Kinderwagen jedes Mal, wenn es zu schreien anfing, einen Handy-Bildschirm direkt vor die Augen hielt. Unsere degenerierten Umgangsformen reichen tief in die Familien hinein. Sie sind durchaus nicht typisch für sozial bedürftige Kreise, wie dieses Beispiel signalisiert. Jugendliche aus allen Schichten üben sich heute in der antiseptischen Welt der Computerspiele, in geordneten Sportkursen und lernen im Internet bereits früh die zu einer hässlichen Grimasse verzerrte Welt der Erwachsenen kennen: sexuelle Perversionen, Milliardengewinne, Kriegsspiele und Informationen zu allem und jedem.

Auch unsere eigene Meinung hat im Netz inflationären Einzug gehalten. Wer sucht, findet dort jede Meinungsversion zu allem und jedem. Er kann sich jede noch so unsinnige Meinung quasi per Mausklick bestätigen lassen. Es wird immer ein paar Tausend Stimmen im Netz geben, die seinen Blödsinn unterstützen. Die Frage ist, was mit dem Richtwert der statistischen Signifikanz wird, wenn die Stimmen von Befragten mit derartiger Leichtigkeit zur Verfügung stehen und auch manipuliert werden können.

Wie soll man sich in so einer x-beliebigen Welt als junger Mensch orientieren? Worauf soll sich die für junge Leute so typische, dynamische, noch unverbrauchte Sehnsucht denn richten?

Menschen, die nichts erfahren, können nicht richtig erwachsen werden. Gleichzeitig erliegen sie allzu leicht dem Irrtum, alles zu wissen, weil sie keine Vergleichsmöglichkeiten kennen. Wenn diese Menschen mit ihrer reduzierten Gefühlserfahrung später in eine emotional kritische Situation geraten, kann es gefährlich werden. Die Selbstbeherrschung der Gefühle ist daher eine bedeutendere Aufgabe denn je. Eine weitere ist die Wiederherstellung eines Umfeldes für uns alle und vor allem für unsere Kinder, in welchem sie emotionale Lebenserfahrungen machen und sich ihrer Gefühle und deren Ursachen bewusst werden können.

Der Kampf als Spiegel des Lebens

Ebenso unablässig, wie Engagement, Konzentration und Einsatz aller Fähigkeiten in einem Kampf gefordert sind, will auch das Leben unsere vollständige Teilnahme. Es reicht nicht, nur ein wenig mitzumachen, ab und zu mal Verantwortung zu übernehmen. Eine Nachlässigkeit wird sich im Leben genauso rächen, wie sie in einem Kampf bestraft wird.

Die Erfahrung eines Taekwondo-Kampfes lässt sich auf das Leben übertragen: Wenn der Gegner auch nur einen Treffer richtig landet, kann das schon das Aus bedeuten. Man ist geschwächt, der Gegner hat es leichter, und die eigenen Angriffe werden schwererfallen. Oder man ist k. o. oder sogar verletzt. Daraus folgt der unvermeidliche Schluss: Man muss stets voll und hundertprozentig dabei sein.

Bei einem ernsthaften Kampf kann es im schlimmsten Fall um Leben und Tod gehen. Das Ziel in einem unvermeidlichen Kampf muss daher sein, den Gegner so schnell wie möglich kampfunfähig zu machen. Ein unerfahrener Kämpfer aber denkt nicht so weit. Sein Ziel ist meistens erst einmal ein einzelner Treffer. Er schlägt zögerlich zu, dann wartet er ab, schaut mit aufkeimendem Bedauern, wie es dem anderen geht. Er will nur das Brett treffen. Mit seiner Kurzsichtigkeit begibt er sich in ernsthafte Gefahr. Ein einmal ausgeteilter Schlag löst eine unendliche Kettenreaktion aus, die es zu planen gilt, indem man die Folgen seiner Handlung von vornherein abwägt. Doch in einem wirklichen Kampf ist das oft genauso unmöglich wie im Leben.

In einer akuten Situation ist die vom Gegner ausgehende Gefahr zu unberechenbar, als dass Skrupel angebracht wären. Überschäumende Gefühle sind ebenso hinderlich, sie schaden der Koordination. Hat man sich einmal zu einem Kampf entschlossen, so sollte man ihn mit möglichst unverringerter Vehemenz und Geschwindigkeit ohne innezuhalten weiterkämpfen, bis der Gegner kampfunfähig ist. Genau diese Energie hatte ich im Kampf mit Chy-Eun erfahren. Sie hatte mir den Atem geraubt. Ich bin mir sicher, wenn Chy-Eun richtig losgelegt hätte, wäre ich in kürzester Zeit am Boden gelegen. Die erforderliche Unerbittlichkeit bei einem Kampf bedeutet nicht, dass man anstreben sollte, den Gegner bewusstlos zu schlagen oder schwer zu verletzen. Dies darf nicht das Ziel sein, und deswegen gehören die Gefühle kontrolliert. Gleichzeitig sind in einem echten Kampf derartige Folgen der eigenen Handlung am Gegner in Kauf zu nehmen, andernfalls erleidet man sie umgekehrt selbst.

Die größte Gefahr in einem Kampf birgt der erste Schlag: Was macht der Gegner jetzt? Wenn er getroffen wurde, steht er sofort unter Adrenalin. Er wird überschwemmt von seinen Gefühlen. Bei gefährlichen Menschen sind das Aggression, Rache und Wut. Steht man einem unbekannten Gegner gegenüber, ist man mit einer ungeheuren Zahl von Unsicherheitsfaktoren konfrontiert. Beherrscht der Gegner auch eine Kampftechnik? Wie gut trainiert ist er? Welche Kleidung trägt er? Welches Schuhwerk? Ein einzelner Tritt mit einem harten Schuh kann bereits furchtbare Folgen haben, so dass man selbst nicht mehr kämpfen kann. Vielleicht besitzt er eine Waffe, ein Messer oder eine Pistole? Wenn man ihm Zeit dafür lässt, wird er sie ziehen. Im Taekwondo existieren auch Techniken für den Kampf gegen bewaffnete Gegner, doch will man ein so schwer zu kalkulierendes Risiko wirklich eingehen? Davor sollte man auch seine eigene Verfassung überprüfen: Welche Schuhe trage ich? Sind sie rutschfest und für Taekwondo-Kicks geeignet? Bei Stiefeln und lederbesohlten Straßenschuhen dürften einige Kicks bereits ausfallen. Sie schränken die Beweglichkeit drastisch ein und sind nicht rutschfest. Auch Bluejeans und andere beengende Kleidungsstücke, bei Frauen etwa enge Kostüme, machen den Einsatz etlicher Techniken unmöglich. Kleidung behindert im Kampf. Weitere Widrigkeiten bringt oft die Umgebung mit sich: Wie ist die Straße beschaffen? Ist sie nass, rutschig, uneben? Fahren Autos vorbei? Gibt es einen Abgrund, Fall- oder Stolpersteine, andere Menschen, Treppen oder andere gefährliche Umstände? Wie sieht es mit Nähe und Distanz aus, gibt es überhaupt Möglichkeiten zum Ausweichen?

In einem echten Kampf wird man kaum die Zeit haben, all diese ausschlaggebenden Aspekte wirklich ausreichend abzuwägen. Auch im Leben wird man in einer akuten Krisensituation keine Zeit für eine gelassene Überprüfung aller Umstände und Konsequenzen haben.

In dieser Erkenntnis liegt der Anspruch der unablässigen Übung und des ständigen Lernens im Taekwondo, dessen Grundlage eine friedliebende Einstellung ist. Kämpfen bringt nichts. Doch wenn man zum Kämpfen gezwungen ist, muss man gewinnen wollen. Deswegen ist es unerlässlich, sich rechtzeitig mit dem Kämpfen zu befassen, lange vor einem möglichen ernsten Kampf. Wie soll man mit einer Kampfsituation umgehen, wenn man nicht die geringste Ahnung davon hat, wie man sich in ihr verhalten soll? Wenn man dem Thema völlig unbedarft und erfahrungslos gegenübersteht, lässt man sich möglicherweise leichter in einen Kampf ziehen, als umgekehrt: Man lässt sich von seinen aufgewühlten Gefühlen leiten. Oder man tut nichts in einem Moment, in dem man dringend scharf durchgreifen müsste. Die Fähigkeit, zu improvisieren und schnelle Entscheidungen zu treffen, steigt mit der eigenen Erfahrung und Übung. Sie führen auf das Ziel im Taekwondo hin: der geistigen und körperlichen Unbezwingbarkeit. In ihr löst sich die Notwendigkeit eines Kampfes auf.

An jenem Abend nach meinem ersten Übungskampf gegen Chy hatte Meister Ko auf die Frage, was man denn nun machen soll, wenn man von unbekannten Gegnern auf der Straße bedroht werde, eine überraschende Antwort parat: »Weglaufen, was sonst!«

Unsere Tischrunde schwieg perplex. Wieder war »Weggehen« das Zauberwort. Nicht die Konfrontation. Wieder löste sich die ganze Problematik in etwas ganz Einfachem auf. Klar, was soll das Kämpfen!

Doch auch das Nichtkämpfen und Flüchten will gelernt sein. Mein erster Reflex ist es, einen Gegner, der mich beleidigt hat, zur Rechenschaft zu ziehen, ihm einen Gegenschlag zu versetzen. Um das nicht zu tun, braucht es Erfahrung im Umgang mit der eigenen Disziplin, mit der Selbstbeherrschung und dem Bewusstsein. Und das will geübt sein. Der Kampf selbst ist die letzte Konsequenz. Sie wird von der absoluten Ausweglosigkeit diktiert. Ihr liegt die Unmöglichkeit zugrunde, einen Kampf zu verhindern. Der Kampf darf nie Mittel zu etwas und schon gar nicht auf einem Gefühl begründet sein. Doch wenn es so weit kommt, geht es nur voll und ganz, unter vollem Einsatz von Körper und Geist, und das Ziel muss ein voller Sieg sein. Sieg in einer Situation akuter Bedrohung bedeutet allerdings nicht, den Gegner zu vernichten, sondern die von ihm ausgehende Gefahr zu beseitigen.

Respektlos zu uns selbst

Die Hauptursache, warum attackierte Menschen sich auf Kämpfe einlassen, besteht fast immer in explodierenden Gefühlen: Wut, Rache oder Verzweiflung. Untersuchungen zufolge sind die Ursachen für einen Angriff dagegen durchaus nicht immer emotionaler Natur. Nur ein kleiner Teil aller Angreifer agiert zu Beginn eines Angriffes aus unkontrollierten Gefühlen, aus dem Affekt heraus. Die Motivationen sind in den meisten Fällen Profitgier (Raub), psychische Krankheit (Vergewaltigung, Amok) sowie soziale Ursachen wie Rassismus, Armut und Bandenzwang. Solche Angriffe geschehen in fast allen Fällen plötzlich und unvorhergesehen für den angegriffenen Menschen. Die Täter kennen meistens keine moralischen Skrupel und greifen auch von hinten oder zu mehreren an.

Gefühle gehören zu uns wie die Strahlen zur Sonne. Doch wir müssen sie beherrschen und nicht umgekehrt. Sie äußern sich durch körperliche Reaktionen. Das Fatale an den Gefühlen ist ihre Einteilung in gute und schlechte. Bei den guten freuen wir uns. Wir suchen sie. Die schlechten aber wollen wir nicht. Wir leiden unter ihnen, manchmal auf furchtbarste Weise. Redewendungen wie »Liebe macht blind«, »blanker Hass«, »stumpfe Wut« oder »ohnmächtige Trauer« implizieren, dass unsere starken Gefühle etwas behindern können, was unsere entscheidende, menschliche Fähigkeit ausmacht: Jede Handlung bewusst ausführen, uns für oder gegen etwas entscheiden und uns die Konsequenzen unserer Handlungen klarmachen zu können.

Die Beherrschung der eigenen Gefühle zu erlernen, bedeutet nicht, dass die Gefühle unterdrückt, weggeleugnet oder gar abgelehnt werden. Im Gegenteil: Die Vollkommenheit des Menschen kommt erst in einer perfekten Balance zwischen Körper und Geist zur Geltung. Das beinhaltet die Akzeptanz aller unserer Gefühle, weil sie zu uns gehören. Es bedeutet aber nicht, dass wir jedes Gefühl ausagieren müssen. Die Beherrschung der Gefühle erfolgt deswegen nicht durch Leugnen oder Eliminieren – was ohnehin nicht möglich ist –, sondern indem man sie erkennt, bewusst macht, ihre Existenz annimmt und sich über sie erhebt.

Obwohl unser Körper für die Bewegung gebaut ist, verbringen viele Menschen einen Großteil ihrer Zeit im Sitzen. Am Schreibtisch, vor dem Computer, vor dem Fernseher. Man könnte sich eigentlich Fragen: Wozu brauchen sie Beine, Füße und Zehen, die Wirbelmuskeln, die Arme überhaupt? Obwohl es eines der größten Horrorszenarien ist, durch einen Unfall querschnittsgelähmt zu werden, leben eine Menge Menschen wie die Opfer einer solchen Katastrophe: Sie sitzen wie gelähmt auf einem Stuhl, lediglich die Augen bewegen sich flink hin und her. Sie folgen dem Cursor, welcher der Bewegung eines Zeigefingers folgt, der die Maus bewegt. So sitzen sie jeden Tag stundenlang da. Jahrelang. Die intensivste Tätigkeit findet in dem Teil des Gehirns statt, der die Problemstellungen der Arbeit bewältigen muss. Zwischendurch jagt ihnen mal ein paranoider Gedanke durch den Kopf: Was heckt mein Kollege da aus? Oder man denkt an bessere Zeiten, ans Wochenende, an den Urlaub, die Kinder, die Frau oder den Mann zu Hause oder an eine Tafel Schokolade. Menschen, die so leben, betreiben eine ständige Überaktivität ihres Gehirns im Vergleich zu ihrem Körper. Sie leben in einer Art Fantasiewelt, die sie mit dem Leben verwechseln. In anderen Berufsfeldern herrscht zwar mehr körperliche Bewegung, zum Beispiel in einem Krankenhaus, wo die Mitarbeiter von Patient zu Patient eilen. Oder in Restaurants: Kellner legen jeden Tag viele Kilometer zu Fuß zurück. Aber dort überlassen sich die Menschen häufig der Routine und leben mit ihrem Bewusstsein ebenfalls mehr im Kopf als in ihrem

Körper, der sie wie ein Werkzeug durch die Gegend trägt, unabhängig von seinen Bedürfnissen. Unsere Gesellschaft vermittelt den Irrglauben, dass unsere stündlichen und täglichen Probleme im beruflichen und privaten Leben fast nur im Kopf zu bewältigen sind. Die Balance von Körper und Geist bleibt bei einem derartig verantwortungslosen Umgang mit uns selbst auf der Strecke. Uns mangelt es zuallererst an Respekt und Achtsamkeit vor uns selbst.

Der amerikanische Publizist Richard Louv spricht bereits von einer Krankheit namens »Nature Deficit Disorder« (Natur-Mangel-Syndrom). In seinen Nachforschungen für ein Buch hat er Fälle beschrieben, wie junge Menschen an schweren psychischen Störungen leiden, weil sie keinen Kontakt mehr zur Natur haben. Einige von ihnen geraten beispielsweise beim Anblick von Pflanzen in Angstzustände. Während ihrer neurotischen Anfälle reißen sie Pflanzen heraus, um ihr Umfeld von ihnen zu bereinigen. Solche Menschen haben ihre körperlich-geistige Balance nicht erst verloren, sondern sie haben sie niemals erlebt. Die so erzeugten Panikgefühle beim Anblick von Natur sind auch die Symptome einer viel tiefer liegenden Problematik: der fehlenden Verwurzelung in sich selbst und damit einem mangelnden Gefühl von Sinn.

Kraft der Harmonie

In Korea wurden die Kinder in der Zeit des Aufbaus nach dem Krieg dazu angehalten, vor Schulbeginn mindestens ein Jahr Taekwondo zu trainieren, um eine Harmonie zwischen Körper und Geist zu üben. Bis heute sollen die Kinder auf diese spielerische Weise Disziplin und Respekt kennenlernen. Die Folge war, dass Korea heute eines der Länder mit der geringsten Jugendkriminalität der Welt ist. Es ist dringend erforderlich, einen Sport oder eine Bewegungsart auszuüben, in welcher sich der Körper austoben und der Geist sich entspannen kann.

Alles ist erlaubt, solange es Spaß macht und Körper und Geist in Gleichgewicht bringt. Auch Tanzen, Spazierengehen oder Wandern sind Möglichkeiten. Finde heraus, was dir gefällt, um dich ins rechte Lot zu bringen. Solange dir das nicht dauerhaft gelingt, wirst du in allen anderen Bereichen Probleme haben. Es wird dir schwerfallen, einen festen Glauben an dich und deine Ziele zu entwickeln, weil du immer wieder von deiner Unzufriedenheit und unguten Gefühlen gestört wirst, die wiederum Resultate deiner mangelnden körperlich-geistigen Harmonie sind. Sie werden dich ablenken und all deine Kräfte absorbieren. Du wirst dich verzetteln in unnötig langen Diskussionen über irgendeine Nichtigkeit, die dich aufregt. Jeder kennt das: Am Abend streitet man stundenlang mit seinem Lebenspartner über etwas. Wenn man dann darüber geschlafen hat, fragt man sich: »Über was für einen Blödsinn habe ich mich bloß aufgeregt. Es hätten fünf Minuten gereicht, um dieses Thema abzuhaken!«

Bewusstsein und Aufmerksamkeit waren abgeschaltet. Die Regeln von Respekt und Achtsamkeit, Disziplin, Durchhaltevermögen und Unbezwingbarkeit wurden gleich reihenweise verletzt. Im Taekwondo hättest du einen Kampf verloren oder dir im Training einen Muskel gezerrt. Nach dem Schlaf und ausreichenden Aufwärmübungen ist der Geist entspannter. Er nimmt vieles leichter an, hat mehr Kraft und Kreativität. Der Schlaf bringt Körper und Geist automatisch in eine gewisse Balance und die stellt jeden Morgen eine neue, kleine Chance dar, nach der du greifen kannst. Setze dir kein zu großes Ziel, aber setze eines. Nutze morgens deine Frische für einen ersten, kleinen Schritt in die neue Richtung. Und dann mach gleich einen zweiten Schritt. Und die Veränderung ist bereits passiert. Nur durch kontinuierliche, ausgewogene Trainings- und Entspannungsphasen von Geist und Körper, sowie durch ein integres Leben, wird ein ausbalancierter Zustand von Körper und Geist erreicht, der schließlich eine stabile Basis bildet für die Entwicklung anderer Fähigkeiten, die du für ein zufriedenes und glückliches Leben brauchst. Bleibe in Bewegung.

Eine kleine Dosis Science-Fiction

Ohne ein Mindestmaß an Disziplin, die uns davor bewahrt, uns ständig von den Irrlichtern dieser Zeit verführen zu lassen, wird es uns nicht gelingen, ein wertvolles Leben zu führen. Die Schonung und Regeneration unserer Ressourcen und der Schutz unserer Welt gehören zu den dringlichsten Aufgaben unserer Zeit. Wissenschaftler wie der Australier Frank Fenner sagen das Ende der Menschheit bereits für spätestens in hundert Jahren voraus. Als Grund gibt der renommierte Forscher die dramatischen Folgen unseres Konsumexzesses und die weltweite Geburtenexplosion an. Wenn wir das verhindern wollen, müssen wir allerdings erst einmal explizit ein entsprechendes Ziel definieren. Anschließend benötigen wir die notwendige Disziplin. Alles tun und lassen, was wir wollen, alles produzieren, kaufen und verprassen, was uns gerade einfällt, geht dann nicht mehr. Verzicht wird die erforderliche Handlungsmaxime der Zukunft sein. Lernen wir lieber rechtzeitig und von uns aus zu verzichten als unter Zwang! Wir entscheiden uns für unser Ziel, indem wir uns mit unserem Leben und unseren Wünschen beschäftigen, mit der Praxis unserer Wirklichkeit. Wo wollen wir in zehn, 50 oder 100 Jahren als Menschen einmal stehen? Wo in 1 000 Jahren? Welches Vermächtnis hinterlassen wir unserer Nachwelt? Ein Umweltdesaster? Einen Planeten, auf dem man kaum noch leben kann? Menschen, deren ursprüngliche Fähigkeiten durch mangelnde Bewegung und eine massive Abstumpfung von Geist und Intelligenz degeneriert sind? Zombies, die nur noch aus Gehirn und Auge bestehen? Die iPhones, iPads, iMacs und iPods sind dann irgendwann vielleicht so mikroskopisch klein, dass sie gleich hinter dem Auge direkt vor dem Sehnerv implantiert werden können. Sie ermöglichen mit ihren hoch entwickelten Bluetooth-Technologien einen beinahe telepathischen Kontakt der Menschen untereinander. Berührung – so was Altmodisches, die gab es in grauer Vorzeit mal; Gefühle – ein geradezu vorsintflutliches Phänomen aus dem 20. Jahrhundert. All das wird dann per Mausklick gesteuert: Mit einem Regler in einem eingebauten Chip kann man jedes Glücks- und Aggressionsgefühl rauf- und runterfahren. Bewegungssimulatoren und Contents der virtuellen Welt, die in allen Facetten zur Verfügung stehen, gaukeln jedem Wesen seine Lieblingswelt vor. Die staatliche Überwachung findet mitten in uns selbst statt, durch eingepflanzte Computerviren. Die Fortpflanzung wird in Fabriken nach Bedarf geregelt. Plötzlich kannst du in dieser Cyberwelt als Wesen, das sich vielleicht nicht mehr so abgedroschen »Mensch« nennt, sondern »I«, alles erleben, wonach es dich gelüstet. Du kannst auf Knopfdruck fliegen, reich sein oder den Traumpartner finden. Die »Is«, die nur noch aus einem kopfartigen Teil bestehen, weil die medizinische Forschung es erreicht hat, mittels Operation Körper und Gehirn zu trennen, benötigen keine großen Flächen mehr. Es dürfen daher viele Milliarden mehr sein. Es wäre eine Welt voller autistischer Kugel-Wesen, die berührungslos nebeneinanderher leben, jedes für sich verfangen in seiner jeweiligen virtuellen Lieblingswelt. Wollen wir das?

Die Notwendigkeit einer zukunftsorientierten Steuerung unserer Entwicklungen ist dringender denn je. Dazu benötigen wir Verantwortungsträger, die den Mut und das Durchsetzungsvermögen für neue Konzepte haben. Wir werden keine neuen Menschen für diese Aufgabe erschaffen können. Die Protagonisten sitzen schon bereit. Es sind die Manager und Forscher, und es sind die Politiker, die an den großen Rädern unserer Zeit drehen. Wenn sie umdenken und sich disziplinieren würden, könnte eine Reformierung unserer Lebensweisen geschehen. Die Entwicklungen in den vergangenen Jahrzehnten sind unglaublich rasant vorangegangen. Wenn man nur einige Jahre zurückblickt und die Lebensweisen von damals betrachtet, möchte man meinen, dass man in eine weit zurückliegende Epoche schaut. Und wenn jemand damals in unsere heutige Zeit hätte blicken können, hätte man seine Vision vermutlich als unrealistisches Science-Fiction-Szenario bezeichnet. Doch es ist noch nicht lange her, dass wir ohne Computer lebten, ohne Handys, und dass selbst die audiovisuellen Medien noch in den Kinderschuhen steckten. Wenn unsere Entwicklung derartig an Tempo zugenommen hat, wie mag ihre Beschleunigung in der Zukunft aussehen? Sind wir noch in der Lage, das Tempo zu kontrollieren und den Weg zu bestimmen, auf dem wir uns bewegen? Das bezweifle ich sehr.

Der Verlust der Inhalte

Als ich zur Schule ging und später meine Ausbildungen machte, empfand ich den Beruf des Managers als etwas geradezu Abstoßendes. Der Beruf hatte damals ganz allgemein keinen sehr hohen Beliebtheitsgrad. Er wurde mit lederbezogenen Schreibtischplatten und kapitalistischen Ausbeutern assoziiert. Die Jugend träumte damals von medizinischen oder geisteswissenschaftlichen Studien oder einer künstlerischen Ausbildung.

Mein eigenes künstlerisches Ideal begann leider irgendwann zu bröckeln, das endlose Jobben zermürbte mich. Ich musste neben meiner Schauspielschule nachts Zeitungen austragen oder, wenn die Kohle knapp wurde, auch mal in aller Herrgottsfrüh um fünf Uhr morgens mit Post-Lastwagen Pakete durch die Gegend fahren. Vor genau so einem entwurzelten Leben als mittelloser Künstler hatte mir immer gegraut. Außerdem bemerkte ich, dass ich mit dem Schreiben schneller vorankam. Ich erkannte die Power von Ideen: Mit ein paar verrückten Einfällen, die ich geschickt auf Unternehmensziele hintrimmte, konnte ich auf einen Schlag mehr Geld verdienen als mit langweiligen Filmauftritten als Drogenfahnder oder verzogener Sohn. Das Ausleben all meiner Shakespeare'schen Leidenschaften erbrachte keine Rendite. Skurrile Marketingideen dafür umso mehr. Da ich aus eher bescheidenen Verhältnissen stamme, war die Verlockung groß, endlich genug verdienen zu können. So zog ich einen Anzug an und sprang in das Haifischbecken der Geschäftemacher. Dort fühlte ich mich wie ein Narr in Freiheit. Wenn ich zurückblicke, führte ich mich wohl manchmal auch so auf. Geld, das war mir schnell klargeworden, legitimiert in diesem Becken fast alles. Wenn ich eine unglaubliche Idee hatte, waren alle begeistert, sofern diese Idee Geld einbrachte oder die durch sie erzeugte Publicity den wirtschaftlich nutzbaren Wert einer Person, eines Produktes oder einer Firma steigerte. So wurde ich Manager und Unternehmer, genau das, was ich nie gewollt hatte.

Die Zeit, in der ich diesen Berufsweg einschlug, läutete die Epoche der großen Innovationen ein. Die Durchsetzung des Computers, die Erfindung des Internets und die digitale Revolution bewirkten eine Euphorie, die alles bisher Dagewesene übertraf. Das Marketing schlug auf seinem Siegeszug Ende der 80er- und während der 90er-Jahre gigantische Schneisen in unser traditionelles Wertegefüge. »Kreativ« war nicht mehr nur ein von den Künstlern gepachtetes Adjektiv. Es war nun die Werbe- und Markenartikelindustrie, die sich mit »kreativen Kampagnen« zur neuen Kulturgattung erhob.

Schließlich hatte der amerikanische Maler Andy Warhol bereits die Vermarktung zum Bestandteil seiner Kunst gemacht und mit diesem Tabubruch den Gipfel seines Ruhms erlangt: Das Kunstwerk als Produkt, die handsignierte Kopie als Wertgegenstand. Sein Ausspruch »Jeder wird einmal ein paar Tage lang berühmt sein« wurde zum Orakelsatz einer Zukunft, die sich völlig neu definierte. In England liberalisierte Margaret Thatcher die Märkte. Um die marode Wirtschaft und den brachliegenden Arbeitsmarkt zu sanieren, lockerte sie die Arbeitnehmerrechte und öffnete die Türen für größere Freiheiten im internationalen Finanzwesen. Sie war eine der ersten Politiker der westlichen Welt, die mit ihren Maßnahmen zur Ankurbelung der Wirtschaft bewusst die Vernichtung der immateriellen Werte in Kauf nahm. Die Globalisierung der Märkte und die geplante Einführung des Euros stellten das Konzept der Zukunft dar, das die Verantwortungsträger in Politik und Wirtschaft propagierten und von dem sie lebten. Betriebswirtschaft wurde zum beliebtesten Studienfach. Die Welt wurde überschwemmt von jungen MBA-Abgängern, die als Manager Karriere machen wollten, und zwar möglichst schnell. Selbst der ehemalige Traumberuf Arzt veränderte sich in ähnlicher Weise: Durch die neuen Gesetzgebungen wurden die Ärzte, die sich einst für einen Patienten noch Zeit nehmen konnten, zunehmend Gesundheitsmanager, die die Hilfesuchenden je nach versicherungstechnischer Leistungsmöglichkeit wie am Fließband an sich vorbeizuschleusen begannen. Die Mediziner und die kreativen, selbstständigen Berufe zählten zu den ersten Opfern des neuen Geistes, welcher keine Rücksicht mehr auf unsere Werte nahm. Die Zügellosigkeit des Dranges nach Geld und Ruhm führte Ende der 90er zu der beispiellosen Börsenrallye der New Economy. Die Folge waren reihenweise wirtschaftliche Einbrüche und ein weltweites sozioökonomisches Ungleichgewicht, das bis heute wie eine Schiffsschaukel hin und her pendelt.

Eines der neuen großen Schlagwörter nach der Liberalisierung und der Globalisierung ist die »Gleichheit«. In der Ära der Premierminister Toni Blair und Gordon Brown wurden die Hürden für die Aufnahme von Universitätsstudien verringert. Als Folge davon wird England von Massen überqualifizierter Studienabgänger überschwemmt, die alle keine Jobs mehr finden. Ähnliches ist auch bei uns in allen Lebensbereichen zu sehen: Jeder soll überall hinreisen können, alles haben dürfen und können. In dieser grenzenlosen Gleichmacherei verschwimmen die Konturen unserer Prioritäten immer mehr. Sie leistet einem neidigen Vergleichen der Mitmenschen untereinander Vorschub. Früher hat sich kein Mensch über die Luxusyachten anderer aufgeregt. Heute erzeugt die mögliche Gewissheit, sich so etwas Teures selbst nicht leisten zu können, bissige Kommentare.

Für unsere Welt voller Wechselbäder, heute Krise – morgen Aufschwung, fehlt vielen Menschen zu Recht das Verständnis. Darüber hinaus stellt diese extrem marktwirtschaftlich orientierte, wertefreie Welt einen satten Fischgrund für diejenigen dar, die schnell viel Geld verdienen wollen und wissen, wie das geht. Sie jubeln Riesensummen durch die monetäre Cyberwelt und hängen Botschaften an ihre Angeln wie »Dieses Land steht vor dem Konkurs« oder »Jene Währung ist überbewertet«. Im Kielwasser ihrer virtuellen Flaschenpost verdienen sie auf Kosten des gesellschaftlichen Gleichgewichts märchenhafte Summen. Was bleibt, ist das künstliche Biotop einer aalglatten Managementkultur, in welchem bar jeglichen Wertverständnisses agiert wird. Freiheit ist gut. Aber nur, wenn sie in Kombination mit Verantwortlichkeit gelebt wird.

Die Konkurrenz der Rennpferde

Wenn ich mir anschaue, mit wie viel Energie ich selbst mich in dieser Welt der Manager, die scheinbar nur aus Überholspuren besteht, hineinbegeben habe, wird mir mulmig. Manager nicht an die Zügel zu nehmen, kommt mir heute so vor, als würde man eine Horde gedopter und hochgezüchteter Rennpferde ohne Jockey loslassen. Ich erlebte das einmal in einer Art Rennpferd-Therapiestall in den Arabischen Emiraten. Ohne Aufsicht können solche Tiere auf eine füreinander existenziell gefährliche Weise durchdrehen. Sie traben aufeinander los, als würden sie gar nicht wahrnehmen, dass ihnen ein anderes Pferd im Weg steht. Nach all den Jahren der Elitezüchtung ist diesen getunten Pferden der Herdeninstinkt und das Zugehörigkeitsgefühl zur eigenen Rasse abhandengekommen und damit ihre Fähigkeit, in einer Gemeinschaft zu leben. Sie begreifen einander nur als noch als konkurrierende Feinde.

Ein Kampf sollte nie aus einem Gefühl der Konkurrenz ausgetragen werden. Die damit verbundenen Gefühle – Rache, Wut, Eifersucht – würden die Sicht auf das Geschehen verstellen. Die Disziplin wäre schwer behindert. Solche Kämpfe zählen zu den gefährlichsten, die es gibt. Viele Situationen im Geschäftsleben oder in der Politik führen allein aufgrund von Konkurrenz in eine kämpferische Situation. Ganze Kriege werden nur der Konkurrenz wegen angezettelt.

Konkurrenz entsteht nur, wenn du dich mit jemand anderem vergleichst und diesen Vergleich bewertest. Dabei ist zu unterscheiden zwischen dem Zustand und dem Gefühl der Konkurrenz. Konkurrenz hat heute nur noch selten etwas mit gesundem Wettbewerb zu tun. Meistens beruht sie auf der Besessenheit, besser sein zu wollen als ein anderer. Wird die Konkurrenz zum Gefühl, so wird sie destruktiv. Du kannst dich immer für die

Konkurrenz entscheiden oder dagegen. Deswegen ist jeder, der sich in Konkurrenz befindet, selbst verschuldet in dieser Situation. Bleibt die Konkurrenz allerdings ein neutraler Leistungsvergleich, so kann sie sich konstruktiv entfalten und Früchte tragen. In dieser Form stellt sie den Leitgedanken der Olympischen Spiele dar.

Warum aber verfügt unsere kompetitive Wirtschaft nicht über vergleichbare Leitgedanken? Sicherlich engagiert sich der eine oder andere Unternehmer für soziale Zwecke, bekanntermaßen realisiert diese oder jene Firma auch ab und zu einmal ein Charity-Projekt. Es mag in der einen oder anderen Eingangshalle eines Unternehmens sogar ein Plakat, auf dem die Unternehmenswerte aufgelistet sind, hängen. Mir geht es aber nicht um solche Makulatur, sondern um eine grundsätzliche Einstellung, die die ganze Branche erfasst. Bis heute weist sie entsprechende Ideale und ethisch weitgreifende Ziele von sich. »Wir machen Business, wir sind keine Gefühlsphilosophen!«, erklärte mir mal ein Manager, mit dem ich über das Thema stritt. Trotz solcher Aussagen lassen sich gerade Manager oft in emotional stark aufgeladene Konkurrenzsituationen verwickeln, geraten in die erdrückenden Mühlen vermeintlicher oder tatsächlicher Intrigen. Der Psychosomatik-Forscher Prof. Michael Zaudig beschreibt in einem Essay mit dem Titel »Mit Volldampf in die Erschöpfung«, dass Konkurrenzsymptome, Überforderung und perfektionistische Kontrollambitionen zu den Hauptursachen zählen, wegen derer immer mehr ausgebrannte Manager Hilfe suchen. Business hat also doch auch mit Leben und Gefühlen zu tun, wenngleich es unterdrückt ist. Die Intrigen, die Ängste, die negierten Gefühle beweisen, dass das Leben auch in der Wirtschaft nicht verdrängt werden kann. Und wer es versucht, der leidet darunter so lange, bis er Konsequenzen ergreifen muss oder durch Burnout, Depression oder Alkoholmissbrauch zusammenbricht. Emotionale Konkurrenz hat fast immer verheerende Auswirkungen. Wir sehen es in dem ausufernden Gebaren egosüchtiger und erfolgsneidischer Manager.

Die entscheidenden Faktoren im Fall der Konkurrenz sind immer das Bewusstsein und die Integrität. Handeln wir integer, ohne uns von kurzfristigen Gefühlen oder Profitgier steuern zu lassen, kann Konkurrenz unsere Gemeinschaft weiterbringen. In dem Moment, wo die Konkurrenz durch Gefühle gesteuert wird, löst sie sich aus der Verankerung in den Werten. Sie beginnt zu zerstören. In solchen Konkurrenzsituationen wird gegen eine ganze Reihe von Grundregeln verstoßen. Der Gaul geht durch.

So erging es auch mir. Denn eigentlich hatte ich diesen Berufsweg des Managers nie angestrebt. War das Managerdasein für mich nicht immer ein rotes Tuch gewesen? An diesem Punkt musste ich ansetzen. Ich spürte: In meinem Leben gibt es zwei gravierende Problemzonen. Erstens mache ich viel zu viel von dem, was ich gar nicht will. Und zweitens baue ich laufend irgendwelche Scheinwelten auf, um genau das nicht zu bemerken. Ursprünglich wurden diese Mechanismen von ganz simplen Bedürfnissen in Gang gesetzt. Ich wollte genug Geld verdienen, endlich keine existenziellen Sorgen mehr haben. Mein künstlerischer Beruf reichte dafür nicht aus. So ließ ich mich auf die Chancen ein, die sich mir boten. Ich wurde Medienmanager, ohne das wirklich angestrebt zu haben. Es entstand alles scheinbar von selbst. Eine Koinzidenz führte zur nächsten, und für Gelegenheiten hatte ich nun einmal ein Gespür. Zwischendurch hatte ich hier und da einmal versucht, irgendein Ziel zu definieren. Meine alte Sehnsucht war mir nicht gänzlich verlorengegangen. Ich bemühte mich immer wieder mal, aus diesem Strudel herauszukommen. Die Seminare waren ein Versuch. Mein idealistisches Filmprojekt über Prinzessin Diana ein anderer. Es war sicher kein Zufall, dass die Realisation eines Filmes über die Image-Tragik eines Menschen und seinen Wirklichkeitsverlust mit der Phase meines Leben zusammentraf, in der ich selbst knietief in meinen eigenen, seelischen Verwicklungen steckte.

Bis mir aber all dies klarwurde, musste sich eine Menge Wut und Unzufriedenheit anstauen. Auch wenn ich in einer schillernden Branche arbeitete, im Grunde war ich genau einer von diesen Managern geworden, die ich nie gemocht hatte. Es war eine Hassliebe, die mich in meinem Verhältnis zu diesem Beruf beseelte. Ich fühlte mich wie ein Fremdkörper in dieser Welt der Geldspekulanten, Medienproduzenten und Promoter der jeweils nächsten Sensation. Es war ihr Spiel, und ich spielte es mit. Wie ein Schauspieler schlüpfte ich in die verschiedenen Rollen meiner Berufe, ohne wirklich zu wissen, wozu ich das eigentlich tat.

Es ist eine freie Welt mit unfreien Menschen, diese Welt der Manager. Ihren Geschäften sind quasi keine Grenzen auferlegt. Die wenigen Gesetze lassen sich immer auf die eine oder andere findige und am Ende legale Weise umgehen. Doch die Menschen, die in dieser heute beinahe zum Kult erhobenen Berufsszene leben, sind nicht wirklich frei. Viele bekriegen sich, kasteien sich, und haben sich selbst aus den Augen verloren.

Es war eine Zeit, in der ich mein Leben verlor. Das kann ich jetzt sehen, während ich hier – mittlerweile alleine – in der Kantine des Klosters sitze und den Mönchen beim Geschirrspülen zusehe. Die Anmut und die Leichtigkeit, mit welcher sie die Teller wischen, berührt mich tief. Wie sie manchmal Witze machen und lachend ihre Aufgabe zu Ende bringen – diese leichte, unangestrengte Atmosphäre ist ansteckend. Meine Taekwondo-Kollegen haben sich bereits zurückgezogen. Das Training am Nachmittag steht jetzt im Vordergrund, und jeder von uns soll noch ein wenig Zeit für sich selbst haben. Spazieren gehen, schlafen, lesen. Ich weiß nicht, was ich tun soll, und so hänge ich meinen Gedanken nach. Mein Leben, ja, das muss ich wieder zurückgewinnen. Richtiges Leben gegen falsches eintauschen. Eigentlich ist die Möglichkeit, die wir haben, doch gar nicht so schlecht. Wir können zwischen so vielen Optionen wählen. Nur müssen wir das auch tun.

Narrenfrei, vogelfrei oder neues Selbstverständnis?

Viele Manager trachten nach dem schnellen Sieg, den sie durch unermessliche Reichtümer definieren. Davon träumte auch ich als Manager wie ein kleiner Junge vom ersten Gameboy. Und ähnlich wie dem kleinen Jungen reichte mir ein Gameboy nicht. Es mussten mehrere sein, viele, massenweise, immer mehr, besser, toller und glänzender.

Wenn ich nur nach Gewinnen strebe, kann ich vom wirklichen Leben nicht viel mitbekommen. Ich erinnere mich an mein eigenes Selbstgefühl in meiner Zeit als Manager und an all die Kollegen und Geschäftspartner. Wer nur in Chefetagen, Limousinen, Flugzeugen, Hotels und Luxusrestaurants unterwegs ist, tut sich schwer, ein Gefühl für das normale Leben zu behalten. Ein solches Leben an sich ist nicht verwerflich, problematisch aber ist der Verlust von Demut und Mitgefühl und vor allem die Tatsache, dass das Treiben der Manager so wenig Positives für die Gemeinschaft bewirkt.

Manager und Wirtschaft geben den Ton bereits deutlich stärker an als unsere Politiker das tun. Ihre Entscheidungen rücken sie mit Geld, Kampagnen und Aktionen ins passende Licht, um der Gemeinschaft das Gute daran vorzutäuschen. Tatsächlich werden all die Pressemeldungen und Imagekampagnen nicht einmal aus einem unlauteren Motiv heraus konzipiert. Man begreift sie als legitimen Bestandteil des Wettbewerbs: Es macht

Spaß! Ein bisschen Kreativität muss sein! So funktioniert das Business!

Manipulation ist Teil unseres marktwirtschaftlichen Systems. Manipulation und Verführung gehören zum Geschäft wie die Butter auf das Frühstücksbrot. Indem dies immer mehr zur Normalität wird, nimmt die Gefahr des Wirklichkeitsverlustes zu. Ähnlich wie eine Lüge zur nächsten führt und langsam ein Lügengebäude entsteht, führt die Vergewaltigung unserer Realität zu immer neuen Orgien des Verbiegens, Verdrehens und der Beeinflussung. Die Rädelsführer dieser Welt halten sich selbst für den Olymp der menschlichen Kultur. Aber ihre Popularität stinkt zum Himmel. Dabei könnten sie mit dem Publicity-Potenzial Vorbilder sein. Doch sie verhalten sich nicht wie Leitfiguren. Sie werfen ständig Steine ins Wasser, völlig gleichgültig gegenüber den Folgen ihres Handelns und allein daran interessiert, schnelle Ergebnisse in der eigenen Tasche oder auf dem Papier zu erwirtschaften. Wir brauchen uns nur umzusehen, wie unser Wirtschaftsgebaren in Gegenden wirkt, die erst seit kurzem die Gelegenheit haben, es ihrerseits umzusetzen und eine entsprechende wirtschaftliche Entwicklung zu erreichen. Wir haben den Stein der freien Marktwirtschaft ins Wasser geworfen, und jetzt picken ihn andere Länder auf. Sie kennen die Bilder unserer Welt aus dem Fernsehen und von Hochglanzzeitschriften. Sie leben in dem Imageschein, den wir auf sie werfen.

Ich hatte meine erste Kiew-Reise vor wenigen Jahren mit dem Vorurteil angetreten, eine rückständige, provinzielle Stadt anzutreffen. Mir war erzählt worden, dass die Wirtschaft dort in einem unbändigen Maße boome. Daher dachte ich, dass es ein interessantes Geschäft sein könnte, in der ukrainischen Hauptstadt in Immobilien zu investieren. Mit der Idee wollte ich mich bewusst aus meiner bisherigen Berufswelt entfernen und etwas Neues beginnen. In einem klapprigen Lada, so stellte ich mir vor, würde ich in der Stadt herumkutschiert werden. Die Menschen würden in dicken, alten Mänteln auf regennassen Straßen unterwegs sein und an den Ecken Gemüse austauschen. Tatsächlich war ich in den ersten Tagen regelrecht erschüttert über den Wohlstand und die wirtschaftliche Dynamik der gerade einmal zirka zwei Flugstunden entfernt liegenden Siebenmillionen-Metropole. Unsere Nörgel-Mentalität im Westen und unser verlogenes Understatement stand diesem lebendigen und unverfälschten hedonistischen Lebensstil im Osten krass gegenüber. Dort trugen die Leute Pelzmäntel, nippten am Champagner und fuhren Bentley, ohne Häme zu erregen. Die Dynamik im Osten erschien mir so, als würde dort im Zeitraffer von drei, vier Jahren eine Entwicklung vollzogen werden, wie sie bei uns von den 8oern und bis heute gedauert hatte. Gleichzeitig waren die Brüche im Sozialsystem himmelschreiend. Die Unterschiede zwischen Reich und Arm waren gewaltig und unüberbrückbar. Aber die Selbstverständlichkeit, mit der sich dennoch alle umeinander kümmerten, die intakten Familien, die Naturverbundenheit der Menschen und die unendlichen Weiten des noch ohne Ökogärten auskommenden ukrainischen Naturparadieses faszinierten mich ungemein. In meiner Vorstellung muss Deutschland vor zweihundert Jahren so unberührt gewesen sein. In sanften weitläufigen Hügeln reichten die goldenen Weizenfelder bis zum Horizont. Dazwischen kein Haus, kein Zaun und kein Wald von Telegrafenmasten. Ich war fasziniert von dieser einfachen, aber intakten Welt, die nun roh und ungeschliffen neuen Zeiten entgegenjagte. Arm stand aufrecht neben Reich. Die Welt hier war grell und krass für einen Westler wie mich, und meinem kritischen und vom Zynismus unseres Sattkapitalismus geprägten Auge fiel es nicht leicht, sich an diesen hemmungslosen Stil zu gewöhnen. Wie sich in Kiew die Frauen kleideten, verursachte im Kartenhaus meiner Klischeebilder einen Kollaps. Die Frauen trugen als Alltagsgewand bedenkenlos ausgesuchte Haute-Couture-Kleider, bis zum Himmel reichende High Heels und falsche oder echte Diamanten am Ohr. Wenn eine Ukrainerin bei uns so herumläuft, wird sie sofort der osteuropäischen Halbwelt zugeordnet. Aber auch das ist ein dummes Vorurteil. Die Menschen dort liebten es auf fast unschuldige Weise, zu zeigen, was sie hatten. Von Futterneid keine Spur. Ein Zug, der bei uns nie wirklich zur Entfaltung gekommen ist. Der Gehässigkeit, mit der man bei uns über Gewinner hetzt, begegnete ich dort nicht. Ich sah reihenweise aufgedresste Frauen mit schlanken, tadellos pedikürten Füßen aus den Limousinen steigen. Nach den Kubanerinnen die schönsten der Welt, so dachte ich anfangs.

Später musste ich meinen Eindruck revidieren. Zu viel strömte auf mich ein. Dem Druck, zu zeigen, was man hat, konnte ich mich schließlich nicht völlig entziehen, und er löste in mir ein unangenehmes Gefühl aus. Als ich einmal nachts mit einer Freundin einen relativ normalen Club besuchte, standen dort praktisch nur Ferraris, Bentleys und Autos von vergleichbarem Kaliber. Daher parkten wir meinen gemieteten Mittelklasse-Wagen in angemessener Entfernung und pirschten uns an die Schlange heran, die vor dem Eingang wartete und wie eine Pelzmodeschau anmutete. Hier kam ich mir in meiner Steppjacke neben etlichen mit extrem teuren Handys telefonierenden, ernst dreinblickenden und ausnahmslos schwarz gekleideten Männern wie ein Relikt aus früherer Zeit vor.

Die Menschen lebten unsere westlichen, materiellen Werte in Hochpotenz. Millionengewinne, Glamour, Luxus – das war das Höchste. Mehr gab unser Vorbild nicht her. Die Atmosphäre in Kiew steckte mich sofort an. Dabei hatte ich doch gedacht, bereits alles erlebt zu haben. Ich hatte mir eingebildet, diese Hülle längst abgelegt zu haben. Doch diese Welt weckte alte Gefühle in mir. Ich spürte sie in mir wie ein Jucken. Als würde da etwas kitzeln. Es war mein innerer Gewinner, dieser gedankenlose, gierige Hasardeur, der wieder das Ruder übernehmen wollte. Gab es denn keine Möglichkeit, sich ein für alle Mal dieses Typen zu entledigen? Ich spürte: Das Leben in Kiew drohte mich wieder in mein altes Fahrwasser zurückzudrängen. Ja, mir gefiel die Offenheit in dieser Metropole.

Ein paar Bekannte dort erfuhren, dass ich Filme produziert und Stars gemanagt hatte, und betrachteten mich, als käme ich direkt aus dem Tabernakel der Welt. Gleichzeitig konnten sie meine Lebensweise nicht verstehen und dass mir diese gesamte materielle Welt nicht besonders viel bedeutete. Sie erzählten mir immer wieder von ihren Europareisen, vom Skifahren in Österreich oder vom Englischkurs in London. Sie verstanden unseren Lebensstil nicht. Es war ihnen unbegreiflich, wie wir in einem derartigen Wohlstand leben können, ohne uns gut zu kleiden. »Warum redet ihr ständig schlecht und neidisch über andere?«, wurde ich gefragt. »Warum haben bei euch alle solche Angst vor der Zukunft? Ihr habt doch alles!« Ich war beschämt und ratlos, da ich nicht wusste, wie ich diesen Leuten die Realität vermitteln sollte – die Tatsache, dass ich in Wirklichkeit nur ein Wicht war und es in unserem vermeintlichen Gelobten Land des goldenen Westens beileibe nicht so paradiesisch zuging, wie es den Anschein hatte. Deswegen ließ ich es bleiben und lächelte ein paar verlorene Gedanken vor mich hin.

Ich wollte auch dort in Kiew ich selbst bleiben, mich nicht wieder in Imagewelten verheddern. Aber ich spürte: Ich bin auch meine Vergangenheit. Ich musste lernen, zu meinen Sünden zu stehen. Ich wollte frei sein von Zwängen, meine Neurosen abschütteln, die geistigen wie die materiellen, die egomanischen, und ebenso diese schreckliche Sinn-Neurose, irgendetwas wirklich Bedeutendes tun zu müssen. Ich wollte möglichst selbstbestimmt handeln und ein Leben aufbauen, zu dem ich stehen konnte. Mein früheres Leben war dazu nicht besonders angetan gewesen. Ich wollte diesen größenwahnsinnigen, erfolgsorientierten Irrsinn von mir abschälen wie eine Schlangenhaut. Die Hülle war nicht mehr lebendig. Sie gehörte der Vergangenheit an. Aber ich musste wachsam bleiben. Wie bei einem Süchtigen, der unbemerkt, so ganz nebenbei wieder auf die alte Bahn gerät. Ich würde nie gänzlich unabhängig sein von meinen inneren Dämonen, das wusste ich, und das weiß ich bis heute.

Hin und wieder ertappte ich mich tatsächlich bei diesem überdrehten Supergefühl. Zum Beispiel, wenn ich in meinem neuen Stammcafé »Richelieu« im Zentrum Kiews saß und über Themen für meine Talkshow nachdachte. Dann fühlte ich mich plötzlich so super-wichtig und besonders. Denn ich, genau ich, würde mit klugen Themen etwas Sinnvolles zu unserer Gesellschaft beitragen. Ein weißes Blatt Papier vor mir, zwei vibrierende Handys neben dem Müsli auf dem Tisch, klopfte ich schon wieder nervös mit dem Kugelschreiber herum. Genau wie früher. Als würden durch die hektischen Bewegungen die Ideen automatisch herausgeschüttelt. Und als wäre ich niemals von den schlimmsten Zweifeln über den Sinn meiner Tätigkeiten geplagt worden. Als Chef über die Berichterstattung in einer Sendung, in der Politiker und Wirtschaftsbosse zu aktuellen Themen diskutierten, würde ich endlich einmal etwas Sinnvolles zum Ausdruck bringen, redete ich mir ein. Etwas ganz Wichtiges, dachte ich, produziere ich jetzt! Die Information als solche! Doch leider hatte ich mich wieder verschätzt. Die Einschaltquote schwang ihr Damoklesschwert über meinem Kopf, wenn ich über Themen nachdachte. Oft ertappte ich mich dabei, dass ich mehr nach Gags und spektakulären Elementen Ausschau hielt, die die Einschaltquote nach oben jagen, als über ein wirklich relevantes Thema.

Einmal hatte ich bei der Analyse meiner Sendungen festgestellt, dass es für die Quote nicht unbedingt ausschlaggebend war, ob da ein prominenter Gast in der Sendung saß oder ein Unbekannter. In Wirklichkeit hing alles von der Persönlichkeit des Gastes ab. Auch Top-Themen waren kein Garant. In der Zeit der Vogelgrippe-Panik träumte ich davon, einmal eine Gurke auf den Tisch der Talkrunde zu legen. Der Moderator sollte zur Diskussion stellen, ob eine Gurke, über die ein infiziertes Huhn gelaufen war, ebenfalls verseucht war. Ich hoffte, das Thema auf diese Weise brisanter zu machen, und kalkulierte, mit meiner Sendung einen regelrechten Durchbruch erzielen zu können, sofern es uns gelänge, zumindest das Gerücht entstehen zu lassen, dass Gurkenkeimlinge, die mit infizierten Hühnern in Kontakt geraten sind, nicht mehr genießbar sind. Kaum nahm der Moderator die Gurke in die Hand, um die Experten dazu zu befragen, schnellten die Quoten pfeilartig in die Höhe. Ich versuchte fortan, immer irgendwelche Gegenstände auf den Tisch zu legen. Doch der Zauber war vorbei. Es gab keine Regel. Als ich es allerdings noch mal mit der Gurke versuchte, wiederholte sich der Effekt vom ersten Mal. Zuschauer mögen anscheinend gerne Gurken sehen.

In Kiew fühlte ich mich einerseits wie in einem Aufguss meiner alten Welt. Andererseits spürte ich dort die Wonne eines Fisches, der im frisch ausgetauschten Wasser seines Aquariums um ein paar neue Steinchen und Pflänzchen schwimmen durfte. Dort inmitten dieses positiven Lebensgefühls der boomenden Stadt am Dnjepr war ich weit weg von unserer zynischen und überzüchteten Welt, die sich im eigenen Wohlergehen mit Neid, Geiz, Gier und Arroganz selbst zu ersticken drohte. Dachte ich. Dem war aber nicht so. Denn genau dort, fernab von zu Hause, von dieser Gesellschaft, mit der ich so haderte, holte mich alles wieder ein. Wir hatten es vorgelebt, und die Menschen hier stürzten sich darauf wie auf Köder: Reichtum, Ruhm und Wohlstand als großes Ziel.

Aber ich musste auf der Hut sein, hatte ich doch gleich an mehreren Fronten mit falschen Selbstbildern zu kämpfen. Neben meinem eigenen notorischen Gewinner gab es nämlich nun noch einen neuen Dämon, der mich zu beherrschen versuchte: der »erfahrene Aussteiger, der alles erlebt hatte und alles besser wusste«.

Ich richtete mich in Kiew ein, fand im Dojang eines ehemaligen Schülers von Meister Ko Eui-Min die Möglichkeit, Taekwondo zu trainieren. Vom »Richelieu« aus veranstaltete ich jeden Morgen per Telefon Themenbrainstormings mit meiner kleinen Talkshowredaktion in München. Hier las ich in aller Ruhe deutsche und englische Zeitungen und dachte über Themen für meine Sendung nach. Den Kontakt mit dem Manager des Senders versuchte ich zu umgehen, indem ich meine Mitarbeiter mit ihm reden ließ. Aus dieser sicheren Entfernung war der Nervenstress der quotengeplagten und von Existenzangst erfüllten deutschen Sendermitarbeiter nur noch gedämpft wahrnehmbar. Und wenn ich ein paar Stunden später am gleichen Tisch, quasi vom Frühstück zum Lunch driftend, Geschäftsleute empfing und mit ihnen mit Hilfe meines Dolmetschers über die Gasfelder Osteuropas und den Immobilienmarkt der Ukraine sprach – spätestens dann stieg es doch wieder in mir auf: das altbekannte Sirenengeschrei meines Überflieger-Ichs, und, ach ja, nun auch die Minnegesänge meines Aussteigers.

Meine Zeit in Kiew glich einem ständigen Wechselbad der Gefühle und wurde zum zähen Ringen gegen meine alten, bereits überwunden geglaubten, inneren Stimmen, die in allen möglichen neuen Gestalten auftauchten. Es konnte sogar passieren, dass ich plötzlich anfing, mich wie ein kleiner Oligarch zu fühlen. Im perlmuttfarbigen Stretch-Bentley eines neuen Bekannten, der statt Buchstaben und Ziffern auf dem Nummernschild schlicht das Wort »Dollar« trug, fiel das nicht schwer.

Wenn ich auf dem Beifahrersitz mit Tempo 150 km/h über die Boulevards der Großstadt chauffiert wurde, huschte eine Nebelschwade von Angst und Abenteuer durch mich hindurch, und ich fragte mich: Denke oder fühle ich jetzt die Erinnerung an meinen Unfall, oder habe ich wirklich Angst? Im gleichen Moment meldete sich ein lässiger Typ in mir drinnen, dieser Behelfs-Oligarch, der ganz cool kommentierte: »Die sind hier halt so!« Bis mein Bewusstsein endlich die Oberhand gewann und ich realisierte, dass hier etwas abging, was nicht meine Welt war.

Es war ein ständiges Hin und Her in meinem Inneren. Einerseits mag ich es, wenn es unorthodox wird. Und das war hier ständig der Fall. Ich erlebte Dinge, die mir auf eine Art gefielen und mit denen ich bis heute flirte. Wenn es bei Rot über die Ampel ging, quer über den Mittelstreifen; wenn der russische Fahrer mit zwei Handys gleichzeitig telefonierte, anstatt seine Hände am Lenkrad zu haben; wenn ich auf dem Rücksitz neben mir eine Kalaschnikow mit abgewetztem Schultergurt erblickte, die angeblich zum Coladosen-Schießen diente; wenn wir den Abend in einem Saunaclub verbrachten, wo die Hummer für unser Abendessen in prall gefüllten Plastiksäcken aus dem Fluss herangeschleppt wurden und ich an den Wänden die Fotos von meinem Kalaschnikow-Freund mit den Präsidenten dieser Welt betrachtete, während ein muskelbepackter Masseur mit Händen und Birkenzweigen meinen nackten Rücken bearbeitete wie Horowitz mit den Fingern sein Klavier. Ja, in diesem Schmelztiegel von Glitzerwelt, Aufbruch, Wahrheit, Lüge und Halbwelt wurde ich anfällig für meine alte achtlose, unbewusste und auf kurzlebige Befriedigung ausgerichtete Lebensweise. Ich musste mich sehr disziplinieren, um nicht wieder in mein altes Fahrwasser zu geraten. Doch was sollte ich stattdessen tun?

Ich wusste nicht, was ich von den Widersprüchen in der Ukraine halten sollte. Von den Extremen der Zügellosigkeit und dem Tempo der Aufbruchsstimmung, die einer tiefen Armut gegenüberstanden. Ich war zugleich irritiert und amüsiert über mich selbst. Musste ich wirklich von allem etwas halten? Konnte mir nicht auch einmal etwas egal sein? Aber da war es wieder, dieses

Gefühl, wenn der Adrenalinpegel steigt. Wie ein Süchtiger hatte ich mich beinahe wieder in diesen trudeligen Schlund reißen, von der Woge der Sensationen fortragen lassen, die ich spürte, wenn ich an den Grenzen des Machbaren und Erlaubten surfte. Dabei kannte ich das ja bereits. Die Welt, aus der ich kam, war das Vorbild für diese Welt hier, die in verdichteter Form unsere Entwicklung nachvollzog.

Eines Tages saß ich in der Nähe von Kiew an einem Fluss. Ich hörte das Rascheln der Bäume und ein paar Krähen, die unterschiedlich laute Schreie von sich gaben. Ich vernahm meine neue Stimme, und es war das erste Mal, dass sie etwas ungeduldig und gereizt klang: »Genieße endlich dein Leben! Ich verstehe gar nicht, was du für Probleme hast!? Bist du völlig bescheuert? Wie viel soll ich dir denn noch erklären? Handle endlich!«

Ich hatte doch schon einmal erfahren, wie es war, wenn man surfte und plötzlich der Wind ausblieb und man schlagartig zu sinken begann und nichts einen halten konnte. Ich spürte doch genau: Ich will nie wieder untergehen. Ich holte mein Handy aus der Tasche. Zuallererst kündigte ich den Mietvertrag für meine teuren Büroräume in München. Mit diesem Schritt wollte ich mich dazu zwingen, auch den zweiten, schmerzvolleren Schritt durchzuziehen: die Kündigung meiner Mitarbeiter. Dann rief ich bei meinen Geschäftspartnern an und informierte sie ohne längere Diskussionen darüber, dass ich aus dem Geschäft aussteigen würde.

Ich beobachtete mich von der Seite, als würde ich neben mir stehen. Vor mir grub der wilde ukrainische Fluss seine Bahnen in die Erde, riesige Schilfwälder wogten um mich herum. Auch hier gab es Schmetterlinge. Es war der richtige Ort, um endlich den ersten Schritt zu machen. Seine Richtung war zurück zu mir selbst. Hierfür musste ich mich aller Dinge entledigen, die mir den Zugang zu mir verstellten. Es war schwierig, dies genau zu bestimmen. Ich wusste, ich musste so viele Attribute meines bisherigen Lebens loswerden wie nur möglich. Meine Mitarbeiter bat ich, die Sendung alleine weiter zu betreuen. Ich wollte nicht mehr täglich gegen meine Unlust ankämpfen müssen, mich mit dem unsäglichen Quotendruck herumzuplacken. In den nächsten Tagen verkaufte ich praktisch alles, was ich hatte. Alle Autos kamen weg, nur die notwendigsten Möbel behielt ich. Ich wollte nichts mehr haben, was mich irgendwo festhielt. Ich beendete das Immobiliengeschäft in Kiew auf die einfachste und schnellstmögliche Weise. Hatte ich vorher noch davon geschwärmt, Riesengewinne einzufahren, indem ich den Boom noch ein oder zwei Jahre lang mitmachte, so gab ich mich jetzt mit viel weniger zufrieden. Ich verhandelte nicht lange, sondern gab alles dem Erstbesten ab, der einen korrekten Preis anbot. Einen Vertrag als Autor für einen österreichischen Fernsehsender ließ ich auslaufen. Die Zusammenarbeit mit einer langjährigen Weggefährtin beendete ich auf freundschaftliche Weise. Meine Sekretärin bat ich, alles umzumelden und abzusagen, was es an Terminen und Planungen gab. Mit ihr vereinbarte ich für den Übergang in mein neues Leben eine Zusammenarbeit als freie Mitarbeiterin.

Ich hatte schon seit langem ein Plätzchen in meiner italienischen Lieblingsstadt im Auge. Dort wollte ich mich zunächst einmal zurückziehen und sehen, was mir mein Leben in Zukunft bringen würde.

Ich wollte Schluss machen, so radikal wie möglich, um einer neuen Richtung eine möglichst optimale Chance zu geben. Doch das vergangene Leben lässt sich nicht abstreifen wie ein alter Anzug. Ich spürte, es war noch in mir, und es ist bis heute ein Teil von mir. Auch mit meinem Leben teile ich mich selbst.

Vorbilder mit Werten

Es ist Zeit für ein neues Selbstverständnis in unserer Welt. Das Bewusstsein für den »Stein, der ins Wasser fällt« muss zu einem neuen Maßstab werden. Ob Kants Leitsätze oder Buddhas Lehren, die christliche Religion oder ein anderer den Impuls dafür liefert, ist letztlich zweitrangig. Die mächtigsten Berufssparten der Welt, die Politiker und Wirtschaftsfachleute, dürfen nicht weiterhin mit diesem anarchischen Selbstverständnis vor sich hinwüten. Es hat sich erwiesen, dass sie nicht kompetent und lebenserfahren genug sind, um ihre Freiheit selbstverantwortlich zu leben. Sie benötigen entweder Führung oder sie müssen sich eine neue Haltung zu eigen machen. Aufgeschlossenheit ist dafür so dringend gefragt wie schon lange nicht mehr. Zwar versuchen manche von ihnen, ihren Lebenssinn durch Kunstsammeln oder mit publicityträchtigen Spendenaktivitäten zu kompensieren. Andere wollen Lebenserfahrung in wohldosierten, harmlosen Portionen zu sich nehmen, indem sie sich in Coaching-Seminare begeben. Sie glauben, sich in Selbsterfahrungskursen das Leben einverleiben zu können, wie man mit einem Strohhalm an einem exotischen Cocktail herumschlürft. Es ist sicherlich ein Anfang, solche Kurse zu machen oder sich einen Wirkungskreis außerhalb seines Berufes zu suchen. Doch das wird nicht ausreichen. Echte Weiterentwicklung benötigt ein echtes inneres Bedürfnis, ein Drängen, ein unwiderstehliches Verlangen nach einem wertvollen Leben. Es braucht eine Vision, ein wertorientiertes Zielbewusstsein. Das kann sich nicht im ständigen Anhäufen von Geld, Vermögen oder Anerkennung erschöpfen.

Die Einschätzung, dass Business nicht viel mit Idealismus zu tun hat, ist weit verbreitet. Dabei müssen gerade Ideale in unsere von Klischeebildern schablonisierte Welt Einzug halten. Erfolg muss etwas Größeres sein. Auch die Definition von Erfolg bedarf einer Weiterentwicklung, die unserer neuen Zeit entspricht. Sie muss einem neuen Manager-Selbstverständnis gerecht werden, das sich auch mit dem Wohl der Gemeinschaft beschäftigt. Es dreht sich um den Glauben an einen inhaltlich sinnvollen ersten Schritt. Und dann den zweiten und den dritten. Es dreht sich um ein Ziel und einen Weg.

Leider sind unsere Manager, Unternehmer und auch unsere Politiker alles andere als Leitfiguren. Zu viele Wirtschafts- und Umweltkatastrophen, zu viele Firmenzusammenbrüche sind auf ihre Fehler zurückzuführen. Sie agieren wie Menschen aus der Vorzeit, die mit Gier und unwiderstehlichem Drang möglichst viel Futter nach Hause zu bringen versuchen. Selbst wenn es viel mehr ist, als man benötigt. Selbst wenn bereits Berge an Futter angehäuft sind und die Hälfte davon verrottet. Mit dem Image der Manager steht es schlecht. Obwohl sie ihre Maßlosigkeit mit sonoren Vernunftsätzen zu retuschieren versuchen, weiß ich, dass fast alle ihre Wirklichkeit ausschließlich dem Prinzip »Gewinnen durch Kämpfen« unterordnen. Dabei hätten sie das Potenzial zu neuen Leitfiguren, die unsere Kultur und Gesellschaft positiv mitprägen könnten, denn ihr Schaffen hat immense Auswirkungen auf unser Dasein. Die Politik hat allergrößte Schwierigkeiten, der Wirtschaft einen angemessenen Rahmen zu stecken und sie dazu zu bringen, verantwortlich auf die Erfordernisse der Globalisierung zu reagieren. Hier hat sich ein Vakuum aufgetan. Verantwortungsvolles Handeln ist dringend vonnöten. Die Chance der Wirtschaftsbosse, ihren schlechten Ruf umzudrehen, steht insofern nicht schlecht. Ihre tiefe Verankerung in der Gesellschaft und ihre Verbindung zur Politik stellt ein großes Potenzial dar, wirklich etwas zu bewegen. Sie sind nicht an Legislaturperioden und Wahlopportunismus gebunden. Sie sind frei und können international agieren, und sie erhalten zu den gleichen Institutionen Zugang wie die

Politiker. Wenn diese Möglichkeit auf integre Weise genutzt wird, eröffnet sie eine große Chance für die Bildung einer neuen Kraft in unserer Gesellschaft.

Doch noch mangelt es dem Berufsstand der Manager eindeutig an einem Bewusstsein für ihr Potenzial. Es wird Zeit, dass der Aufgabe des Managers ein neues Selbstverständnis abgetrotzt wird, welches der Freiheit, die wir ihrem Handeln gewähren, verantwortungsbewusst Rechnung trägt.

Wir sind längst nicht mehr nur an neuen Produkten interessiert. Vielleicht war das einmal so. Aber inzwischen stellt uns die gewaltige Warenwelt nicht mehr zufrieden. Wir suchen Sinn und wahren Wert. Wir wollen, dass unser Leben und diese Welt besser werden. Dafür reicht selbst das schönste iPhone nicht aus. Statt Wertvernichtung muss der moderne Manager die Aufgabe der Wertschaffung in einer weit über das Geschäftliche hinausgehenden Weise wahrnehmen. Er soll endlich einmal etwas Brauchbares produzieren und nicht immer nur den Müll von morgen. Wenn Menschen protestieren, soll er zuhören. Und er sollte sich um sich selbst kümmern, damit er nicht jeden Bezug zum Leben verliert.

Fast eine Milliarde Menschen auf dieser Welt leiden akut an Hunger. Die Zahl wächst schnell. Die Preiskämpfe der internationalen Nahrungsmittelindustrie tragen maßgeblich zur Verschärfung dieses Problems bei. Bei uns werden viele Menschen, die unterhalb des Existenzminimums leben, mit einer nur schwer zu verstehenden Zahlenarithmetik ins Nichts weggerechnet. Man zahlt ihnen ein paar Euro, und schon verschwinden sie aus dieser und jener Statistik. Wir werden pausenlos an der Nase herumgeführt und dahingehend beeinflusst, dass wir unseren Wert immer wieder über Produkte und ihre Preisgestaltung definieren, statt über die substanziellen Werte unseres Lebens. Doch allmählich kennen wir jedes Produkt in- und auswendig. Nach zwei, drei Jahrzehnten Leben haben viele Menschen schon mehrere Autos gehabt, ebenso Fernseher, Dutzende Handys und aus den Fugen platzende Kleiderschränke. Geld wird auf die Dauer langweilig. Es ist schwierig geworden, sich etwas Wertvolles zu kaufen, etwas das von Dauer ist und nicht sofort nach dem Erwerb drastisch an Wert verliert, weil es bereits von einem scheinbar besseren Produkt übertroffen wird. Das Image neuer Produkte als solches hat an dieser Wareninflation gelitten.

Den schlimmsten Schaden aber verursachen die Produkte, die unsere verbliebenen Lebensinhalte kaputt machen. Durch die absolute Maxime der Rendite ist ein existenzieller Identifikationsbereich unseres Lebens vergiftet worden: unsere berufliche Welt. Im Scheinwerferlicht einer rüden Hire-and-Fire-Gesellschaft, in der Arbeitsplätze nur noch seelenlose Parameter der Wirtschaftlichkeit sind, ist die Arbeit für viele lebensunwert und sinnleer geworden. Es ist die Pflicht der heutigen Manager-Generation, einer wertorientierten Zielsetzung in ihren Businessplänen einen angemessenen Stellenwert zu geben. Die muss weit über die Rendite hinaus und in unsere Lebensqualität hineinreichen.

Manager – Leitfigur oder Autist?

Ein integrer Manager, der die Werte pflegen will, sollte sich aktiv damit beschäftigen, was Verantwortlichkeit, Achtsamkeit und Respekt, Integrität und die anderen Werte im tieferen Sinne bedeuten. Er sollte diese Inhalte mit dem Zustand seiner Unternehmensphilosophie vergleichen – falls er überhaupt eine hat. Gibt es keine solche Philosophie, so sollte sie schnellstens eingeführt werden. Das braucht kein seitenlanger Text sein. Es reicht eine Liste von Leitsätzen, das lebendige Vorbild der Manager und des Unternehmers und einige Ideen, wie dieses Vorbild mit Leben erfüllt wird. Die Zielorientierung von Managementstrategien und Unternehmensentwicklung sollte um Wertdenken ergänzt werden. Wo will man nicht nur wirtschaftlich, sondern auch gesellschaftlich und ethisch zukünftig stehen? Das erfordert eine intensive Beschäftigung mit den Inhalten und Werten unserer Gesellschaft.

Es ist billig, diese Verantwortung immer der Politik in die Schuhe zu schieben. Manager können sich mit anderen Unternehmen strategisch absprechen, um neue Intentionen wirtschaftsübergreifend zu verbreiten. Es könnte doch auch im Interesse der Wirtschaft sein, die inhaltliche Substanz ihres Handelns hinsichtlich eines gemeinschaftlichen Nutzens auszudehnen. Entsprechend könnte sich auch eine neue, wertorientierte Beraterkultur entwickeln, die den Unternehmern zur Seite steht. Wozu etwas produzieren, was zerstört, wenn es auch möglich ist, etwas herzustellen, womit alles besser wird?

Der neue Managertyp sollte sein profitorientiertes Streben an den Zielen und der Stabilität der Gemeinschaft und dem Schutz der Welt ausrichten. Gewinne zu machen, muss sich entsprechenden Vorgaben unterordnen. Auch hierin begründet sich ein politisches Versagen. Warum lassen es die Regierungen bis heute zu, dass unsere Umwelt und das Wohl von Millionen Menschen aufgrund des Gewinntreibens einer verselbstständigten Wirtschaft irreparabel geschädigt werden. Warum benötigen Unternehmer Verbote, damit sie keine Erdöl-Bohrungen ohne Sicherheitsvorkehrungen vornehmen? Sind Manager Kinder, die man an die Hand nehmen muss, oder erwachsene, verantwortungsbewusste Menschen?

Es gibt nur zwei Möglichkeiten: Wenn der Manager sich in unserer Welt weiterhin aufführt wie ein Autist, der von allen gemeinschaftlichen Verbindungen losgelöst unsere Welt und unsere Lebensqualität in die Nähe des Abgrundes wirtschaftet, muss seine Handlungsfreiheit eingeschränkt werden. Das bedeutet verschärfte Kontrollen und Regulierungen der Wirtschaft. So ein Schritt wäre ein Rückschritt und würde zu einer Krise führen. In der internationalen Wettbewerbssituation würde uns das benachteiligen, weil nicht alle Länder am gleichen Strang mitziehen würden. Die bessere Lösung ist ein Quantensprung im Berufsethos des modernen Managers. Er muss sein Potenzial für das gesamte gesellschaftliche Geschehen erkennen, und er muss lernen, seine Aufgabe mit integrem, weitsichtigem Geist und konstruktiven, wertorientierten Ideen zu erfüllen – dann wird er ganz von selbst zu einer neuen Leitfigur in unserer Gesellschaft. Wenn er schon alles beeinflussen und auch die Politik für sich einnehmen will, dann bitte ehrlich und mit offenem Visier. Aus der Manipulation von Institutionen und politischen Ämtern durch Lobbyarbeit und andere Methoden muss eine offene Zusammenarbeit für das Wohl der Gemeinschaft werden. Es muss Schluss sein mit der Heimlichtuerei und all den Notlügen.

Dazu gehört zuallererst, dass auch Manager und Mitarbeiter einer Firma wieder zusammenkommen. Sie müssen wieder zu der Gemeinschaft werden, die eine Firma ausmacht. Das Rattenrennen muss ein Ende haben. Alle Mitarbeiter eines Unternehmens, die in der Führungsspitze ebenso wie die in der Fertigung, sollten sich ihrem Selbstverständnis nach als Teil eines Ganzen sehen. »Das Wasser fließt immer von oben nach unten«, sagt der Taekwondo-Großmeister Ko Eui-Min gerne.

Der rechenschieberartige Umgang mit arbeitenden Menschen muss durch praktizierte Verantwortlichkeit ersetzt werden. Da die Manager – oft mangels Lebenserfahrung und aufgrund ihrer starken Imageverhaftung – dazu neigen, sich von der wirklichen Welt abzukoppeln, benötigen sie hierfür Beratung, Supervision und Realitätskontrolle, etwa in Form von Wertorientierungs-Coachings und -seminaren, damit sie die Welt kennenlernen, in der sie leben. Und das über längere Perioden hinweg, am besten dauerhaft begleitend. Man lernt das Leben nicht an einem Seminarwochenende kennen. Aber man kann es in unserer Illusionswelt in kürzester Zeit aus den Augen verlieren.

Die Arbeit dieses neuen Managertyps sollte daran gemessen werden, wie er seine neue Vorbildfunktion ausfüllt. Es reicht nicht, wenn er mal hier und mal dort etwas Sinnvolles tut. Modernes Management schafft eine Firmenkultur, die auf Werten gründet und Wert in die Welt bringt, anstatt sie zu zerstören. Dieser Gedanke sollte bereits in den Studien und Ausbildungen zu einem tragenden Lehrinhalt werden. Die Wirtschaft muss sich von innen heraus kurieren. Und das beginnt in ihrer Seele. Der Manager als Wahrer der Werte würde sein sich um Goldbarren drehendes Autistendasein um einen umfassenden, menschlichen Aspekt ergänzen und enorm dazugewinnen: den Sinn seines Tuns.

Politik – wer regiert wen?

Man muss den Politikern unserer liberalen westlichen Welt eines zugutehalten, bevor man sie kritisiert: Die Freiheit und der vergleichsweise Wohlstand in unserem Land sind unter anderem ein Verdienst unserer andauernden, politischen Stabilität. Über mehr als ein halbes Jahrhundert haben sie unsere freiheitliche Verfassung, die für unsere Gesellschaft einen immensen Wert darstellt, mit Weitsicht, Bedachtsamkeit und sicherlich auch einer gehörigen Portion Idealismus bewahren können. Dies ist ein Verdienst der Politik und muss hoch geachtet werden. Dass es gelungen ist, bis heute die Demokratie unerschütterlich als tatsächlich bestes aller verfügbaren Gesellschaftssysteme zu erhalten, heißt aber nicht, dass dieses System für immer und ewig in dieser Form funktionieren kann, ohne dass daran etwas getan werden muss. Nur weil ein System nachgewiesenermaßen gut ist, heißt es nicht, dass es ausgelernt hat. Die Vorstellung, einen perfekten Zustand erreicht zu haben, führt bekanntermaßen zu Lethargie und Nachlässigkeit. Nicht zuletzt die Auswirkungen der Globalisierung und die wirtschaftliche Öffnung der Märkte haben den demokratischen Staaten ihre Grenzen aufgezeigt. Eines der besten Beispiele dafür war der Kollaps von Lehman Brothers, von dem die Politik vorher angeblich überhaupt nichts wusste. Ebenso wenig war ihr offenbar bewusst, dass Bohrungen in die Erdrinde nur mit Vorkehrungen vorgenommen werden sollten. Beispiele wie diese beschädigen die Glaubwürdigkeit der Politik. Kein Mensch glaubt, dass Politiker so schlecht informiert sind. Dass Politiker aber tatsächlich so einen Unsinn behaupten, lässt auf ein bedrohliches Maß an Wirklichkeitsfremdheit und Verlogenheit schließen. Oder Dilettantismus?

Die Enthüllungen der Internet-Plattform Wikileak über die grausamen Verbrechen amerikanischer Soldaten im Irak und den unprofessionellen und verantwortungslosen Umgang politischer Institutionen mit vertraulichen Daten zeichnen ein furchterregendes Bild über die Kompetenz unserer Führungsinstitutionen. Die Reaktion der von diesen Enthüllungen betroffenen Verantwortlichen gleicht leider wieder der von beleidigten Kindern: verbieten, nivellieren, ausreden, diffamieren, lügen. Die Bloßstellung dieses Treibens ist nötig.

Das Internet und vor allem seine technologische Entwicklung benötigt dennoch eine klare Zielsetzung, deren Verfolgung unsere Freiheit jedoch nicht beschädigt. Dieser Prozess muss durch ein Wertegerüst beschützt werden. Unsere Individualität droht durch das schrankenlose Öffentlichmachen, das im Netz stattfindet und durch einen Knopfdruck ermöglicht wird, durchlöchert zu werden. Ohne dass wir es bewusst angestrebt haben, hat das Internet binnen weniger Jahre unser gesamtes gesellschaftliches und privates Leben zu beherrschen begonnen. Wo werden wir in den nächsten Jahren hindriften? Auch hier wird das Versäumnis einer kulturpolitischen Vision, Zielsetzung und Handlung erkennbar. Diese Orientierungslosigkeit erschüttert unser Vertrauen schwer und nachhaltig.

Der Aktionsradius weltweit agierender Konzerne und Geschäftsleute überragt den von Politikern bereits in einem beängstigenden Maße. Die Regierenden scheinen nicht mehr im Bilde zu sein, was außerhalb ihres Wirkungsbereiches abgeht. Sie wirken wie ein Spielball der Ereignisse.

Megafreiheit und Turbokommunikation: Und was ist mit den Idealen?

Es stellt sich also die Frage: Regieren unsere Regierenden überhaupt noch, oder verwalten sie lediglich unser System nach dem Buschfeuer-Prinzip: Schnell löschen, wo ein Brand aufflammt. Wo ist der visionäre Blick nach vorne geblieben, den wir uns von einem Regierungsverantwortlichen erwarten? Was ist mit den Zielen? In den letzten zwei Jahrzehnten hat sich die Politik von dem ausheben lassen, was uns heute alle herausfordert: Die Megafreiheit und die Turbokommunikation. Die Folge ist, dass sich die Bevölkerung die Sinnfrage stellt, wie lange nicht mehr. Das Gefühl der Ohnmacht lähmt die Motivation der Menschen und deren optimistischen Lebenswillen.

Die Entwicklung neuer Inhalte und Ziele kann nur auf einer neuen Glaubwürdigkeit der Leitfiguren gründen, also auch der politischen. Genauso wie die Manager benötigen auch die Politiker ein neues Werteverständnis für ihren Berufsstand im Lichte der Erfordernisse unserer modernen Wirklichkeit. Die Chance einer Wertebildung bei den Managern in der Wirtschaft hängt vital von einer äquivalenten Entwicklung in der Politik ab. Ohne die geht es nicht. Ein Politiker, der die Werte repräsentiert, infiziert andere. Das ist seine große Chance. Er sollte endlich erwachsen werden und Mut zur Ehrlichkeit aufbringen. Zu lügen und die Folgen zu erleben, ist eine Erfahrung, die man als Kind macht. Man sollte sich als Erwachsener von ihr lösen. Der integre Politiker muss Authentizität und Ehrlichkeit verkörpern, damit man ihn ernst nimmt und ihm glaubt. Und er sollte sich als Mensch zeigen. Mit echten Taten. Es sollte ihm erlaubt sein, zuzugeben, dass auch er noch lernen muss und dies mit Freude tut. Die Wähler sollten ihm zu dieser Ehrlichkeit eine Chance geben, indem sie selbst die Werte leben und sich nicht gleich an der ersten Schwachstelle festbeißen. Auch die Weitsichtigkeit des Wählers ist hierbei auf die Probe gestellt. Eine Prise Utopie kann nicht schaden. Wie beim Bruchtest im Taekwondo muss man sich das wirkliche Ziel seiner Handlung ein ganzes Stück hinter dem Brett, also der Ziellinie, vorstellen.

Selbstbestimmt leben

Da es nicht abzusehen ist, dass vonseiten unserer Regierenden oder Wirtschaftsführer die für unsere Gesellschaft notwendigen Schritte in Richtung einer Neuorientierung unternommen werden, liegt die Verantwortung umso schwerer bei jedem Einzelnen. Im Taekwondo praktiziert jeder die Werte für sich selbst. Es gibt keinen, der sie ständig predigt. Das würde die

Werte beschädigen. Der Meister ist lediglich ein Vorbild. Auch der Meister spricht beim Taekwondo nicht von den Werten. Er lebt sie. Indem sich ein jeder für sich damit beschäftigt, können sie auch kein Dogma werden. Man erlebt sie durch die Gemeinschaft, welche die Werte von alleine praktiziert. In diesem Erleben und der Beobachtung, dass dies tatsächlich funktioniert, wurzelt meine Inspiration für dieses Buch. Werfen wir selbst unseren Stein mit leichter Hand ins Wasser! Vielleicht schwimmen die Goldfische zu uns. Vielleicht finden wir zu einer neuen Offenheit und Menschlichkeit, auch in Politik und Wirtschaft.

Die Gesellschaft sehnt sich danach, ihre Altlasten aus 60 Jahren Wohlstand loszuwerden. Diese Entlastung entsteht durch neue Impulse, die Visionen und Glauben ermöglichen. Sie wachsen auf dem Boden unserer Grundwerte. Wir müssen zu ihnen zurückkehren. Ich glaube voll und ganz an die Veränderung, denn ich habe sie bei mir selbst vollzogen. Ich bin absolut fest überzeugt davon, dass das jeder kann. Ich habe es geschafft, mich aus eigenem Willen so weiterzuentwickeln, wie ich es wollte. Es war eigentlich nicht so schwer. Ich habe dazugewonnen, indem ich mich meiner Lasten entledigte, indem ich alles beendete, was mich von mir selbst ablenkte. Wenn ich es selbst schaffe, mich zu verändern, dann kann das jeder. Es muss so sein. Ich verfüge schließlich nicht über spezielle Fähigkeiten. Ich bin ein ganz normaler Mensch, der irgendwann begriff, dass ihn sein Lebensstil in keiner Weise zufrieden, glücklich, ausgeglichen machte, und der sich neu definieren wollte.

Meine Weiterentwicklung hat sich allerdings nicht von alleine vollzogen. Ich musste viel dafür tun und durch unzählige Widerstände gehen. Und dafür benötigte ich mein inneres Ziel und meinen Glauben. Mein inneres Ziel bestand darin, ein lebenswerteres Leben zu führen, als ich es bisher tat. Eines, auf das ich stolz sein kann. Eines, auf das ich mit einem Glücksgefühl zurückblicken kann, wenn ich im Gewahrsein meiner letzten Minuten mit mir abschließen muss. Gerade die Werte wurden mir auf meinem kurvenreichen Weg zu einer außerordentlich praktischen Orientierung. Denn immer, wenn ich etwas tue, was die Werte verletzt, bewege ich mich schon wieder weg von der eingeschlagenen Richtung.

Wenn ich etwas weiterbringen oder verändern will, so ist es essenziell, ein wirkliches dringendes Bedürfnis danach zu fühlen. Nur die Kraft aus dem Kopf reicht nicht aus, all die Hindernisse zu überwinden, die sich einem in den Weg stellen. Deswegen glaube ich nicht an die Kopflastigkeit unserer Führungseliten. Man kann eine grundlegend neue Richtung in seinem Leben nicht einfach beschließen. Es muss dieses tiefe, innere Bedürfnis sein, so stark, dass es sich auch auf andere überträgt, dass es zu einer Kraft wird, die uns nach vorne bringt.

In der Befürchtung, dass diese innere Motivation für eine Kehrtwende bei vielen Menschen nicht genügend ausgeprägt ist, liegt meine große Sorge. Sie denken nur ein wenig darüber nach, es ist ja auch in Mode, sich über die Gesellschaft und die Umweltzerstörung zu beschweren, sie fühlen das Unwohlsein, aber es drängt sie nicht genug. Mit halber Kraft und ein paar milden Gedanken wird sich nie eine gravierende Veränderung vollziehen lassen. So werden wir immer wieder in unser alte Spur zurückfallen.

Ich habe mir einen kleinen Traum verwirklicht. Ich sitze nicht mehr die meiste Zeit meines Lebens in Meetings, vor Bildschirmen, in stickigen Taxis oder teste meine Geduld in Warteschlangen an Flughäfen. Ich bin von den Menschen weggegangen, von denen ich mich unter Druck gesetzt fühlte. Diejenigen, die mich ständig in ihre Zange zu nehmen versuchten, weil es ihnen nie genug war, was sie hatten, die sich ununterbrochen mit mir verglichen, sind nicht mehr meine Welt. Die Gewinner und Egomanen auf der Überholspur des Lebens, die sich nur durch pausenlose Konkurrenz und immerwährenden Wettbewerb definieren, erinnern mich zwar an früher, doch sie erscheinen mir so lebensfremd wie Menschen von einem anderen Planeten.

Ich mache heute viel mehr das, was ich wirklich will, mit möglichst wenig Kompromissen. Auf meinem neuen Weg warten ständig Überraschungen auf mich. Die Arbeit an der Veränderung ist nicht vorbei. Wenn man einmal damit begonnen hat, setzt sie sich immer fort. Das Leben ist schließlich nichts anderes, es ist nicht Stillstand.

Manchmal, wenn ich dasitze und in den Himmel sehe, stelle ich mir vor, meine gegenwärtige Situation ist ein Raum aus Wahrnehmungen, Gefühlen, Einflüssen, Umständen und Gedanken. Die Wahrnehmungen sind optisch, akustisch sowie riech- und spürbar. Die Wahrnehmungen sind davon bestimmt, wohin ich sehe, was ich höre, ob ich sitze, liege oder stehe. Ich kann sie mit meinen Handlungen beeinflussen. Wenn es zu laut ist, drehe ich die Musik leiser oder gehe woanders hin. Ist es zu kalt, stelle ich die Heizung an oder suche einen warmen Raum auf. Ich kann mich auch wärmer kleiden, oder mich bewegen, so dass mir wärmer wird. Mein Befinden ist also weitgehend von mir selbst beeinflussbar. Die Gefühle reagieren auf die Einflüsse, denen ich mich aussetze. Sie sind die Reaktionen auf all die Rechnungen, Parkzettel, beruflichen Anforderungen, Telefonanrufe – schlicht auf alles, was von außen auf mich zukommt und was vielleicht Handlungen erfordert, vielleicht aber auch nicht. Auch diese Einflüsse sind weitgehend von mir steuerbar. Der Parkzettel lässt sich verhindern. Ist er bereits in der Welt, so muss er bezahlt werden. So banal ist das. Dann ist er weg. Fertig, aus.

Es ist Unsinn, sich an so einer Nebensächlichkeit auch nur eine Sekunde aufzuhalten. Auch unsere privaten und beruflichen Erfordernisse sind eigentlich relativ klar abzumessen. Sie fühlen sich nur sehr oft unangenehm an, weil wir sie mit anderen Dingen vermischen und vergleichen: Mit der Unlust, den Beruf auszuüben, dem Wunsch, lieber weiterzuschlafen als aufzustehen, dem Ärger auf den Chef oder der körperlichen Müdigkeit. All diese Dinge hängen von äußeren Geschehnissen ab. Warum sollte man ihnen sein Befinden unterordnen? Viel einfacher ist es, selbst zu bestimmen, was passiert, in dem Rahmen, der möglich ist. Es gibt Dinge, die einfach erledigt werden müssen, vor allem im Berufsleben. Es wird alles nur noch schwerer, wenn wir sie mit Ausreden vor uns herschieben oder verdrängen. Dadurch werden wir krank. Die Motivation löst sich in Luft auf. Wir beginnen, uns zu beschweren, mit anderen über das Problem zu sprechen, das wir uns selbst geschaffen haben. Plötzlich reden alle über Probleme. Mit einem Mal befinden wir uns in einer Welt voller vermeintlicher Probleme. Eine Image-Welt der Schwierigkeiten. Alles ist ungeheuer kompliziert, gefährlich, unbeherrschbar. Solange wir unsere Probleme nicht lösen, werden wir keinen Schritt weiterkommen. Solange wir unsere Lasten nicht abladen, sind wir bewegungsunfähig.

Der Wunsch nach Veränderung und einer wertorientierten Weiterentwicklung unserer Gemeinschaft könnte sich zu einem kollektiven Streben entwickeln. Er kann aus unserem Zusammenhalt neu entstehen – wenn wir diesen wieder herstellen. Miteinander und nicht gegeneinander oder nebeneinander. Einander helfen. Schluss mit dem Kämpfen. Schluss mit der falschen, aus Eifersucht und Gier gespeisten, aufreibenden Konkurrenz. Damit muss jeder Einzelne bei sich selbst anfangen. Indem Menschen dieses Bedürfnis entwickeln und ausleben, ziehen sie andere mit, die einen schwächeren Glauben haben. Deswegen ist es von einer so ungeheuren Bedeutung, dass unsere Leitfiguren, unsere Regierungen und die sie vertretenden Politiker, unsere Wirtschaft und Firmen und die sie vertretenden

Manager und die dort arbeitenden Mitarbeiter, aber auch das ganze Volk, also alle Bürger, aus denen es besteht, mit ihrem inneren Wunsch nach einer Erneuerung und ihrer Sehnsucht nach einem wertvolleren Leben zu Vorbildern werden, die andere infizieren. Der Glaube ist ein extrem ansteckendes Virus. Er benötigt nur ein Quäntchen Disziplin, Mut, Aufgeschlossenheit. Und eine Prise Respekt und Toleranz. Toleranz ist wie Schmieröl: Mit ihr infiziert der Glaube andere leichter. Verantwortlichkeit bestärkt einen jeden und hilft, gemeinsam durchzuhalten.

Die Chance, unbezwingbar in der Umsetzung eines wertorientierten Lebens zu werden, besteht für jeden. Doch sie ist kein unabhängiges Lebewesen. Kein Perpetuum Mobile. Unsere Chance benötigt Wille und Planung. Jedes Projekt, das wir angehen, planen wir. Warum planen wir nicht auch unser Leben, seine Weiterentwicklung und seine Veränderung? Das Leben zu planen schränkt die Freiheit nicht ein. Man kann seine Pläne jederzeit wieder ändern. Wir sind doch frei. Jeder Zeitpunkt ist der richtige, um wieder neu durchzustarten.

Versuch es mal. Plane! Schreib dir deine Ziele auf und wie du sie erreichen willst. Mach dir auch die Ziele hinter der vordergründigen Ziellinie klar. Überlege, welche Konsequenzen deine Handlungen haben werden. Bleibst du trotzdem bei dem Ziel? Entwickle dein eigenes System für deine Planung. Jeder Mensch hat seine eigenen inneren Ordnungsweisen. Orientiere dich nicht daran, wie es andere machen. Das lenkt ab. Du kannst dich von anderen inspirieren lassen. Aber lasse dich nicht von ihnen bestimmen. Entdecke deinen eigenen Stil. Schreibe das erste Wort auf, dann das zweite. Mach den ersten Schritt, dann den zweiten. So, wie man Taekwondo lernt, oder so, wie ein Kind zu gehen beginnt. Tue deinen ersten Schritt in deinem persönlichen Stil. Spontan, tu ihn einfach! Zeichne die erste Linie, notiere Zeiträume, Ziele und was du dafür tun musst. Und übernimm dich nicht. Mache kleine Schritte, doch vergiss nicht den nächsten.

Es wird dir nicht schaden zu planen. Es wird dir nur helfen. Es wird dich auch nicht in dem Moment deines Genusses stören. Man kann auch den Moment des Planens genießen, so wie jeden anderen. Viele kreative Menschen denken, wenn man zu viel plant, büßt man an Spontaneität ein. Doch das stimmt nicht. Es ist genau umgekehrt. Eine solide und detaillierte Planung erspart dir Sorgen. Ohne Sorgen kannst du die Gegenwart viel mehr genießen und wahrnehmen.

Wenn du deine finanziellen Ausgaben genau kennst, hast du am Monatsende keine Kopfschmerzen, wo das ganze Geld hingeflossen ist. Wenn du sie nicht kennst, wird dein Aspirinkonsum steigen. Du wirst dich fragen, woher die Existenzängste rühren, und warum dich eine ständige Sorge begleitet. Sicherlich ist die möglichst maximale Fähigkeit, den Moment zu erleben und wahrzunehmen, eines der wunderschönsten Ziele im Leben. Es existiert ja praktisch nichts als dieser jeweilige Moment. Der Moment ist der Diamant des Lebens. Aber dieses Juwel beginnt nicht automatisch zu glänzen. Du musst es schon polieren. Tu das, indem du alles erledigst, was für dich zu tun ist, und das so schnell wie möglich. Wenn du Tag und Nacht den Kopf voll hast mit Sorgen und unerledigten Dingen, wird es dir nicht leichtfallen, ein Glücksgefühl zu empfinden. Vor dem Blick deines Herzens hängen die Wolken der To-do-Listen, die immer länger werden und die du immer weniger bewältigen kannst. Deswegen lautet das Losungswort »Einfachheit«. Je einfacher du dein Leben gestaltest, desto sorgenfreier und glücklicher wirst du sein. Diese Möglichkeit zur Einfachheit und zur Vereinfachung existiert praktisch immer. Du muss sie nur zulassen.

Glück ist lediglich ein Wort. Betrachte seinen tieferen Inhalt. Schau dir dieses Wort und seine Bedeutung einmal von seiner inhaltlichen Seite her an. Es besagt nichts anderes, als dass es keine Probleme will, sondern Friede und Zufriedenheit. Und das ist schnell zu erreichen. Dein Schatz liegt nur in dir. Glück meint nicht Millionen oder Ruhm. Glück ist ein Synonym für das Empfinden von Einfachheit und Freiheit. Das Gefühl dafür entsteht in der bewussten Wahrnehmung dessen, was ist. Nur durch dein Bewusstsein und durch dich existiert dieser Moment, der alles ist.

Jetzt ist die Zeit gekommen zu handeln. Die Planung dafür kann nur in diesem Moment geschehen. Wann sonst? Genieße den Aufbruch, das Neue! Freue dich! Plane dein Leben und reduziere systematisch deine Sorgen. Konzentriere die Vielfalt deiner Fähigkeiten aufs Wesentliche. Stelle dich auf dein neues Ziel ein: ein wertvolles Leben zu leben.

Um das zu erreichen, richte dein Leben so aus, dass du möglichst wenig störenden Einflüssen ausgesetzt bist. Gehe wichtigen Konflikten nicht aus dem Weg, aber sorge dafür, dass die Konfrontation mit Ehrlichkeit, Respekt und Verantwortlichkeit stattfindet. Dabei bleibe so bewusst wie nur möglich. In der Gewohnheit geht dir sonst der Moment verloren, weil du beginnst, die Dinge automatisch zu tun. Eine gewohnheitsmäßige Handlung ist nicht mehr zu hundert Prozent von dir selbst bestimmt. Sie muss nicht schlecht sein. Wir alle tun vieles aus Gewohnheit heraus. Unzählige kleine Handlungen sind in uns abgespeichert. Wir machen sie automatisch, damit wir uns auf wesentlichere Dinge konzentrieren können. Doch ab und zu solltest du ein wenig ausmisten, damit nicht dein gesamtes Leben zunehmend automatisiert wird, was Gefühle der Traurigkeit, der Deprimiertheit, der Leere oder auch der Erschöpfung zur Folge hätte.

Du besitzt die vermutlichen besten Fähigkeiten der Welt:

Bewusstsein –
denn sonst bemerkst du nicht, dass du lebst
Verantwortlichkeit –
nur du bist verantwortlich, niemand sonst
Respekt und Achtsamkeit –
weil wir zusammen leben und nicht allein
Ziel –
sonst kommst du woanders an, als du willst
Glaube –
sonst nützt das intensivste Training nichts
Aufgeschlossenheit und Toleranz –
es gibt immer etwas Neues dazuzulernen
Durchhaltevermögen und Unbezwingbarkeit –
denn dich selbst solltest du nie aufgeben
Disziplin –
oder willst du alles dem Zufall überlassen?
Leben –
vergiss nie, dass das Leben zwar wunderbar, aber auch
    unberechenbar ist
Integrität –
sei integer, wenn du den Wert deines Lebens steigern
    willst

Der kampflose Kampf

Vor meinem zweiten Kampf mit Chy-Eun wärme ich mich in dem riesigen, mit Matten ausgelegten Trainingssaal auf. Wir laufen ein paar Runden. Die Mönche haben Rockmusik aufgelegt. Unsere Stimmung steigt. Dann beginnen die Dehnübungen. Bestimmte Stretching-Positionen machen wir gemeinsam. Meine Kampfpartnerin grinst. Was hat sie nur? Sie hat von der Geschichte in der Kantine gehört.

»Na, hast du schon verdaut?« fragt sie mich.

Ich muss lachen. »Alles in Ordnung, Chy-Eun!«

Vor dem Training bin ich ein paar Stunden lang in der Farbenpracht der herbstlichen Laubwälder spazieren gegangen. Ich versuchte, den Einstieg in den Weg zu finden, der sich auf dem anderen Hügel nach oben windet. Nach dem reichlichen Mittagsmahl hat mir der Marsch an der frischen Luft gutgetan.

Jetzt fordert uns Meister Ko auf, die Schutzwesten anzuziehen. Die dicken Westen, die wir uns um die Brustkörbe schnallen, werden die Kicks der Füße und Fäuste abfedern und dämpfen. Ich werde nervös. Das Brennen ist wieder da, wie auf Knopfdruck. Ich warte förmlich darauf, dass meine inneren Einpeitscher zu brüllen beginnen. Ich spüre mein Adrenalin. Chy-Eun schnürt mir die Weste hinten zu und ich die ihre. Dann tänzeln wir uns ein wenig frei.

Der Meister gibt das Kommando zur Bereitschaft. Wir müssen uns in Reichweite unserer ausgestreckten Arme gegenüberstellen. Jetzt fordert er uns zur Verbeugung auf.

Später erinnere ich mich, dass ab diesem Moment keine Gedanken mehr da waren. Ich freue mich plötzlich nur noch. Mit einem Male bin ich ganz ruhig. Ich verbeuge mich und springe nach der mir endlos lange erscheinenden Geste des Respekts in die Kampfstellung. Ich spüre jetzt noch diese Stille in mir, die in jenen Sekunden vor dem Kampf in mir herrschte. In dieser kurzen Zeitspanne ist noch alles möglich. Ich könnte aussteigen. Ich könnte weglaufen. Aber ich bleibe da. Ich will einen schönen und kontrollierten Kampf hinlegen. Nicht mehr und nicht weniger. Deswegen wollte ich unbedingt noch einmal gegen Chy-Eun antreten. Auf das nächste Kommando hin beginnen wir zu kämpfen. Es fühlt sich wie ein leichter Kampf an, und ich komme mir vor wie eine Feder. Das Augenzwinkern des Mönches erscheint im Raum, und mit einem Mal ist auch der Schmetterling vom Unfall wieder da. Das Lächeln des Meisters und die lustigen Augen von Chy-Eun. Der Sonnenaufgang von heute Morgen erfüllt immer noch mein Herz. Und als ich das spüre, entfährt mir ein Kampfschrei. Ich springe nach vorne. Ja, das war die Situation, in der sie mir letztes Mal auswich. Ich steppe daher sofort nach dem Sprung auf die Seite. In dem Moment spüre ich den Windzug eines hohen Dwi-dolio Chagi von ihr an mir vorbeizischen. Dem gefährlich hohen Rundkick kann ich im letzten Moment reflexartig ausweichen. Es ist der gleiche Kick gewesen, der mich am Vortag niedergestreckt hat. Das ist meine Gelegenheit: Ich setzte zu einem Dolio Chagi an, eigentlich ein ganz normaler Standard-Kick, aber das ist mir egal. Ich habe die Nase voll davon, immer alles ganz besonders super zu machen. Als würde ich neben mir stehen, sehe ich mein rechtes Bein mit ausgestrecktem Fuß seitlich auf Chy-Eun zufliegen, und in dem Moment höre ich wieder diese Stimme: »Du weißt viel mehr, als du denkst. Du musst nur die Tür aufschließen und dein Wissen annehmen.«

Es scheint nicht mehr um den Kampf mit Chy-Eun zu gehen. Irgendwie geht es um gar nichts. Genau das erfüllt mich mit einer plötzlichen Aufwallung von Freude. Ich schreie und kicke, springe vor und zurück. Indem ich das weglasse, was ich früher immer so verbissen zu erreichen versuchte, kann ich nun auch ohne zu kämpfen gewinnen.

Als der Kampf vorbei ist, verbeugen Chy-Eun und ich uns voreinander. Wieder dieser endlos lange Moment des Innehaltens. Ich bin völlig außer Atem. Der Schweiß läuft in Bächen über meinen Körper.

Mein Atem rast in mich hinein und wieder aus mir hinaus. Ich lebe von alleine.

Und ich muss gar nichts dazu tun!

Literaturverzeichnis

Bartolf, Christian (Hg.). *Der Atem meines Lebens: der Dialog von Mahatma Gandhi und Bart de Ligt über Krieg und Frieden.* Gandhi-Informations-Zentrum: Berlin 2000.

Berne, Eric. *Spiele der Erwachsenen.* Rowohlt: 2010.

Buddha. *Reden des Buddha.* Reclam: 1986.

Camus, Albert. *Der Fall.* Rowohlt: 2010.

Canetti, Elias. *Das Gewissen der Worte.* Fischer: 1981.

Cechov, Anton P. *Der Kirschgarten.* Diogenes: 1999.

Dalai Lama. *Die Essenz der Meditation.* Ansata: 2002.

Dalai Lama. *Dzogchen.* Theseus: 2001.

Derrida, Jaques. *Von der Gastfreundschaft.* Passagen: 2001.

Deshimaru, Taisen. *The Zen Way to the Martial Arts.* Century Hutchinson: 1982.

Dixon, Keith. *Ein würdiger Erbe. Anthony Blair und der Thatcherismus.* UVK: 2000.

Fischer, Louis. *Gandhi. Prophet der Gewaltlosigkeit.* Heyne: 1983.

Fleischer, Margot. *Schopenhauer als Kritiker der Kantischen Ethik.* Königshausen & Neumann: 2003.

Gandhi, Mahatma. *Die Geschichte meiner Experimente mit der Wahrheit.* Hinder & Deelmann: 2000.

Gandhi, Mahatma. Collected Works, Ministry of Inform. Gov. of India, New Delhi: 1999

Gibran, Kahil. *Der Prophet.* dtv: 2005.

Greider, William. *One World, Ready or Not.* Touchstone: 1998.

Gruen, Arno. *Der Wahnsinn der Normalität.* dtv: 2000.

Hart, William. *The Art of Living / Vipassana Meditation*, Vipassana Research Institute Dhammagiri: 1997

Hawley, Jack. *Bhagavadgita.* Arkana: 2002.

Heinlein, Robert A. *Fremder in einer fremden Welt.* Heyne: 2009.

Herrigel, Eugen. *Zen in der Kunst des Bogenschießens.* Fischer: 2009.

Hessel, Stèphane. *Indignez Vous!* Indigène: 2010.

Homer. *Odyssee*. Griechisch-deutsch, Anton Weiher (Übersetz.). Artemis & Winkler: 2003.

Huxley, Aldous. *Schöne neue Welt*. Fischer: 2005.

Jakobs, Hans-Jürgen. *Geist oder Geld – Der große Ausverkauf der freien Meinung*. Pendo: 2008.

Jones, Cheryl. »Frank Fenner sees no hope for humans«. The Australian, 16.06.2010.

Kahl, Joachim. »Zwischen Begehren und Verweigern«. 1.06.2008. Online unter: www.kahl-marburg.privat.t-online.de/beckmann.pdf

Kahlweit, Cathrin. »Ikonen der Gewalt«. Süddeutsche Zeitung, 15.04.2008.

Kant, Immanuel. *Grundlegung zur Metaphysik der Sitten*. Vandenhoeck & Ruprecht: 2004.

Kant, Immanuel. *Zum ewigen Frieden*. Berlin Verlag: 2004.

Kirchhof, Paul. *Das Gesetz der Hydra*. Droemer Knaur: 2006.

Kirchhof, Paul. *Der sanfte Verlust der Freiheit*. Hanser: 2004.

Klarmann, Michael. »Unglaubliche Fehlverwendung von Tsunamispenden in Sri Lanka und Indien«. Telepolis, 21.04.2005.

Klaus, Hilmar. *Das Tao der Weisheit*. Laozi-Daodejing. Hochschulverlag: 2008.

Kim, Un-Young. *Kukkiwon Textbook*. O-Sung Publishing: 2006.

Ko, Eui-Min. *Taekwondo Gyorugi*. München Verlag: 1980.

Köckert, Matthias. *Die Zehn Gebote*. C.H. Beck: 2004.

Krugman, Paul. »The Great Illusion«. New York Times, 15.08.2008.

Krugman, Paul. *The Return of Depression Economics and the Crisis of 2008*. Penguin: 2008.

Krugman, Paul. »Running Out of Planet to Exploit«. New York Times, 21.04.2008.

Levy-Bruhl, Lucien. Les fonctions mentales dans les sociétés inférieures. Presses Universitaires de France: 1910.

Loske, Reinhard. *Abschied vom Wachstumszwang*. Basilisken-Presse: 2010.

Louv, Richard. *Last Child in the Woods. Saving Our Children From Nature-Deficit Disorder*. Algonquin Books: 2008.

Thich, Nhat Hanh. *Das Sutra des bewussten Atmens*. Theseus: 1988.

Krishnamurti, Jiddu. *Einbruch in die Freiheit*. Ullstein: 1999.

Malraux, André. *Der Königsweg*. dtv: 1999.

Meirer, Michael. *Gracias a la vida*. Blurb: 2010.

Miller, Alice. *Das Drama des begabten Kindes*. Suhrkamp: 1983.

Neubeck, Klaus. *Psychosomatik des Atems*. Haag + Herchen: 2000.

Norberg, Johan. *Financial Fiasco*. Cato Institute: 2009.

Ostertag, Roland. *Die entzauberte Stadt. Plädoyer gegen die Selbstzerstörung.* Grohmann: 2008.

Platon. *Apologie des Sokrates / Kriton.* Reclam: 1987.

Pöggeler, Otto. *Schicksal und Geschichte. Antigone im Spiegel der Deutungen und Gestaltungen seit Hegel und Hölderlin.* W. Fink: 2004.

Postman, Neil. *Wir amüsieren uns zu Tode.* Fischer: 1993.

Postman, Neil. *Keine Götter mehr.* Berlin Verlag: 1995.

Prantl, Heribert. *Warum wir ohne Werte nicht leben können.* Herder: 2005.

Prantl, Heribert. »Demokratiealarm«. In: Wilhelm Heitmeyer [Hg.]. *Deutsche Zustände,* Folge 8. Suhrkamp: 2010.

Radharkrishnan, Sarvepalli. *Bhagavadgita.* Harper Collins: 2002.

Reuter, Edzard. *Stunde der Heuchler.* Econ: 2010.

Rolland, Romain. *Mahatma Gandhi.* Librairie Stock: 1924.

Rajnesesh, Bhagwan Shree. *The Book of the Books.* Raj. Foundation: 1978.

Rushdie, Salman. »Gandhi heute«. In: ders., *Überschreiten Sie diese Grenze! Schriften 1992–2002.* Rowohlt: 2004.

Sapentia Romanorum. *Weisheiten aus dem alten Rom.* Reclam: 2008.

Shakespeare, William. *Julius Cäsar.* dtv: 1998.

Sloterdijk, Peter. *Regeln für den Menschenpark.* Suhrkamp: 1999.

Sloterdijk, Peter. *Du musst dein Leben ändern.* Suhrkamp: 2009.

Steinbrück, Peer. *Unterm Strich.* Hoffmann & Campe: 2010.

Stieglitz, Joseph. *Die Schatten der Globalisierung.* Siedler: 2002.

Stieglitz, Joseph. *Die Chancen der Globalisierung.* Siedler: 2006.

Storm, Hyemeyohsts. *Sieben Pfeile.* W. Fink: 1990.

Taibbi, Matt. *Griftopia: Bubble Machines, Vampire Squids, and the Long Con That Is Breaking America.* Spiegel & Grau: 2010.

Tworuschka, Monika & Udo. *Die Welt der Religionen – Islam: Geschichte – Glaubenssätze – Gegenwart.* Gütersloher Verlagshaus: 2007.

Watts, Alan. *Weisheit des ungesicherten Lebens.* Fischer: 2009.

Watts, Alan. *Die sanfte Befreiung.* Goldmann: 1985.

Welwood, John. *Awakening the Heart.* New Science Library: 1983.

Wetzel, Hubert. »Soldaten als Mörder«. Süddeutsche Zeitung, 6. 04. 2010.

Wilde, Oscar. *Das Bildnis des Dorian Gray.* dtv: 2008.

Zaudig, Prof. Michael. *Burn-out-Syndrom, mit Volldampf in die Erschöpfung.* Kassenarzt Nr. 18, 2009.

Zimmer, Heinrich. *Der Weg zum Selbst. Lehre und Leben des Shree Ramana Maharshi.* Diederichs: 1981.

Zinvirt, Yaacov. *Tor zum Talmud.* LIT Verlag: 2009.

Dank

Mein ganz besonderer Dank richtet sich an Ko Eui-Min Sabom-nim und Ko Young-Jae Sabom-nim für ihre Inspiration und Er-mutigung (www.masterko.de; www.kukkiwon.de).

Zudem danke ich von ganzem Herzen den folgenden Personen (in alphabetischer Reihenfolge). Ohne ihre Unterstützung, ihr hilfreiches Engagement beim Zustandekommen dieses Buches und ihren Glauben wäre dieses Buch nicht entstanden:

Henning Ansorg
Anja Freckmann
Klaus Fricke
Eberhard Hauff
Lianne Kolf und Anouk Foerg
Andrea Kunstmann
Svitlana Kushnarova
Lukas Lessing
Florian Seidel
Hubert Seidel
William Wolf
Michael Zaudig

Für die in Korea aufgenommenen Landschaftsfotos danke ich Karl Kramer (www.karlkramer.com).